Cuisiner

avec

Betty Crocker

Traduit de l'anglais
par Laurette Therrien

Copyright © 2005 General Mills Inc.
Titre original anglais : Betty Crocker Baking for Today
Copyright © 2008 Éditions AdA Inc. pour la traduction française
Cette publication est publiée en accord avec Wiley Publishing, Inc., Hoboken, NJ

Éditeur : François Doucet
Traduction : Laurette Therrien
Révision linguistique : Micheline Forget, L. Lespinay
Correction d'épreuves : Nancy Coulombe, Marie-Lise Poirier, Suzanne Turcotte, Isabelle Veillette
Mise en page : Sylvie Valois, Matthieu Fortin
Graphisme de la page couverture : Sylvie Valois
Design de la couverture : Jeff Faust
Design intérieur : Mauna Eichner et Lee Fukui
Styliste culinaire : Betty Crocker Kitchens
Photographies : General Mills Photo Studios
ISBN 978-2-89565-484-1
Première impression : 2008
Dépôt légal : 2008
Bibliothèque et Archives nationales du Québec
Bibliothèque Nationale du Canada

Éditions AdA Inc.
1385, boul. Lionel-Boulet
Varennes, Québec, Canada, J3X 1P7
Téléphone : 450-929-0296
Télécopieur : 450-929-0220
www.ada-inc.com
info@ada-inc.com

Diffusion
Canada :   Éditions AdA Inc.
France :   D.G. Diffusion
                Z.I. des Bogues
                31750 Escalquens — France
                Téléphone : 05-61-00-09-99
Suisse :   Transat — 23.42.77.40
Belgique :   D.G. Diffusion — 05-61-00-09-99

Imprimé en Chine

Participation de la SODEC.
Nous reconnaissons l'aide financière du gouvernement du Canada par l'entremise du Programme d'aide au développement de l'industrie de l'édition (PADIÉ) pour nos activités d'édition.
Gouvernement du Québec - Programme de crédit d'impôt pour l'édition de livres - Gestion SODEC.

Catalogage avant publication de Bibliothèque et Archives nationales du Québec et Bibliothèque et Archives Canada

Crocker, Betty
   Cuisiner avec Betty Crocker
   Traduction de: Betty Crocker baking for today.
   ISBN 978-2-89565-484-1
   1. Cuisson au four. 2. Cuisine. I. Titre.
TX763.B4714 2008   641.8'15   C2008-941077-7

*Pour d'autres idées culinaires et pour vous procurer des articles ménagers de marque, rendez-vous sur
BettyCrocker.com

* Site disponible en anglais seulement

Chers amis,

L'équipe des cuisines Betty Crocker est très heureuse de vous offrir cette indispensable collection des 150 meilleures recettes classiques et contemporaines de tous les temps, nos nouvelles recettes des 125 dernières années.

Depuis plus d'un siècle, la marque Betty Crocker a fait l'histoire à de nombreuses reprises. Ce livre vous remémore les étapes historiques les plus déterminantes relativement à nos plus remarquables recettes et au succès qu'elles ont remporté.

Comme vous pourrez le constater en mettant la main à la pâte, ces recettes sont toujours aussi pertinentes. Imaginez l'arôme irrésistible et la délicieuse saveur du pain ou de vos biscuits fondants préférés sortant du four. Existe-t-il plus pur délice ? La pâtisserie maison vous rapproche de votre famille et de vos amis, tout en vous permettant de savourer le plaisir du vrai partage.

Faites confiance à cette magnifique collection de recettes classiques d'hier et de demain et votre cuisine demeurera à tout jamais le cœur de votre foyer.

Chaleureusement,

Betty Crocker

Table des matières

Au cœur de la cuisine

Les pains, crêpes, biscuits et muffins faits maison sont des douceurs que l'on chérit — une offrande qui réchauffe les cœurs. En nous aidant à transmettre nos traditions, nos recettes et nos meilleurs moments de génération en génération, les pains et les pâtisseries nous procurent une profonde impression d'accomplissement et de satisfaction. Laissez les arômes irrésistibles et les délicieuses saveurs du pain et des desserts maison vous rapprocher des vôtres ; partagez votre amour de la pâtisserie avec votre famille, vos voisins et vos amis.

Pour tous les types de cuisiniers

Il existe différents types d'apprentis pâtissiers. Ce livre contient des recettes qui plairont à tous : **apprentis enthousiastes**, impatients d'apprendre ; **pâtissiers d'expérience** qui aiment préparer pains et gâteaux et essayer une nouvelle recette pour le plaisir de leurs proches ; **pâtissiers du week-end** qui prennent le temps, durant les jours de congé, de se consacrer totalement à l'art (et à la science) de la pâtisserie ; **boulangers artisans** à qui la fabrication du pain procure une profonde satisfaction ; **boulangers nostalgiques**, inspirés par les recettes à l'ancienne et l'histoire qu'elles véhiculent ; **spécialistes des petites douceurs**, qui aiment faire des biscuits et les partager, et ne se lassent jamais de reproduire les recettes favorites de la famille.

La promesse de Betty Crocker

Betty Crocker vous garantit que toutes les recettes de ce livre ont été testées dans ses cuisines, afin de répondre aux plus hauts standards de qualité et d'assurer les mêmes résultats infaillibles dans votre propre cuisine.

Intemporelles et pratiques

Vous trouverez dans ce livre des recettes **classiques** intemporelles, dont certaines sont aussi populaires aujourd'hui qu'elles l'étaient il y a cent ans. Le pain d'épice, le quatre-quarts, les carrés au citron, les croquants au chocolat et d'autres classiques ne sont que quelques-uns de ces petits bijoux. Vous trouverez aussi des recettes pratiques correspondant au goût et à l'air du temps, comme les triangles chocolat framboise, les bâtonnets éclairs aux pépites de chocolat, les scones aux groseilles et les biscotti aux amandes. Pour chaque recette, vous trouverez, sous la rubrique « Astuce du jour », des conseils pratiques comme : comment remplacer certains ingrédients, améliorer l'apparence de vos pâtisseries, conserver et réchauffer plats et desserts ; des suggestions pour vous rendre la tâche plus facile ou plus rapide. Les amateurs d'histoire trouveront des renseignements « intemporels » sur l'héritage des meuneries et de la farine, ainsi que des anecdotes fascinantes concernant l'évolution de la pâtisserie et de la boulangerie.

Tout commence avec un grain

Le blé est l'aliment le plus important de toute l'agriculture. Des centaines de millions de gens dans le monde dépendent des aliments fabriqués à partir des grains cueillis sur les plants de blé.

Pour produire la farine de blé, les meuniers moulent les grains de blé en une fine poudre appelée fleur. L'endosperme, la partie intérieure du grain, est présent dans toutes les fleurs. Cependant, le son, la partie qui recouvre le grain, et le germe de blé sont présents seulement dans la farine de blé entier. Ils confèrent à la farine sa saveur, sa texture et sa couleur distinctes. Le germe est l'embryon du grain de blé ; il contient des lipides qui font rancir la farine et limitent la durée de conservation de la farine de blé entier.

La famille des farines

Le blé dur contient plus de protéines et de gluten, deux substances qui donnent leur structure aux produits cuits, en particulier aux pains à levure. Le froment, ou blé tendre, contient moins de protéines, il est plus faible en gluten et donne des produits plus tendres ; il convient bien à la fabrication des gâteaux, des pâtisseries et des biscuits. La farine tout-usage est idéale pour tous les types de cuisson.

LA FARINE TOUT-USAGE convient à tous les types de pâtisserie ; les recettes contenues dans ce livre ont été développées à partir de la farine tout-usage. On utilise de petites quantités d'agents blanchissants pour blanchir la farine et améliorer les résultats à la cuisson. Si vous utilisez de la farine tout-usage dans des recettes exigeant de la farine pour gâteaux (avec levure incorporée), ajoutez 7 ml (1 1/2 c. à thé) de poudre à pâte et 2 ml (1/2 c. à thé) de sel pour chaque tasse de farine.

LA FARINE NON BLANCHIE est une farine tout-usage sans agents de blanchiment. Vous pouvez utiliser la farine non blanchie sans problème dans toutes les recettes exigeant de la farine tout-usage. Parce qu'elle n'est pas aussi blanche que la farine tout-usage, vos pains, gâteaux, etc., prendront une couleur crème.

LA FARINE INSTANTANÉE est une farine tout-usage à laquelle on a ajouté de la poudre à pâte et du sel. Toutes les recettes de biscuits de ce livre ont été testées avec de la farine pour gâteaux, mais nous avons inclus des conseils pour lui substituer de la farine tout-usage. Le fait d'utiliser des recettes spécialement conçues et testées à partir de la farine pour gâteaux est en soi un gage de succès.

LA FARINE À PAIN est fabriquée à partir d'un mélange spécial de blés plus riches en protéines que les blés utilisés dans la farine tout-usage. Les protéines produisent le gluten, qui donne de la structure aux aliments cuits contenant de la levure. Cette farine est excellente pour les pains à levure et idéale dans les machines à fabriquer du pain, mais vous pouvez aussi l'utiliser pour les pains éclairs et les petits gâteaux.

LA FARINE DE BLÉ ENTIER est faite de grains entiers moulus (son, germe et endosperme), ce qui lui donne la saveur et l'apparence du blé. La farine de blé entier est parfaite pour les pains, pains éclairs, gâteaux, biscuits secs et croûtes à tartes. Il ne faut pas la tamiser, car le tamisage la priverait des particules qui contiennent la saveur et les nutriments. Quelques-unes des recettes de ce livre ont été pensées tout spécialement pour la farine de blé entier, mais si vous préférez, vous pouvez remplacer la moitié de la farine de blé entier par de la farine tout-usage.

Questions sur la farine et les gras

Afin de vous aider à réussir nos meilleures recettes dans votre cuisine, nous avons répondu à quelques-unes des questions les plus souvent posées concernant la pâtisserie et la confection du pain.

Q. **Comment dois-je mesurer la farine ?**

R. Déposer la farine par cuillerées, sans la tamiser, dans une tasse à mesurer pour ingrédients secs, et égaliser avec le plat d'un couteau ou d'une spatule. Ne pas écraser, car la farine deviendrait trop lourde et excéderait la quantité voulue. Toutes les farines sont tamisées plusieurs fois pendant qu'on les moud ; le tamisage est donc inutile.

Q. **Comment dois-je conserver la farine ?**

R. Toutes les farines achetées dans des sacs de papier devraient être gardées dans des contenants à

LE GRAIN DE BLÉ

Un grain de blé est une mine de nutriments, car il contient une quantité importante d'éléments nutritifs, de glucides complexes, de vitamines B et de fer. Un grain comprend trois parties : le **son** (partie extérieure), l'**endosperme** (partie blanche à l'intérieur) et le **germe** (embryon).

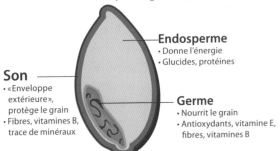

Endosperme
· Donne l'énergie
· Glucides, protéines

Son
· «Enveloppe extérieure», protège le grain
· Fibres, vitamines B, trace de minéraux

Germe
· Nourrit le grain
· Antioxydants, vitamine E, fibres, vitamines B

l'épreuve de l'air, dans un endroit frais et sec. Les farines achetées dans des sacs de plastique peuvent être gardées directement dans leur sac, dans un endroit frais et sec.

Q. Combien de temps puis-je conserver la farine?

R. Les farines tout-usage, non blanchies et pour le pain devraient être utilisées dans les dix-huit mois, si elles sont conservées à la température ambiante. La farine pour gâteaux devrait être utilisée dans les neuf mois, parce que la poudre à pâte et le bicarbonate de soude s'éventent avec le temps. Les farines de blé entier et les farines mélangées rancissent plus vite, aussi devraient-elles être utilisées dans les six à neuf mois suivant l'achat. Si on conserve la farine pendant une longue période, il est recommandé de la garder dans un contenant hermétique, à l'épreuve de l'humidité, dans un sac ou contenant à l'épreuve de la vapeur, dans le réfrigérateur ou au congélateur, jusqu'à un an. Ramenez la farine à la température ambiante avant de vous en servir.

Q. La farine est-elle affectée par l'humidité?

R. La farine amasse et perd de son humidité après un certain temps, et l'humidité extérieure sera absorbée par la farine. Les recettes de pain à la levure donnent souvent une échelle de la quantité de farine (par exemple: 875 g à 1 kg [3 1/2 à 4 tasses]). Commencez par la plus petite quantité et ajoutez de la farine au besoin. Vous constaterez peut-être que votre mélange est plus collant, plus tendre ou plus fluide lorsque l'humidité est élevée. Vous pouvez ajouter de petites quantités de farine pour faire en sorte que la pâte soit plus facile à travailler. En guise d'indication, vous aurez souvent besoin de moins de farine lorsque le temps est frais et sec; il vous en faudra davantage lorsque le temps est chaud et humide.

Q. Peut-on substituer une farine à une autre en suivant les mêmes mesures?

R. On peut remplacer la moitié de la quantité de farine de blé entier par de la farine tout-usage. Lorsque vous remplacez la farine tout-usage par la farine pour gâteaux, réduisez la quantité demandée en enlevant 30 ml (2 c. à soupe) par quantité de 250 ml (1 tasse). Cependant, pour les gâteaux délicats tels que le gâteau des anges, le gâteau chiffon ou éponge, il est déconseillé de remplacer la farine à gâteaux par de la farine tout-usage, à moins que la recette n'ait été testée avec de la farine tout-usage.

Q. Pour la pâtisserie, puis-je utiliser de la margarine ou un mélange de beurre et de margarine à la place du beurre?

R. La margarine peut remplacer le beurre. Ainsi, les recettes de ce livre peuvent demander du beurre ou de la margarine. Lorsque la margarine ne donne pas un résultat satisfaisant, seul le beurre apparaît dans la liste des ingrédients. Pour la pâtisserie, utilisez uniquement la margarine vendue en bâtonnets. Afin de réduire la quantité de gras, on a ajouté de l'eau et de l'air aux margarines vendues dans des contenants de plastique. Les mélanges de beurre et de margarine vendus en bâtons peuvent servir à la pâtisserie. Toutefois, vous ne devriez pas utiliser les mélanges vendus dans des pots, car l'air et l'eau qu'on y ajoute changent l'apparence des pains et des pâtisseries.

La cuisson en haute altitude

En haute altitude, la baisse de la pression de l'air conditionne la réaction des aliments à la cuisson. Voici les conditions qui affectent la cuisson en altitude (1066 m à 1981 m [3500 à 6500 pi]):

- Les gaz produits par la fermentation de la pâte prennent plus d'expansion;
- Les liquides arrivent à ébullition à plus basse température;
- Les liquides s'évaporent plus rapidement.

Pour les aliments cuits au four, ces changements signifient un temps de cuisson plus long, l'affaissement de la structure, des produits finis plus secs et une couleur possiblement plus foncée. Les pâtes à pain à levure lèvent plus rapidement et peuvent facilement lever exagérément, aussi requièrent-elles un temps de levage plus court. En général, les carrés, galettes et muffins requièrent moins de modifications.

Les habitants des régions situées au-dessus du niveau de la mer doivent procéder à une ou à plusieurs modifications. Voici les plus courantes :

- Température du four plus élevée ;
- Plus grande quantité de farine ;
- Plus grande quantité de liquide ;
- Diminution du temps de levage de la pâte ;
- Diminution de la quantité de sucre ;
- Diminution de la quantité d'huile ou de matières grasses ;
- Moule plus grand ;
- Augmentation du temps de cuisson.

Il n'y a pas de règles strictes à suivre lorsque vous faites de la pâtisserie en haute altitude. Les changements dans les recettes dépendent de ce que vous préparez et des proportions des ingrédients. Toutes les recettes de ce livre ont été testées et ajustées pour cuisiner en haute altitude, et nous vous indiquons chaque fois quels changements apporter pour la cuisson en altitude.

Préparation et cuisson

Si vous avez l'habitude de cuisiner les pains et gâteaux, vous savez que bien que ce soit un art, c'est aussi une science. Comme toutes les sciences, celle-ci exige précision et cohérence, en particulier quand vient le temps de mesurer les ingrédients, car on ne mesure pas tout de la même façon.

La mesure des ingrédients

LE BEURRE : Les marques sur l'emballage d'un bâtonnet de beurre indiquent les quantités pour 15 ml (1 c. à soupe) et pour 250 ml (1 tasse). Vous pouvez couper la quantité dont vous avez besoin à l'aide d'un couteau. Vous pouvez aussi mesurer le beurre en le pressant fermement dans une tasse à mesurer sèche, avec une cuillère ou une spatule, puis enlever l'excès avec le plat du couteau ou de la spatule.

LE SAINDOUX : Dans une tasse à mesurer les ingrédients secs, presser fermement avec une cuillère ou une spatule, puis enlever l'excès avec le plat d'un couteau ou d'une spatule. Vous pouvez aussi acheter du saindoux en bâtonnets et le mesurer en vous guidant sur les mesures indiquées sur le papier d'emballage.

LE SUCRE : Verser le sucre granulé ou le sucre glace à la cuillère jusqu'au bord, dans une tasse à mesurer les ingrédients secs. Bien tasser la cassonade dans la tasse, de manière à ce qu'elle épouse le moule de la tasse lorsque vous la retournez.

LES LIQUIDES : Utiliser une tasse à mesurer les liquides en verre ou en plastique transparent, posée sur une surface plane. Pour lire la quantité de liquide, penchez-vous de manière à ce que vos yeux soient au niveau des indicateurs sur la tasse. Vous pouvez aussi acheter les nouvelles tasses à mesurer à angles, qui vous facilitent la tâche en vous permettant de lire les mesures rapidement sans avoir à vous pencher. Lorsque vous mesurez un liquide dans une cuillère à mesurer, remplissez la cuillère jusqu'au bord.

LES ÉPICES ET HERBES SÉCHÉES : Remplir doucement la cuillère à mesurer jusqu'au bord. Une *pincée* ou un *soupçon* signifient moins de 1/2 ml (1/8 c. à thé), qui est la plus petite quantité que vous pouvez mesurer avec précision en vous servant des mesures standard. Il existe toutefois des cuillères à mesurer de spécialité qui incluent des mesures de 1/2 ml (1/8 c. à thé) et de 1/8 ml (1/16 c. à thé).

Les plats et moules à gâteaux

Il existe plusieurs types de moules à pain et à gâteaux, et votre équipement peut faire une grosse différence dans la réussite de vos recettes. En règle générale :

- LES MOULES LUISANTS réfléchissent la chaleur, ralentissent le brunissement, et sont recommandés par les cuisines Betty Crocker pour cuire biscuits, carrés et galettes. Les moules luisants — en aluminium, étain et en acier inoxydable — vous donneront des croûtes plus tendres et dorées et des biscuits plus mous qui s'étendront davantage.

- LES MOULES FONCÉS AU FINI MAT absorbent plus de chaleur. Ainsi, vos pains et gâteaux bruniront plus vite et plus uniformément. En guise de compensation, il se peut que les fabricants de moules foncés vous recommandent de réduire la température du four de quelques degrés pour certaines recettes. Les finis mâts — aluminium, fer-blanc et verres mâts — sont recommandés pour la cuisson des tartes et des pains. Les croûtes à tartes bruniront uniformément dans le fond et sur les contours. Les pains brunissent uniformément et leur croûte est plus croquante.

- LES MOULES EN ACIER FONCÉ donnent aux pains une croûte foncée et craquante ; on s'en sert souvent pour faire cuire baguettes et gressins, auxquels ils confèrent leur aspect craquant distinctif. Les moules en acier sont idéaux pour la cuisson des popovers, dont la croûte sera croustillante et bien dorée.

- LES MOULES EN SILICONE, les plus récents sur le marché, sont aussi recommandés par les cuisines Betty Crocker. Tendres et flexibles, on les trouve dans toute une variété de couleurs et de formes : moules à gâteaux ronds, tubulaires, moules à muffins, moules à pains miniatures, etc. Ils procurent une couleur uniforme à vos pains et gâteaux, peuvent supporter une chaleur extrême et vont au lave-vaisselle, au four à micro-ondes et au congélateur. Comme ces moules sont flexibles, mettez-les sur une plaque à biscuits pour les sortir du four sans problème. Utilisez des mitaines pour transférer les moules de la plaque à biscuits à la grille de refroidissement. Vaporisez les moules avec un corps gras avant d'y déposer la pâte, afin qu'elle n'adhère pas aux parois. Pains et gâteaux se démoulent facilement une fois refroidis ; il suffit d'exercer une pression dans le fond du moule. Les moules en silicone sont disponibles dans tous les magasins de vente au détail et dans le catalogue en ligne de Betty Crocker, au www.BettyCrocker.com.

Les indispensables en pâtisserie

Les bons ustensiles et autre matériel de cuisson sont conçus expressément pour vous faciliter la vie dans la cuisine. Voici des articles indispensables pour la cuisson des pains et gâteaux. Il est bien de les avoir sous la main pour faire de votre expérience culinaire un succès :

POUR MESURER

Couteau de chef ou de cuisinier

Tasses à mesurer (pour les ingrédients liquides) en verre ou en plastique transparent

Tasses à mesurer rondes (pour les ingrédients secs)

Cuillères à mesurer graduées

Petite spatule de caoutchouc

Spatule de métal à bord droit

POUR MÉLANGER

Mélangeur électrique

Ustensiles, cuillères à thé et à soupe

Batteur à main

Grande spatule de caoutchouc

Bols à mélanger (ensemble de trois)

Cuillères (en bois et en plastique)

Fouet de métal

POUR CUIRE

Moule à cuisson rectangulaire de 33 cm x 23 cm (13 x 9 po)

Moule à cuisson rond et carré de 20,5 cm et 23 cm (8 et 9 po)

Moule à gâteau tubulaire

Testeur à gâteau ou cure-dents

Couteau à biscuits et galettes

Plaque(s) à biscuits

Moules à pain

Moules à muffin

Spatule à crêpes

Pinceau à pâtisserie

Assiette à tarte

Moules à popovers

Supports à plats

Rouleau à pâtisserie

Minuteur

Grille de refroidissement en métal

Les ustensiles pratiques

Il existe un grand nombre de gadgets de cuisine **récents** ou **traditionnels**, conçus pour la cuisson et la présentation de vos petites douceurs, qu'il est agréable d'avoir dans sa cuisine. Pour trouver le dernier cri des nouveautés en cuisine, rendez-vous à votre boutique culinaire favorite ou achetez par Internet.

LES BOLS À MÉLANGER ANTIDÉRAPANTS ; le dessous du bol est muni d'une rondelle de caoutchouc qui l'empêche de glisser sur le plan de travail.

LE CANEVAS À PÂTISSERIE est un grand morceau de canevas qui sert à rouler délicatement les pâtes à biscuits et à pâtisseries. On enduit le canevas de farine pour en faire une surface non adhérente. Il existe des housses de jersey que l'on peut glisser sur les rouleaux à pâtisserie ; on enfarine ensuite le jersey. Il faut bien laver le canevas et la housse avant de les ranger, car ils pourraient rancir à cause du gras contenu dans la pâte. Dans les magasins spécialisés, vous trouverez des planches rondes munies de canevas à pâtisserie en lin élastique détachable et marquées de cercles concentriques pour réaliser des croûtes de différentes dimensions.

LES CISEAUX DE CUISINE sont utiles pour couper les fruits séchés et les herbes fraîches et pour tailler les contours des croûtes à tartes avant la cuisson.

LE CHALUMEAU DE CUISINE est un petit chalumeau au butane dont on peut se servir pour caraméliser les sucres, faire fondre le fromage ou donner une belle couleur foncée aux meringues.

LE COUPE-PÂTE possède cinq ou six lames solides en forme de U, fixées à une poignée de bois. On s'en sert pour couper rapidement et facilement la farine et autres mélanges secs.

LA CUILLÈRE POUR PÂTE À BISCUITS OU À CRÈME GLACÉE, munie d'un ressort, vous donnera des biscuits de même dimension qui cuiront uniformément. (Voir page 19 pour en savoir plus.) Une cuillère plus grande est aussi très utile pour remplir les moules à muffins et les moules à tartes individuels.

DESSOUS DE PLATS EN SILICONE est un outil novateur. Très flexible, il possède des points incurvés pour une bonne adhérence, il supporte des températures très élevées et peut être lavé à l'eau savonneuse très chaude ou au lave-vaisselle. On peut aussi s'en servir comme sous-plat et pour ouvrir les bocaux.

LE GRATTOIR À PÂTISSERIE est une large lame de métal munie d'une poignée en forme de rouleau, pour repousser les excédents de pâte et de farine loin de la surface de roulage ou de pétrissage. On s'en sert aussi pour soulever les ingrédients hachés sur une planche à découper et les transférer dans un bol ou un plat de cuisson.

LES MINI HACHOIRS peuvent être électriques ou manuels. On s'en sert pour hacher les noix, les fruits séchés et les herbes fraîches.

LES MOULES À CHARNIÈRES sont munis d'un fond détachable et de côtés à charnières faciles à ouvrir, pour un démoulage facile.

LES MOULES À GÂTEAUX SPÉCIAUX ET TUBULAIRES sont offerts en différents modèles, pour créer des gâteaux originaux et amusants. Aussi offerts en mini moules, ils sont parfaits pour les portions individuelles.

LES MOULES À MUFFINS SPÉCIAUX sont disponibles en formats mini et géant.

LES MOULES À TARTES sont de forme ronde ou rectangulaire. Certains possèdent un fond détachable. Ils sont munis de bords décoratifs cannelés et servent à la cuisson des tartes. Les moules à tartes sont offerts en formats régulier, individuel (pour tartelettes) ou mini.

LE MOULIN À CAFÉ pour moudre vos épices. Veillez à utiliser un moulin uniquement pour les épices et jamais pour les grains de café.

LE PAPIER PARCHEMIN est un papier épais qui résiste à la graisse et à l'humidité ; il est parfait pour couvrir les plats et plaques de cuisson. On peut aussi s'en servir comme douilles à décorer jetables.

LA PELLE À BISCUITS ressemble à une pelle à crêpes. Elle est munie d'un « repoussoir » en nylon servant à déposer uniformément des portions graduées de pâte sur la plaque à biscuit. Facile à nettoyer.

LA PELLE À COUPER ET SERVIR LES GÂTEAUX vous facilite la tâche quand vient le temps de couper gâteaux et desserts devant vos invités. La lame à trois côtés coupe vos gâteaux et autres desserts, de plus elle est munie d'une pince qui permet de prendre la pointe et la déposer dans l'assiette. Disponible en forme de V pour les gâteaux ronds et en forme de rectangle pour les gâteaux carrés ou rectangulaires.

LA PIERRE À CUISSON EN CÉRAMIQUE est chauffée dans un four chaud avant qu'on y dépose la pâte à pain ou à pizza. La céramique retient la chaleur, de sorte que vos pains sont plus craquants à l'extérieur et que vos pizzas sont plus croquantes.

LA PLANCHE À PÂTISSERIE EN MARBRE est excellente pour les pâtes, car elle garde sa fraîcheur et n'absorbe pas le gras ou l'humidité. Elle empêche que la pâte ne devienne chaude et collante durant le pétrissage, le façonnage et le roulage.

LA SPATULE À BISCUITS GÉANTE possède une lame large et flexible avec un bord biseauté qui glisse facilement sous les biscuits cuits. Peut aussi servir pour retourner les crêpes.

LA SPATULE À GLAÇAGE est munie d'une lame de métal recourbée. Elle est parfaite pour étendre les mélanges uniformément et pour glacer les gâteaux et barres directement dans le moule.

LE TAPIS PÂTISSIER EN SILICONE est flexible et anti-adhérent. Posé sur une plaque à biscuits, il vous évite le graissage de la surface et se nettoie facilement. Il est excellent pour les biscuits tendres dont vous ne voulez pas faire brunir le dessus et les côtés. Pour les biscuits ordinaires, le temps de cuisson peut être un peu plus long que lorsque vous vous servez uniquement d'une plaque à biscuits.

LA TASSE À ANGLES À MESURER LES LIQUIDES est munie d'un bord intérieur à angle qui vous permet de mesurer rapidement et avec précision les liquides, sans avoir à vous pencher.

L'essentiel sur le pain à levure

Qui peut résister à l'arôme du pain sortant du four ? Son parfum vous met l'eau à la bouche et vous invite à la convivialité. Même si vous en êtes à vos premières expériences de boulangerie, vous n'aurez aucun mal à répandre cet arôme dans votre maison. La fabrication du pain à levure n'a rien de sorcier ; il suffit de donner à la pâte le temps de gonfler, et les résultats valent bien qu'on patiente un peu.

Les ingrédients du pain à levure

Que faut-il pour fabriquer un pain à levure ? Parmi les ingrédients les plus courants, il y a la farine, la levure, l'eau, le sel, le sucre et, pour certaines pâtes, un corps gras. Vous aurez aussi besoin d'un peu de temps pour mélanger la pâte, la pétrir jusqu'à ce qu'elle devienne lisse, puis pour la laisser lever. Il peut être très relaxant de pétrir et de façonner une boule de pâte, et bien sûr, vous aurez le bonheur d'en savourer le résultat !

LA FARINE : voir page 6.

LA LEVURE : la levure est un organisme vivant qui se transforme en alcool et en dioxyde de carbone. Ce sont les bulles formées par le dioxyde de carbone qui font lever la pâte. La levure est très sensible : trop de chaleur peut la tuer, et le froid l'empêchera de gonfler. Vérifiez la date d'expiration sur le paquet avant de vous en servir. Si vous vous servez de levure sèche à action rapide, le temps de levage pourrait être réduit.

LES LIQUIDES : les plus souvent utilisés sont l'eau et le lait. L'eau donne au pain une croûte craquante ; le lait lui donne une texture veloutée tout en y ajoutant des éléments nutritifs.

LE SEL : le sel est nécessaire pour contrôler le développement de la levure et pour empêcher que la pâte ne gonfle trop, ce qui peut entraîner un affaissement du pain.

LES ÉDULCORANTS : le sucre, le miel et la mélasse servent à « nourrir » la levure et l'aident à se développer ; ils ajoutent de la saveur et aident au brunissement de la croûte. Les édulcorants artificiels ne sont pas bons pour la levure à pain, car ils ne « nourrissent » pas la levure.

LE GRAS : le beurre, la margarine, le saindoux et l'huile végétale donnent au pain sa tendreté. Le beurre et la margarine y ajoutent aussi de la saveur.

Des croûtes irrésistibles

Juste avant de les enfourner, donnez à vos pains une touche professionnelle :

- Pour une croûte **brillante**, badigeonner le dessus du pain avec un œuf ou un blanc d'œuf battu avec un peu d'eau. Si désiré, parsemer de graines de pavot, de sésame, ou de flocons d'avoine.

- Pour une croûte plus **tendre**, d'une **couleur dorée**, badigeonner le dessus du pain avec de la margarine ou du beurre fondu.

- Pour une croûte **craquante**, badigeonner ou vaporiser de l'eau sur le pain.

- Pour une croûte **moelleuse**, la badigeonner de lait.

Conseils pour la machine à pain

Une façon agréable et facile de humer l'arôme et de savourer le bon goût du pain maison d'antan : la machine à pain électrique ! Pour réaliser le meilleur pain possible à la machine, suivez ces conseils :

- Lire le manuel d'instruction de votre machine à pain électrique du début à la fin. Incorporer les ingrédients dans l'ordre mentionné par le manufacturier.
- Mesurer les ingrédients avec des cuillères et des tasses à mesurer standard. Même de menues variations peuvent affecter l'apparence finale de votre pain.
- Utiliser des ingrédients à température ambiante, sauf ceux que l'on garde habituellement au réfrigérateur, comme le lait, la crème sure et les œufs.
- Utiliser de la levure à machine à pain, car son grain plus fin l'aide à bien pénétrer dans la pâte durant le mixage et le pétrissage.
- Jeter un coup d'œil seulement durant le mixage et le pétrissage. Si vous ouvrez la machine durant la période de levage ou durant la cuisson, le pain risque de s'affaisser.
- Veiller à ce que la levure n'entre pas en contact avec le liquide ou les ingrédients humides si vous utilisez la fonction « départ différé ». Ne pas utiliser cette fonction pour les recettes qui contiennent des œufs, des produits laitiers frais (on peut utiliser du beurre et de la margarine), du miel, des viandes ou des fruits et légumes frais, parce que les bactéries risquent de proliférer si ces ingrédients demeurent dans la machine à pain pendant des heures.
- Si vous avez envie de faire des expériences en remplaçant des ingrédients, y aller d'un changement à la fois, afin de voir ce que cela donne.
- Garder votre machine à pain à l'abri des courants d'air et des endroits de la maison où la chaleur et l'humidité fluctuent. Pour assurer une bonne ventilation, placez votre machine dans un coin où l'air circule.

Comment trancher le pain

Quand vous aurez pris le temps de faire du vrai pain maison, vous voudrez connaître la meilleure manière de le trancher.

- Mettre le pain sur une planche à découper. Trancher à l'aide d'un couteau-scie ou d'un couteau électrique, avec une légère pression, pour éviter d'écraser la mie du pain. Si le pain est très frais ou encore chaud, le mettre sur le côté pour éviter d'en briser la croûte.
- Découper les pains ronds en pointes ou en tranches.
- Ajouter une touche qui charmera les enfants en coupant des tranches en bâtonnets ou en utilisant des emporte-pièce aux formes amusantes.

L'essentiel sur les pains éclairs

Les pains à fermentation rapide que sont les muffins, les gâteaux et les scones, se préparent en un rien de temps, car c'est la poudre à pâte ou le bicarbonate de soude qui leur permet de lever, plutôt que la levure active. Pour que vos pains éclairs soient à leur meilleur :

- Vérifier la date d'expiration sur vos contenants de poudre à pâte et de bicarbonate de soude ; il est préférable d'utiliser des ingrédients frais, car les pains éclairs ne lèveront pas bien si la poudre ou le bicarbonate de soude sont vieux.
- Graisser seulement les fonds des moules à muffins et à pains éclairs, de façon à ce que le mélange de pâte ne s'encroûte pas (un bord sec, dur, qui déborde) durant la cuisson. Certaines recettes de muffins exigent toutefois de graisser les moules entièrement, de manière à ce que les muffins ne collent pas, alors assurez-vous de bien suivre la

LEVAGE RAPIDE DE LA PÂTE À PAIN

Pour que votre pâte à levure lève plus rapidement, placer le bol couvert sur une grille de métal posée sur un grand bol d'eau très chaude. Ou, pour faire lever la pâte au four à micro-ondes, remplir une tasse à mesurer d'eau et la porter à ébullition ; placer ensuite le bol de pâte dans le four à micro-ondes avec la vapeur d'eau.

recette. Mieux, utilisez des moules en papier pour vous éviter de frotter.

- Préparer votre mélange suivant les instructions de chaque recette ; certains doivent être mélangés jusqu'à consistance lisse, d'autres seulement jusqu'à ce que les ingrédients soient humidifiés. Une pâte trop manipulée donnera des muffins et des pains éclairs trop durs.

L'essentiel sur les gâteaux

Toutes les occasions sont bonnes pour préparer un gâteau : anniversaires, mariages, ou simplement pour faire une surprise à toute la famille en leur concoctant un gâteau maison. Il existe à peu près autant de gâteaux que d'occasions de célébrer.

La préparation des gâteaux

Les recettes de gâteaux de ce livre ont été testées avec des batteurs à main ou des mélangeurs électriques. Si vous utilisez un gros mélangeur sur pied, suivez les instructions du fabricant pour la vitesse de préparation, car les mélanges trop longtemps malaxés donnent une pâte truffée de tunnels ou un centre qui s'affaisse.

Vous pouvez aussi malaxer vos mélanges à la cuillère. Mélangez les ingrédients jusqu'à consistance homogène, puis battez 150 coups pour chaque minute (3 minutes = 450 coups). Un mélange trop peu battu donnera un gâteau de plus petit volume.

La cuisson des gâteaux

- Les moules en métal luisant sont le meilleur choix pour la cuisson des gâteaux. Ils réfléchissent la chaleur à l'extérieur du gâteau et donnent une croûte plus tendre et légère.
- Utiliser le format de moule recommandé pour la recette. Pour déterminer le format de moule à utiliser, mesurer la longueur et la largeur à *l'intérieur* du moule et non le fond extérieur du moule. Si le moule est trop grand, le gâteau sera plat et pourrait être trop cuit. S'il est trop petit, le gâteau pourrait trop cuire sur les côtés et ne pas cuire au centre.

- Remplir les moules à gâteau à moitié. Pour déterminer la quantité de mélange que peut contenir un moule de forme spéciale (ex. : un moule en forme de cœur), le remplir d'eau puis mesurer la quantité d'eau. Utiliser la moitié de cette quantité de mélange. Faire des petits gâteaux avec le reste du mélange.
- Faire cuire les gâteaux sur une grille placée au centre du four.
- Les gâteaux sont cuits lorsqu'un cure-dent enfoncé en son centre en ressort propre. Laisser refroidir complètement sur une grille à gâteaux, loin des courants d'air, avant de glacer ou de découper. Servir chaud seulement lorsque la recette le suggère.

Le glaçage des gâteaux

- Laisser refroidir les gâteaux complètement avant de les glacer. Sur un gâteau encore chaud, le glaçage risquerait de ramollir ou de fondre.
- Le glaçage doit être assez lisse pour s'étendre sans couler sur les côtés du gâteau. Si le glaçage est trop dur, il adhérera à la surface du gâteau et la soulèvera. Résultat : votre glaçage sera plein de miettes. Si le glaçage n'est pas assez consistant, ajouter du sucre glace, de 15 à 30 ml (1 à 2 c. à soupe) à la fois ; s'il est trop épais, ajouter quelques gouttes d'eau ou de lait.
- Le beurre, la margarine ou les mélanges de beurre en bâtonnets sont recommandés pour les glaçages. Comme la margarine en contenant, le beurre fouetté et les mélanges de beurre contiennent plus d'eau et d'air et moins de gras, les glaçages faits avec ces produits sont trop mous.
- Pour appliquer le glaçage sans problème, utiliser une spatule en métal flexible. Allez-y doucement pour prévenir que les couches de gâteau ne glissent et que le glaçage entre les couches ne sorte sur les côtés.

Le découpage des gâteaux

GÂTEAUX À ÉTAGES : utiliser un long couteau bien aiguisé. Si le glaçage colle au couteau, trempez le couteau dans l'eau chaude et essuyez-le avec une serviette en papier humide après avoir découpé chaque morceau.

GÂTEAUX DES ANGES, CHIFFON ET QUATRE-QUARTS : utiliser un long couteau-scie en coupant en mouvement de scie, ou encore un couteau électrique.

La conservation des gâteaux

- Laisser refroidir les gâteaux non glacés complètement avant de les recouvrir et de les ranger, afin d'éviter que le dessus ne devienne collant. Garder les gâteaux garnis d'un glaçage crémeux à la température ambiante, légèrement recouverts de papier aluminium, de pellicule plastique ou de papier ciré, ou dans une boîte en métal.

- Lorsque le temps est humide, réfrigérer les gâteaux qui contiennent des ingrédients très humides, comme des pommes, de la sauce aux pommes, des carottes ou des courgettes râpées, des bananes ou de la chair de citrouille. Conservés à la température ambiante, ils moisiront rapidement.

- Toujours conserver au réfrigérateur vos gâteaux garnis de glace au fromage à la crème ou de crème fouettée.

L'essentiel sur les tartes

Tout le monde aime les tartes, et leur préparation ne doit pas être un processus compliqué. Même un débutant peut réussir une tarte digne d'un cordon-bleu avec un peu de pratique et quelques conseils d'experts :

Rien de plus facile

- Utiliser le gras indiqué dans la recette ; le saindoux est le type de gras le plus souvent utilisé et il donne une belle croûte feuilletée. Comme la pâte et la croûte contiennent assez de gras, il est inutile de graisser les assiettes à tarte.

- À l'aide d'un coupe-pâte ou de deux couteaux dont les lames s'entrecroisent dans les ingrédients, incorporer la graisse dans la farine et le sel jusqu'à ce que les particules soient de la grosseur de petits pois.

- Mélanger seulement jusqu'à ce que les ingrédients soient incorporés. Une pâte à tarte trop travaillée sera trop dure.

- Pour que la pâte soit facile à abaisser, la mettre en boule, l'envelopper et la réfrigérer au moins 45 minutes ou toute la nuit. Cette étape aide le gras à se solidifier (pour une pâte plus feuilletée), le gluten à se détendre et l'humidité à être absorbée uniformément.

Comment rouler la pâte

- Avec un rouleau à pâtisserie enfariné, abaisser la pâte sur une surface légèrement enfarinée ou sur un canevas à pâtisserie qui fait 5 cm (2 po) de plus que le tour de l'assiette à tarte à l'envers.

- Rouler la pâte du centre jusqu'au bord extérieur, dans toutes les directions, en la soulevant et en la retournant de temps en temps pour l'empêcher de coller. Pour éviter que le bord ne devienne trop mince, mettre moins de pression sur le rouleau en approchant des bords. Si la pâte devient collante, appliquer un peu plus de farine, un peu à la fois, sur la surface et sur le rouleau à pâtisserie.

- Plier la pâte en quatre et la mettre sur l'assiette à tarte avec la pointe au centre. Déplier la pâte et la presser délicatement dans l'assiette, en faisant

---

NAPPEZ VOS GÂTEAUX

Napper un gâteau de votre glace préférée est un jeu d'enfant ! Laissez couler la glace claire du bout d'une cuillère en métal. Ou encore, versez-la dans un sac de plastique réutilisable : improvisez une douille en coupant un petit coin du sac et pressez doucement sur le sac, en dessinant de grands zigzags sur le dessus de votre gâteau. Faites un plus gros trou si vous désirez que votre garniture soit plus épaisse.

attention de ne pas l'étirer, car elle rétrécirait trop en cuisant.

- Si vous préférez, vous pouvez aussi rouler la pâte sur votre rouleau sans serrer, et en tapisser l'assiette. Dérouler et presser délicatement dans l'assiette.

Le remplissage

- Verser la garniture à la cuillère ou à même le bol dans l'assiette tapissée de pâte. Tailler la pâte du fond de manière à ce qu'elle dépasse de l'assiette de 1,5 cm (1/2 po).

- Abaisser la pâte du dessus et faire de petites incisions afin que la vapeur puisse en sortir. Plier la pâte du dessus en quatre ou l'enrouler sur le rouleau, puis la déposer délicatement sur la garniture avant de la dérouler.

- Découper les bords de la pâte du dessus à 2,5 cm (1 po) ; replier et presser légèrement pour bien sceller.

- Festonner ou plisser les bords en pressant avec les doigts.

- Vous pouvez ajouter des décorations à la croûte du dessus avant la cuisson. Toutefois, ces morceaux de pâte peuvent brunir plus rapidement. Si cela se produit, déposez une feuille d'aluminium sans serrer par-dessus la tarte, afin d'en ralentir le brunissement.

  - CROÛTE LUISANTE : badigeonner la croûte avec du lait.

  - CROÛTE GIVRÉE : badigeonner la croûte avec un peu d'eau ; saupoudrer de sucre granulé ou de gros cristaux de sucre (sucre à décorer).

- CROÛTE GLACÉE : badigeonner la croûte légèrement avec un œuf battu ou un jaune d'œuf mélangé à un peu d'eau.

La cuisson des tartes

- Choisir une assiette à tarte en verre résistant à la chaleur ou un moule en aluminium mât ; ne pas utiliser un moule luisant, car la croûte du fond sera détrempée.

- Le format le plus courant d'assiette à tarte mesure 23 cm (9 po). Les recettes contenues dans ce livre ont été conçues pour des assiettes de 23 cm (9 po), qui peuvent contenir environ 1,1 l (5 tasses) de garniture. Il faut parfois jusqu'à deux litres de fruits pour une seule tarte à pâte double, car les fruits ont tendance à réduire pendant la cuisson.

- Il faut cuire les tartes à haute température de 190 à 220 °C (375 à 425 °F), de manière à ce que la pâte soit feuilletée et d'un beau brun doré et que la garniture cuise complètement.

- Pour éviter que les bords de la tarte ne brunissent trop, les couvrir avant la cuisson avec une lanière de papier aluminium repliée délicatement sur le contour, ou utiliser un anneau protecteur de contour. Enlever le papier aluminium 15 minutes avant la fin de la cuisson pour laisser dorer les contours.

- Si la croûte du dessus devient trop brune avant que la tarte soit cuite, mettre un morceau de papier aluminium sur le dessus de la tarte pour éviter qu'elle ne brunisse davantage.

LE CANEVAS À PÂTISSERIE

L'usage d'un canevas à pâtisserie et d'une housse à rouleau facilite l'abaissement de la pâte, car la pâte ne colle pas à la surface ou au rouleau. Si vous n'avez pas de canevas à pâtisserie, servez-vous d'une serviette à vaisselle propre exempte de peluches.

Fixer solidement le canevas à pâtisserie ou une serviette en lin autour d'une grande planche à découper (au moins 30,5 x 30,5 cm [12 x 12 po]) avec du ruban adhésif. Ou fixer le canevas ou la serviette à la surface à l'aide de ruban adhésif. Enfiler la housse sur le rouleau à pâtisserie. Enduire de farine le rouleau et le canevas ; ceci empêche la farine de pénétrer dans la pâte et la pâte de coller. Abaisser tel qu'indiqué ci-dessus.

La conservation des tartes

- Les tartes qui contiennent des œufs, comme les tartes à la citrouille et à la crème, se conservent au réfrigérateur, et doivent être consommées dans les trois à cinq jours.

- Les tartes aux fruits et aux pacanes peuvent être recouvertes légèrement et gardées à la température ambiante jusqu'à trois jours.

La congélation des tartes

On peut congeler plusieurs types de tartes. Les tartes à la citrouille et aux pacanes doivent être cuites avant la congélation ; les tartes aux fruits peuvent être congelées avant ou après la cuisson. Voici des conseils pour la congélation des tartes :

- Ne pas congeler les tartes à la crème, à la crème anglaise ni les tartes garnies de meringue, car elles s'affaissent et se détrempent.

- Laisser refroidir les tartes cuites complètement avant de les congeler. Mettre les tartes au congélateur sans les couvrir. Lorsqu'elles sont complètement congelées, les envelopper dans du papier aluminium ou les déposer dans un sac de plastique à fermoir étanche.

- Les tartes cuites se conservent quatre mois au congélateur ; les tartes non cuites se gardent jusqu'à trois mois.

- Pour réchauffer les tartes *non cuites* : les déballer et les faire cuire encore congelées, pendant 15 minutes,

à 240 °C (475 °F) ; réduire la température du four à 190 °C (375 °F) et cuire encore 45 minutes, ou jusqu'à ce que des bulles se forment au centre.

- Pour réchauffer les tartes *cuites* : les déballer et les faire cuire congelées à 160 °C (325 °F) pendant 45 minutes ou jusqu'à ce qu'elles soient bien chaudes.

L'essentiel sur les biscuits et carrés

Qui n'aime pas les biscuits et carrés faits maison ? Non seulement sont-ils faciles à préparer, mais faciles à transporter et agréables à manger.

La préparation des biscuits et des carrés

- Pour de meilleurs résultats, utiliser le beurre ou la margarine en bâtons. Parce que la margarine en contenant de plastique, le beurre fouetté ou les mélanges de beurre contiennent plus d'eau et d'air et moins de gras, les biscuits faits avec ces ingrédients seront mous, trop gonflés et durs, et sècheront plus rapidement.

- La plupart des recettes de biscuits ou carrés demandent du beurre ramolli ou de la margarine. Un beurre bien tendre doit céder légèrement sous la pression du doigt (votre doigt doit s'imprimer légèrement dans le beurre), mais il ne doit pas paraître mou. Un beurre trop mou ou fondu donne une pâte trop molle qui fait que les biscuits prennent trop d'expansion durant la cuisson. Vous pouvez laisser

LA CROÛTE TRESSÉE

Pour lacer la pâte du dessus, découper des lanières d'environ 1,5 cm (1/2 po) de largeur, à l'aide d'un couteau bien aiguisé ou d'une roulette coupe-pâte.

POUR UN LAÇAGE CLASSIQUE, placer 5 à 7 lanières directement sur le remplissage dans l'assiette à tarte. En commençant par le milieu, entrecroiser alternativement d'autres lanières sur et sous les premières. Remplier les bords de l'abaisse du fond par-dessus les bouts de lanières, pour former un contour festonné et sceller.

POUR UN LAÇAGE FACILE, placer 5 à 7 lanières sur le remplissage. Déposer des lanières dans l'autre sens par-dessus les premières, sans tisser. Couper les bouts des lanières. Replier les bords découpés de l'abaisse du fond par-dessus les bouts de lanières, de manière à former un contour festonné, puis sceller.

le beurre ramollir à la température ambiante pendant 30 à 45 minutes, ou le réchauffer au four à micro-ondes.

- Pour la plupart des recettes de biscuits et carrés, on peut utiliser un mélangeur électrique ou une cuillère. Le sucre, les matières grasses et les liquides se mélangent facilement à l'aide d'un batteur électrique. Il est préférable de mélanger à très basse vitesse ou à la main la farine et les autres ingrédients secs, car un brassage trop vigoureux risque de donner des biscuits plus durs.

Le choix des plaques à biscuits

On trouve plusieurs types de plaques à biscuits ; en choisissant la bonne plaque, vous obtiendrez de meilleurs résultats au moment de la cuisson. Il est utile de posséder trois ou quatre plaques à biscuits. Ainsi, lorsqu'une fournée a fini de cuire, la suivante est déjà prête à aller au four !

LES PLAQUES À SURFACE LUISANTE ET LISSE ou en aluminium texturé sont recommandées pour la cuisson des biscuits. Ces plaques réfléchissent la chaleur, ce qui permet aux biscuits de cuire uniformément et de brunir adéquatement. Les recettes de ce livre ont été testées sur ce genre de plaques.

LES PLAQUES ISOLANTES empêchent que les biscuits brunissent trop sur les contours. Les biscuits enfournés sur ces plaques prendront un peu plus de temps à cuire, les fonds seront plus clairs et les biscuits pourraient ne pas brunir uniformément. Comme le fond reste plus tendre, il peut être difficile de détacher les biscuits de ces plaques, aussi est-il préférable d'attendre une minute avant de les enlever.

LES PLAQUES ANTIADHÉSIVES À SURFACE FONCÉE absorbent la chaleur. Les biscuits peuvent être plus petits et plus hauts, parce que la pâte se fige avant de s'étendre pour prendre une belle forme. Le dessus et le fond en particulier seront plus bruns et le fond pourrait être dur. Vérifier les biscuits au bout de la durée minimum de cuisson exigée, de manière à ce qu'ils ne brunissent pas trop et qu'ils ne brûlent pas.

Le choix des plats à carrés

- Les plats en métal luisant sont recommandés pour la cuisson des carrés. Ils réfléchissent la chaleur vers l'extérieur, ce qui empêche la croûte de brunir et de durcir outre mesure.

- Utiliser le format de plat indiqué dans la recette. Les carrés cuits dans des plats trop grands seront trop durs et trop cuits ; ceux cuits dans des plats trop petits seront pâteux au centre et durs sur les bords.

- Il peut arriver que l'on égratigne les plats en coupant les carrés à l'aide d'un couteau métallique, il est donc préférable d'utiliser un couteau de plastique.

La cuisson des biscuits et des carrés

- Comme les biscuits contiennent une grande quantité de gras en proportion de la quantité de farine, il n'est habituellement pas nécessaire de graisser les plaques à biscuits. Tapissez plutôt votre plaque d'une feuille de silicone ou de papier parchemin. Les biscuits ne collent pas durant la cuisson et cela facilite le nettoyage.

NETTOYAGE ULTRA RAPIDE !

Pour un nettoyage ultra rapide et pour vous aider à couper les carrés et brownies uniformément, pensez à tapisser le fond des plats à cuisson de papier aluminium. Pour couvrir un plat de papier aluminium : le retourner, couper un morceau de papier plus long que le plat et modeler le papier alu autour du plat, puis enlever le papier. Retourner le plat à l'endroit et glisser le papier alu au fond en faisant attention de ne pas le déchirer. Une fois les carrés refroidis, il suffira de les sortir du plat en vous servant des « poignées » d'aluminium, d'enlever le papier aluminium et de découper en carrés.

- **Faire un test** avec un biscuit en suivant les instructions de la recette. Vous pourrez ainsi rectifier la cuisson avant d'enfourner toute la plaque. Si le biscuit s'étend trop, ajouter 15 à 30 ml (1 à 2 c. à soupe) de farine à la pâte, une ou deux heures avant la cuisson. S'il est trop sec, ajouter 15 à 30 ml (1 à 2 c. à soupe) de lait à la pâte.

- Utiliser une cuillère à crème glacée ou à action ressort pour déposer la pâte sur la plaque et confectionner des biscuits de grosseur égale qui cuisent uniformément.

- Déposer la pâte à biscuit sur une plaque complètement refroidie. Les biscuits s'étendraient trop sur une plaque encore chaude.

- Faire cuire les biscuits et les carrés sur la grille du milieu. Pour une cuisson uniforme, il est recommandé de faire cuire une seule plaque à la fois. Pour faire cuire deux plaques à la fois, placer les grilles du four aussi près que possible du milieu, et inverser les plaques à la mi-cuisson, de manière à ce que les biscuits cuisent plus uniformément.

- Vérifier les biscuits et les carrés après le temps de cuisson minimum exigé dans la recette ; retirer les biscuits de la plaque et les laisser refroidir tel qu'indiqué.

- Retirer les biscuits de la plaque à l'aide d'une spatule. Laisser refroidir sur une grille à gâteau.

- Si vous laissez les biscuits refroidir trop longtemps sur la plaque de cuisson et que vous avez du mal à les enlever sans les briser, voici ce qu'il faut faire : remettre les biscuits dans le four pendant 1 à 2 minutes pour les réchauffer, ils devraient se décoller facilement de la plaque.

- Laisser refroidir les carrés et les brownies sur la plaque à biscuits déposée sur une grille à gâteau.

La conservation des biscuits et des carrés

Pour que vos biscuits maison restent aussi frais que possible :

- Conserver les biscuits croquants à la température ambiante dans une boîte dont le couvercle ne ferme pas hermétiquement.

- Conserver les biscuits mous à la température ambiante, dans un sac plastique à fermoir étanche ou dans une boîte qui ferme hermétiquement.

- Ne pas conserver les biscuits croquants et mous ensemble dans le même contenant, car cela ferait ramollir les biscuits croquants.

- Laisser les biscuits givrés ou décorés reposer ou durcir avant de les ranger ; les conserver entre des feuilles de papier ciré, plastique ou aluminium.

- Congeler biscuits et carrés, bien enveloppés et étiquetés. On peut garder les biscuits non givrés jusqu'à douze mois et les biscuits givrés jusqu'à trois mois au congélateur. Mettre les biscuits délicats givrés ou décorés par couches dans des contenants à congélation, et les intercaler avec du papier ciré.

LES BISCUITS À LA CUILLÈRE

On trouve des cuillères à action ressort ou des cuillères à crème glacée en différents formats numérotés ; plus le chiffre est grand, plus la cuillère est petite. Deux formats parfaits pour les biscuits sont la cuillère n° 70, équivalant à une cuillerée de 15 ml (1 c. à soupe) rase, et la cuillère n° 16, équivalant à 50 ml (1/4 tasse). Comme les formats de tous les fabricants ne sont pas les mêmes, mesurer d'abord le volume de la cuillère avec de l'eau. Utiliser le format de cuillère qui contient la quantité de pâte recommandée par la recette.

TORSADE SAVOUREUSE AU FROMAGE SUISSE

Chapitre 1

Les meilleurs pains à levure

Petits pains « frigo » aux pommes de terre

Classique

Héritage de nos grand-mères, les pommes de terre en purée ajoutent de la saveur et de l'humidité aux petits pains. Il y a longtemps, dans les campagnes, les cuisinières utilisaient tous les ingrédients dont elles disposaient — on croyait même que l'eau de cuisson des pommes de terre ajoutait saveur et nutriments aux recettes. Vous pouvez également utiliser l'eau de cuisson des pommes de terre ou des patates douces. Il suffit de laisser tiédir 375 ml (1 1/2 tasse) d'eau de cuisson à 41 à 45 °C (105 à 115 °F) et de vous en servir pour dissoudre la levure.

Temps de préparation : 20 min – Du début à la fin : 8 h 20 min   **Le rendement varie selon le type de pain.**

1 paquet de levure active 11 ml
(2 1/4 c. à thé)

375 ml (1 1/2 tasse) d'eau tiède 41 à
45 °C (105 à 115 °F)

150 ml (2/3 tasse) de sucre

7 ml (1 1/2 c. à thé) de sel

150 ml (2/3 tasse) de beurre ou
margarine, ramolli

2 œufs

250 ml (1 tasse) de purée de pommes de
terre tiède*

1,7 à 1,8 kg (7 à 7 1/2 tasses) de farine
tout-usage

* On peut remplacer la purée de pommes de terre par 250 ml (1 tasse) de purée de courge d'hiver cuite (1 moyenne).

1 Dans un grand bol, dissoudre la levure dans l'eau tiède. Ajouter le sucre, le sel, le beurre et les œufs, les pommes de terre et 750 ml (3 tasses) de farine. Battre une minute au batteur électrique à basse vitesse, en raclant le bol fréquemment. Battre à vitesse moyenne une minute de plus, en raclant le bol fréquemment. Ajouter assez du reste de farine pour obtenir une pâte facile à travailler.

2 Sur une surface légèrement enfarinée, pétrir la pâte environ 5 minutes ou jusqu'à ce qu'elle soit lisse et élastique. Graisser un grand bol. Mettre la pâte dans le bol, en la retournant pour bien l'enduire de gras. Couvrir hermétiquement ; réfrigérer au moins 8 heures, mais ne pas excéder 5 jours.

3 Enfoncer doucement le poing dans la pâte pour la faire dégonfler. Diviser la pâte en trois parts égales (2 si vous faites des gros pains). Façonner des tresses, des petits pains ou des brioches, tel qu'indiqué ci-dessous.

Petits pains tressés

1/3 de la recette de la pâte « frigo » (voir plus haut)

1 œuf

15 ml (1 c. à soupe) d'eau

3 ml (3/4 c. à thé) de graines de pavot

3 ml (3/4 c. à thé) de graines de sésame

En altitude (1066 m à 1981 m [3500 à 6500 pi]) : Pour deux pains de 23 cm (9 po), cuire à 190 °C (375 °F) de 40 à 45 minutes.

Graisser légèrement une plaque à biscuits. Diviser la pâte en 18 parts égales. Sur une surface légèrement enfarinée, former une lanière de 17,5 cm (7 po) avec chaque part. Déposer les lanières par trois sur une plaque à biscuit, puis les tresser avec soin sans serrer. Ne pas étirer la pâte. Pincer les bouts pour refermer et les replier vers l'intérieur. Couvrir et laisser lever dans un endroit chaud pendant 60 à 90 minutes, ou jusqu'à ce que la pâte ait doublé de volume.

Faire chauffer le four à 190 °C (375 °F). Dans un petit bol, battre l'œuf et l'eau ; badigeonner les tresses avec ce mélange. Saupoudrer trois tresses avec 1 ml (1/4 c. à thé) de graines de pavot et les trois autres avec des graines de sésame. Cuire 15 minutes ou jusqu'à ce que les tresses soient bien dorées. Donne 6 tresses.

1 tranche : 160 calories (lipides 45) ; gras 5 g (saturé 3 g) ; cholestérol 25 mg ; sodium 150 mg ; glucides 26 g (fibres 1 g) ; protéines 3 g
Équivalents : 1 féculent, 1 autre glucide, 1/3 gras
Choix de glucides : 2

Miches : Graisser le fond et les côtés de deux moules à pain de 23 x 12,5 cm (9 x 5 po). Diviser la pâte « frigo » en deux. Sur une surface légèrement enfarinée, abaisser chaque demie en rectangle de 45 x 23 cm (18 x 9 po). Rouler la pâte, en commençant par le côté de 23 cm (9 po). Avec les pouces, presser la pâte pour sceller après chaque tour. Plier les bords de la pâte vers l'intérieur. Pincer chaque bout de la pâte pour sceller. Replier les bouts sous la miche. Mettre chaque miche dans un bol, côtés repliés en dessous. Badigeonner les miches avec du beurre mou ou de la margarine. Couvrir et laisser lever dans un endroit chaud, environ 2 heures, ou jusqu'à ce que la pâte ait doublé de volume. (La pâte est prête s'il reste une empreinte au toucher.)

Faire chauffer le four à 190 °C (375 °F). Placer les miches sur la grille du bas, au centre du four. Les moules ne doivent pas se toucher, ni toucher les parois du four. Cuire de 30 à 35 minutes ou jusqu'à ce que les miches soient d'un beau brun doré et qu'elles sonnent creux en les tapotant. Sortir les miches des moules et les déposer sur une grille à gâteau. Badigeonner de beurre ou de margarine. Laisser refroidir. Donne 2 miches.

Petits pains en casserole : Graisser légèrement le fond et les côtés d'un moule rond de 23 cm (9 po). Façonner 36 boules de pâte « frigo » d'environ 2,5 cm (1 po). Mettre dans la cocotte. Badigeonner avec de la margarine ou du beurre fondu. Couvrir et laisser lever dans un endroit chaud de 60 à 90 minutes, ou jusqu'au double du volume. Chauffer le four à 200°C (400 °F). Cuire de 13 à 15 minutes ou jusqu'à ce que la pâte soit d'un beau doré. Donne 12 petits pains.

Trèfles : Graisser 12 moules à muffins moyens. Façonner le tiers de la pâte « frigo » en 36 boules, environ 2,5 cm (1 po). Mettre 3 boules dans chaque moule. Badigeonner avec de la margarine ou du beurre fondu. Couvrir et laisser lever dans un endroit chaud, de 60 à 90 minutes, ou jusqu'à ce que la pâte double de volume. Chauffer le four à 200 °C (400 °F). Cuire de 13 à 15 minutes, ou jusqu'à ce que ce soit doré. Donne 12 pains en forme de trèfle.

Pains à hamburger : Graisser une plaque à biscuits. Diviser le tiers de la pâte « frigo » en 12 parts égales. Sur une surface légèrement enfarinée, façonner chaque part en petite boule lisse après avoir enduit vos doigts d'un peu de gras ; aplatir. Mettre sur une plaque à biscuits en les espaçant de 2,5 cm (1 po). Couvrir et laisser lever dans un endroit chaud, environ 60 à 90 minutes, ou jusqu'au double du volume. Chauffer le four à 200 °C (400 °F). Badigeonner les pains avec de la margarine ou du beurre fondu ; saupoudrer de graines de pavot ou de sésame. Cuire de 13 à 15 minutes ou jusqu'à ce que ce soit bien doré. Donne 12 pains.

ASTUCE DU JOUR

Cette recette, développée il y a plus de soixante-quinze ans, est toujours aussi pratique aujourd'hui, puisqu'elle vous permet d'avoir toujours de la pâte sous la main, que vous pouvez façonner et faire cuire lorsque l'envie vous en prend.

PETITS PAINS «FRIGO» AUX POMMES DE TERRE

Pain de campagne croûté

Classique

Le développement de la boulangerie par la société américaine Washburn Crosby vers la fin des années 1800, marque un tournant majeur dans la fabrication du pain, car cela garantissait enfin des résultats fiables. Jusque-là, tout était aléatoire : la farine, les tasses et les cuillères, les fours incontrôlables ; de plus, on ne faisait pas lever la pâte. Les instructions pour mesurer les ingrédients étaient aussi vagues que : « ajouter un verre de vin », « verser une tasse de thé » ou incorporer un « morceau » de tel ingrédient.

Temps de préparation : 20 min – Du début à la fin : 3 h 5 min　　　　　　**2 pains (16 tranches chacun)**

2 paquets de levure sèche active
(22 ml [4 1/2 c. à thé])

500 ml (2 tasses) d'eau chaude (41 à
45 °C [105 à 115 °F])

125 ml (1/2 tasse) de sucre

10 ml (2 c. à thé) de sel

2 œufs

50 ml (1/4 tasse) d'huile végétale

1,5 à 1,6 kg (6 à 6 1/2 tasses) de farine
tout-usage

Huile végétale

Margarine ou beurre, fondu

1 Dans un grand bol, faire dissoudre la levure dans l'eau chaude. Ajouter le sucre, le sel, les œufs, 50 ml (1/4 tasse) d'huile et 750 ml (3 tasses) de farine. Battre 1 minute au batteur électrique à basse vitesse, en raclant les bords du bol fréquemment. Battre à vitesse moyenne 1 minute, en raclant les bords fréquemment. Ajouter assez du reste de la farine pour obtenir une pâte facile à travailler.

2 Sur une surface légèrement enfarinée, pétrir la pâte de 8 à 10 minutes où jusqu'à consistance lisse et élastique. Graisser un grand bol. Mettre la pâte dans le bol en la retournant pour bien l'enduire de gras. (À ce stade, la pâte peut être réfrigérée de 3 à 4 jours.) Couvrir et laisser lever dans un endroit chaud pendant environ 1 heure, jusqu'au double du volume. La pâte est prête lorsqu'une pression du doigt laisse une marque.

3 Graisser le fond et les côtés de deux moules à pain de 23 × 12,5 cm (9 × 5 po). Enfoncer doucement le poing dans la pâte pour la faire dégonfler ; diviser en deux. Rouler chaque morceau en rectangle de 45 × 23 cm (18 × 9 po). Bien rouler la pâte en commençant par le côté de 23 cm (9 po). Presser avec les pouces pour sceller après chaque tour. Plier les bords de la pâte en dessous pour sceller. Pincer chaque bout de la pâte pour sceller. Replier les bouts sous le pain. Mettre la partie repliée au fond du bol. Badigeonner les pains avec un peu d'huile. Couvrir et laisser lever dans un endroit chaud pendant environ 1 heure ou jusqu'au double du volume.

4 Mettre la grille du four au plus bas, de manière à ce que les dessus des pains soient au centre du four. Chauffer le four à 190 °C (375 °F). Cuire 30 à 35 minutes où jusqu'à ce que les pains soient d'un beau brun doré et qu'ils sonnent creux en les tapotant. Démouler et mettre sur une grille à gâteau. Badigeonner les pains avec du beurre. Laisser refroidir.

Pain cannelle et raisins secs : Incorporer 125 ml (1/2 tasse) de raisins dans chaque boule de pâte. Façonner en rectangles et badigeonner d'huile. Dans un petit bol, mélanger 125 ml (1/2 tasse) de sucre et 15 ml (1 c. à soupe) de cannelle moulue ; saupoudrer chaque rectangle avec la moitié du sucre cannelle.

Pain de campagne à l'avoine : Remplacer le sucre granulé par 125 ml (1/2 tasse) de cassonade bien tassée. Incorporer 500 ml (2 tasses) d'avoine à l'ancienne ou à cuisson rapide dans le mélange de levure et d'eau.

En altitude (1066 m à 1981 m
[3500 à 6500 pi]) : Pas de
changement

1 tranche : 135 calories
(lipides 25) ; gras 3 g (saturé 1 g) ;
cholestérol 15 mg ; sodium 150 mg ;
glucides 21 g (fibres 1 g) ; protéines
3 g
Équivalents : 1 1/2 féculent,
1/2 gras
Choix de glucides : 1 1/2

ASTUCE DU JOUR

Ainsi nommé à cause de sa saveur et de sa texture d'autrefois, ce pain prendra tout son charme champêtre si vous le saupoudrez de farine après la cuisson. Si vous préférez que votre pain ait plus de volume, remplacez la farine tout-usage par de la farine à pain.

Pain de blé entier au miel
Classique

Temps de préparation : 20 min – Du début à la fin : 3 h 15 min　　　**2 pains (16 tranches chacun)**

22 ml (4 1/2 c. à thé) de levure régulière ou de levure sèche à action rapide (2 sachets)

125 ml (1/2 tasse) d'eau chaude (41 à 45 °C [105 à 115 °F])

75 ml (1/3 tasse) de miel

50 ml (1/4 tasse) de beurre ou de margarine, ramolli

10 ml (2 c. à thé) de sel

425 ml (1 3/4 tasse) d'eau chaude (41 à 45 °C [105 à 115 °F])

750 ml (3 tasses) de farine de blé entier

750 g à 1 kg (3 à 4 tasses) de farine tout-usage

Beurre ou margarine, fondu

1 Dans un grand bol, dissoudre la levure dans 125 ml (1/2 tasse) d'eau chaude. Ajouter le miel, 50 ml (1/4 tasse) de beurre, le sel, 425 ml (1 3/4 tasse) d'eau tiède et la farine de blé entier. Battre une minute au batteur électrique à basse vitesse, en raclant le bol fréquemment. Battre une autre minute, à vitesse moyenne, en raclant le bol. Ajouter assez de farine tout-usage pour obtenir une pâte facile à travailler.

2 Sur une surface légèrement enfarinée, pétrir la pâte environ 10 minutes ou jusqu'à consistance lisse et élastique. Graisser un grand bol. Mettre la pâte dans le bol en la tournant pour bien l'enduire de tous côtés. Couvrir et laisser lever dans un endroit chaud environ 1 heure ou jusqu'au double du volume. La pâte est prête lorsqu'une pression du doigt laisse une marque.

3 Graisser les fonds et les côtés de deux moules de 23 × 12,5 cm (9 × 5 po) ou de 20 × 10 cm (8 × 4 po). Enfoncer doucement le poing dans la pâte pour la faire dégonfler ; diviser en deux. Abaisser les deux moitiés avec les mains ou à l'aide d'un rouleau à pâtisserie, pour en faire deux rectangles de 45 × 23 cm (18 × 9 po). Plier en trois en diagonale, en rabattant les deux côtés l'un sur l'autre. Bien rouler la pâte, en commençant par un des bouts ouverts. Presser les pouces pour sceller après chaque tour. Sceller en pinçant les bords de la pâte. Replier les bouts sous le pain. Mettre le côté avec les plis dans le fond du bol. Badigeonner de beurre fondu ; saupoudrer avec la farine de blé entier ou, si vous préférez, avec de l'avoine écrasée. Couvrir et laisser lever dans un endroit chaud pendant environ 1 heure ou jusqu'au double du volume.

4 Mettre la grille du four au plus bas de manière à ce que le dessus des pains atteigne le centre du four. Chauffer le four à 190 °C (375 °F). Cuire de 40 à 45 minutes où jusqu'à ce que les pains prennent une belle couleur dorée et qu'ils sonnent creux en les tapotant. Démouler sur une grille et laisser refroidir.

En altitude (1066 m à 1981 m [3500 à 6500 pi]) : Utiliser deux moules à pain de 23 × 12,5 cm (9 × 5 po). Cuire de 42 à 47 minutes.

1 tranche : 140 calories (20 lipides) ; gras 2 g (saturés 1 g) ; cholestérol 5 mg ; sodium 170 mg ; glucides 25 g (fibres 4 g) ; protéines 5 g
Équivalents : 1 1/2 féculent, 1/2 gras
Choix de glucides : 1 1/2

ASTUCE DU JOUR

En combinant farine tout-usage et farine de blé entier, vous obtiendrez une agréable saveur de blé, sans que le pain soit lourd. La farine de blé est unique en raison de son contenu en protéines de gluten qui agit au contact de l'eau, de la levure et à chaque pétrissage, pour créer un pain léger à texture aérée. C'est pourquoi le pétrissage est si important dans le pain maison.

PAIN DE BLÉ ENTIER AU MIEL

Pain au levain
Classique

Autrefois, tous les voyageurs qui franchissaient la frontière américaine emportaient avec eux un pot de levain pour la fabrication du pain et des galettes.

Temps de préparation : 30 min – Levage du levain : 4 à 5 jours – Pain : 4 heures   **2 pains (16 tranches chacun)**

---

250 ml (1 tasse) de levain de départ (voir plus bas)

625 ml (2 1/2 tasses) de farine tout-usage ou de farine à pain

500 ml (2 tasses) d'eau chaude 41 à 45 °C (105 à 115 °F)

900 g à 1,05 kg (3 3/4 à 4 1/4 tasses) de farine tout-usage ou de farine à pain

45 ml (3 c. à soupe) de sucre

5 ml (1 c. à thé) de sel

45 ml (3 c. à soupe) d'huile végétale

1 Dans un bol en verre de 1,5 L (6 tasses), mélanger le levain, 625 ml (2 1/2 tasses) de farine et l'eau chaude avec une cuillère en bois, jusqu'à consistance lisse. Couvrir et laisser reposer dans un endroit chaud et à l'abri des courants d'air, pendant 8 heures.

2 Ajouter dans le bol 925 ml (3 3/4 tasses) de farine, le sucre, le sel et l'huile. Mélanger jusqu'à ce que la pâte soit lisse et la farine soit bien absorbée. (La pâte devrait être assez ferme pour être façonnée en boule. Si nécessaire, ajouter graduellement le reste de farine 125 ml [1/2 tasse], en mélangeant jusqu'à absorption de toute la farine.)

3 Sur une surface généreusement enfarinée, pétrir la pâte environ 10 minutes où jusqu'à ce qu'elle soit lisse et élastique. Graisser un grand bol, y déposer la pâte et la tourner dans tous les sens pour bien l'enduire. Couvrir et laisser lever dans un endroit chaud environ 90 minutes ou jusqu'au double du volume.

4 Graisser une grande plaque à biscuits. Enfoncer le poing dans la pâte plusieurs fois pour faire sortir les bulles d'air; diviser en deux. Façonner chaque partie en pain rond légèrement aplati. Ne pas déchirer la pâte en l'étirant. Placer les pains dans les deux coins opposés d'une plaque à biscuits. Tracer trois lignes diagonales d'un centimètre de profondeur sur le dessus de chaque pain à l'aide d'un couteau bien aiguisé. Couvrir et laisser lever environ 45 minutes ou jusqu'au double du volume.

5 Chauffer le four à 190 °C (375 °F). Badigeonner les pains avec de l'eau froide. Mettre au milieu du four. Cuire de 35 et 45 minutes, en badigeonnant de temps en temps avec de l'eau, jusqu'à ce que les pains sonnent creux en les tapotant. Retirer de la plaque et mettre sur une grille à gâteau. Laisser refroidir complètement, environ 1 heure.

Levain de départ

5 ml (1 c. à thé) de levure sèche active ordinaire   175 ml (3/4 tasse) de lait

50 ml (1/4 tasse) d'eau chaude 41 à 45 °C (105 à 115 °F)   250 ml (1 tasse) de farine tout-usage

Dans un bol en verre, dissoudre la levure dans l'eau chaude. Ajouter le lait. Incorporer la farine graduellement; battre jusqu'à consistance lisse. Couvrir d'une serviette ou d'une étamine; laisser reposer dans un endroit chaud (27 à 29 °C [80 à 85 °F]) à l'abri des courants d'air, environ 24 heures, ou jusqu'à ce que le levain commence à fermenter (des bulles apparaîtront à la surface). Si le levain n'a pas commencé à fermenter après 24 heures, jetez-le et recommencez. Si la fermentation a commencé, bien mélanger; couvrir hermétiquement avec une pellicule de plastique et remettre dans un endroit chaud à l'abri de l'air. Laisser reposer 2 à 3 jours, jusqu'à ce que le levain soit mousseux.

Quand le levain est mousseux, bien mélanger; verser dans un pot de grès ou une jarre de verre avec un couvercle étanche. Réfrigérer. Le levain est prêt quand une couche de liquide clair se forme sur le dessus. Bien mélanger avant usage. Utiliser 250 ml (1 tasse) de levain dans la recette. Au reste du levain, ajouter 175 ml (3/4 tasse) de lait et 175 ml (3/4 tasse) de farine. Conserver à couvert, à la température ambiante, environ 12 heures ou jusqu'à l'apparition de bulles. Réfrigérer.

Utiliser le levain régulièrement. Si vous constatez que vos pains prennent moins de volume, dissoudre 5 ml (1 c. à thé) de levure active dans 50 ml (1/4 tasse) d'eau chaude. Ajouter 125 ml (1/2 tasse) de lait, 175 ml (3/4 tasse) du reste de la farine et le reste du levain.

ASTUCE DU JOUR

Chaque fois que vous réaliserez ce délicieux pain, il aura un goût de levain un peu plus prononcé, car le levain prend davantage de saveur en vieillissant.

En altitude (1066 à 1981 m [3500 à 6500 pi]) : Pas de changement.

1 tranche : 125 calories (20 lipides); gras 2 g (saturés 0 g); cholestérol 0 mg; sodium 75 mg; glucides 24 g (fibres alimentaires 1 g; protéines 3 g
Équivalents : 1 féculent, 1/2 autre glucide, 1/2 gras
Choix de glucides : 1 1/2

Petits pains repas classiques

Classique

Temps de préparation : 30 min – Du début à la fin : 2 h 15 min | 15 petits pains

875 ml (3 1/2 tasses) de farine tout-usage ou de farine à pain

50 ml (1/4 tasse) de sucre

50 ml (1/4 tasse) de beurre ou de margarine, ramolli

5 ml (1 c. à thé) de sel

11 ml (2 1/4 c. à thé) de levure active à action rapide (1 sachet)

125 ml (1/2 tasse) d'eau très chaude 49 à 54 °C (120 à130 °F)

125 ml (1/2 tasse) de lait très chaud (réchauffé puis refroidi à 50 °C [125 °F])*

1 œuf

Beurre ou margarine, fondu, facultatif

* Pour réchauffer le lait, chauffer la cocotte à température moyenne jusqu'à ce que de minuscules bulles se forment sur les bords (ne pas faire bouillir).

1 Dans un grand bol, mélanger 500 ml (2 tasses) de farine, le sucre, 50 ml (1/4 tasse) de beurre, le sel et la levure. Ajouter l'eau chaude, le lait chaud et l'œuf. Battre une minute au batteur électrique à basse vitesse, en raclant le bol fréquemment. Battre une autre minute à vitesse moyenne en raclant le bol. Incorporer assez de farine pour que la pâte soit facile à travailler.

2 Sur une surface légèrement enfarinée, rouler doucement la pâte pour l'enfariner. Pétrir environ 5 minutes ou jusqu'à ce que la pâte soit lisse et élastique. Graisser un grand bol et y déposer la pâte en la retournant pour bien l'enduire de gras. Couvrir le bol avec une pellicule plastique, sans serrer, et laisser lever dans un endroit chaud environ 1 heure ou jusqu'au double du volume. La pâte est prête lorsqu'une légère pression du doigt laisse une marque.

3 Graisser le fond et les côtés d'un moule de 33 × 23 cm (13 × 9 po). Enfoncer doucement le poing dans la pâte pour la dégonfler. Diviser en 15 parts égales. Façonner chaque part en boule ; mettre dans le moule. Badigeonner de beurre fondu. Couvrir avec une pellicule plastique, sans serrer, et laisser lever dans un endroit chaud pendant environ 30 minutes ou jusqu'au double du volume.

4 Chauffer le four à 190 °C (375 °F). Cuire de 12 à 15 minutes ou jusqu'à l'obtention d'une belle couleur dorée. Servir chaud ou froid.

Petits pains à la machine : Utiliser 800 ml (3 1/4 tasses) de farine à pain, 50 ml (1/4 tasse) de sucre, 30 ml (2 c. à soupe) de beurre ramolli, 5 ml (1 c. à thé) de sel, 15 ml (3 c. à thé) de levure, 250 ml (1 tasse) d'eau à température ambiante et 1 œuf ; ne pas ajouter de lait. En mesurant avec soin, mettre les ingrédients dans le bol de la machine à pain, en suivant les instructions du fabricant. Choisissez le cycle, ne pas utiliser la fonction « départ différé ». Sortir la pâte du bol. Pour le façonnage et le levage, continuer tel qu'indiqué à l'étape 3 (le temps de levage peut être plus court parce que la pâte sera chaude quand vous la sortirez de la machine). Cuire tel qu'indiqué à l'étape 4.

Petits pains faits à l'avance : Après avoir mis les pains dans le moule, couvrir sans serrer avec du papier aluminium et réfrigérer de 4 à 24 heures. Sortir du réfrigérateur, enlever le papier aluminium et couvrir d'une pellicule plastique. Laisser lever dans le moule, dans un endroit chaud, environ 2 heures, ou jusqu'au double du volume (si la pâte a commencé à lever au réfrigérateur, le temps de levage pourrait être plus court). Cuire tel qu'indiqué à l'étape 4.

En altitude (1066 m à 1981 m [3500 à 6500 pi]) : Cuire de 18 à 21 minutes.

1 petit pain : 150 calories (lipides 35) ; gras 4 g (saturés 2 g) ; cholestérol 25 mg ; sodium 190 mg ; glucides 25 g (fibres 1 g) ; protéines 4 g
Équivalents : 1 1/2 féculent, 1/2 gras
Choix de glucides : 1 1/2

ASTUCE DU JOUR

Dans les premiers temps de la colonie, lorsque les cuisinières américaines préparaient leur pain maison, elles faisaient de fréquentes fournées de manière à avoir des miches et des petits pains toujours frais. De nos jours, nous pouvons compter sur l'aide de nos congélateurs et conserver ces petits pains cuits au congélateur jusqu'à deux mois. Pour réchauffer les pains, les faire dégeler, les envelopper dans du papier aluminium, puis les mettre au four à 140 °C (275 °F), 10 minutes.

Pain éclair au fromage
Classique

Temps de préparation : 10 min – Du début à la fin : 2 h 25 min   **1 pain (24 tranches)**

11 ml (2 1/4 c. à thé) de levure sèche à action rapide ordinaire (1 sachet)

125 ml (1/2 tasse) d'eau chaude (41 à 45 °C [105 à 115 °F])

125 ml (1/2 tasse) de lait tiède (réchauffé puis refroidi)*

150 ml (2/3 tasse) de beurre ou margarine, ramolli

2 œufs

5 ml (1 c. à thé) de sel

750 ml (3 tasses) de farine tout-usage

250 ml (1 tasse) de fromage suisse ou cheddar râpé

2 ml (1/2 c. à thé) de poivre

Beurre ou margarine, fondu

* Pour réchauffer le lait, mettre la cocotte sur un feu à température moyenne jusqu'à ce que de minuscules bulles se forment sur les bords (ne pas faire bouillir).

1 Dans un grand bol, dissoudre la levure dans l'eau chaude. Ajouter le lait, 150 ml (2/3 tasse) de beurre, les œufs, le sel et 250 ml (1 tasse) de farine. Battre au batteur électrique 30 secondes à basse vitesse, en raclant le bol continuellement. Battre 2 autres minutes à vitesse moyenne, en raclant le bol de temps en temps. Incorporer le reste de la farine, le fromage et le poivre. Racler le mélange sur les parois du bol.

2 Couvrir et laisser lever dans un endroit chaud environ 40 minutes, ou jusqu'à ce que la pâte ait doublé de volume. La pâte est prête quand il reste une marque lorsque vous exercez une pression avec des doigts enfarinés.

3 Graisser le fond et les côtés d'un moule de 2 L (8 tasses). Dégonfler la pâte en la retournant environ 25 fois. Étendre uniformément dans le moule. Couvrir et laisser lever dans un endroit chaud environ 45 minutes, ou jusqu'au double du volume.

4 Mettre la grille du four au plus bas, de sorte que le dessus du pain soit au centre du four. Chauffer le four à 190 °C (375 °F). Cuire de 40 à 45 minutes ou jusqu'à ce que le pain soit brun et qu'il sonne creux en le tapotant. Détacher les côtés du pain des parois de la casserole ; démouler immédiatement et mettre sur une grille à gâteau. Badigeonner le dessus du pain de beurre fondu ; laisser refroidir.

Pain à l'oignon et au fenouil : Omettre le fromage et le poivre. Incorporer un petit oignon finement haché 50 ml (1/4 tasse) et 15 ml (1 c. à soupe) de graines de fenouil lors de la deuxième addition de farine. Avant d'enfourner, badigeonner le dessus du pain de beurre et saupoudrer de graines de sésame ou de pavot.

En altitude (1066 m à 1981 m [3500 à 6500 pi]) : Pour une cocotte ronde de 1 L (4 tasses), pas de changement.

1 tranche : 125 calories (lipides 65) ; gras 7 g (saturés 4 g) ; cholestérol 35 mg ; sodium 150 mg ; glucides 12 g (fibres 0 g) ; protéines 4 g
Équivalents : 1 féculent, 1 gras
Choix de glucides : 1

ASTUCE DU JOUR

L'apparence granuleuse et la texture grossière de ce pain sont un peu différentes de celle du pain pétri, mais le pain éclair est tout aussi goûteux. Parce qu'ils ne requièrent pas de pétrissage, les pains éclair prennent moins de temps à faire que la plupart des pains maison. Pour que votre repas soit très spécial, vous pouvez servir ce savoureux pain avec du poulet, du bœuf, de la soupe ou du ragoût.

PAIN ÉCLAIR AU FROMAGE

Pain éclair à l'avoine et au blé

Temps de préparation : 15 min – Du début à la fin : 1 h 10 min   **2 pains (16 tranches chacun)**

Semoule de maïs

1,2 à 1,3 kg (4 1/2 à 4 3/4 tasses) de farine tout-usage ou de farine à pain

30 ml (2 c. à soupe) de sucre

5 ml (1 c. à thé) de sel

1 ml (1/4 c. à thé) de bicarbonate de soude

22 ml (4 1/2 c. à thé) de levure active ordinaire (2 sachets)

500 ml (2 tasses) de lait

125 ml (1/2 tasse) d'eau

125 ml (1/2 tasse) de farine de blé entier

125 ml (1/2 tasse) de germe de blé

125 ml (1/2 tasse) d'avoine à cuisson rapide

1 Graisser les fonds et les côtés de deux moules à pain de 20,5 × 10 cm (8 × 4 po). Saupoudrer de semoule de maïs.

2 Dans un grand bol, mélanger 875 ml (3 1/2 tasses) de farine tout-usage, le sucre, le sel, le bicarbonate de soude et la levure. Dans une casserole de 500 ml (2 tasses), faire chauffer le lait et l'eau à feu moyen en brassant de temps en temps, jusqu'à ce que le mélange soit très chaud : 49 à 54 °C (120 à 130 °F). Ajouter le mélange de lait au mélange de farine. Battre au batteur électrique à basse vitesse juste assez pour humidifier les ingrédients secs. Battre 3 minutes de plus à vitesse moyenne, en raclant le bol de temps en temps.

3 Incorporer la farine de blé, le germe de blé, l'avoine et assez du reste de la farine tout-usage pour obtenir un mélange ferme. Verser le mélange, à parts égales, dans les deux moules. Avec vos mains enfarinées, arrondir le dessus des pains. Saupoudrer d'avoine. Couvrir sans serrer avec une pellicule de plastique et laisser lever dans un endroit chaud environ 30 minutes ou jusqu'à ce que le mélange ait atteint environ 2,5 cm (1 po) du bord des moules.

4 Chauffer le four à 200 °C (400 °F). Cuire les pains de 20 à 25 minutes ou jusqu'à ce que le dessus soit brun clair et que les pains commencent à se détacher des bords. Sortir des moules et mettre sur une grille. Laisser refroidir.

Pain de blé entier : Augmenter la quantité de farine de blé entier à 500 ml (2 tasses). Omettre le germe de blé et l'avoine. Incorporer 250 ml (1 tasse) de raisins secs en même temps que la seconde addition de farine tout-usage.

En altitude (1066 à 1981 m [3500 à 6500 pi]) : Cuire environ 30 minutes.

1 tranche : 95 calories (lipides 10); gras 1 g (saturé 0 g); cholestérol 0 mg; sodium 90 mg; glucides 18 g (fibres 1 g); protéines 3 g
Équivalents : 1 féculent
Choix de glucides : 1

ASTUCE DU JOUR

Les pains éclair vous procurent le plaisir du pain maison sans l'obligation de pétrir, et ils exigent une seule période de levage; ils sont donc plus rapides à réaliser que la plupart des pains maison. Ce mélange d'avoine et de blé est un pur délice et fait également d'excellentes rôties !

Pain français

L'année 1921 a été cruciale pour l'histoire de la farine et de l'Amérique. Pourquoi ? Une avalanche de lettres posant des questions sur la panification et demandant des recettes a mené la société Washburn Crosby à inventer le personnage de Betty Crocker, destiné tout spécialement à répondre aux lettres des consommateurs. Le reste fait partie de l'histoire !

Temps de préparation : 25 min – Du début à la fin : 3 h 30 min   **2 pains (12 tranches chacun)**

750 à 875 ml (3 à 3 1/2 tasses) de farine tout-usage ou de farine à pain

15 ml (1 c. à soupe) de sucre

5 ml (1 c. à thé) de sel

11 ml (2 1/4 c. à thé) de levure active ordinaire (1 sachet)

250 ml (1 tasse) d'eau très chaude 49 à 54 °C (120 à 130 °F)

30 ml (2 c. à soupe) d'huile végétale

Semoule de maïs

1 blanc d'œuf

15 ml (1 c. à soupe) d'eau froide

Graines de pavot ou de sésame

1 Dans un grand bol, mélanger 500 ml (2 tasses) de farine, le sucre, le sel et la levure. Ajouter l'eau chaude et l'huile. Battre 1 minute au batteur électrique à basse vitesse, en raclant le bol fréquemment. Battre 1 minute de plus à vitesse moyenne, en raclant fréquemment. Incorporer assez du reste de farine, 125 ml (1/2 tasse) à la fois, jusqu'à ce que la pâte soit facile à travailler (elle sera lisse).

2 Sur une surface légèrement enfarinée, pétrir la pâte environ 5 minutes ou jusqu'à ce qu'elle soit lisse et élastique. Graisser un grand bol et y déposer la pâte en la retournant pour bien l'enduire de gras. Couvrir et laisser lever dans un endroit chaud de 90 à 120 minutes ou jusqu'au double du volume. (Le temps de levage est plus long que pour les pains traditionnels, ce qui confère sa texture typique au pain français.) La pâte est prête lorsqu'une pression du doigt laisse une marque.

3 Graisser une grande plaque à biscuits ; saupoudrer de semoule de maïs. Enfoncer doucement le poing dans la pâte pour la faire dégonfler et la diviser en deux parts. Sur une surface légèrement enfarinée, abaisser chaque part pour former un rectangle de 38 × 20,5 cm (15 × 8 po). Plier la pâte fermement, en commençant par le côté de 38 cm (15 po), pour lui donner la forme d'un pain français. Presser fermement les bords avec les doigts. Rouler doucement d'avant en arrière et bien sceller les bouts. Mettre les deux pains sur la plaque à biscuits.

4 À l'aide d'un couteau bien aiguisé, inciser le dessus des pains en diagonale, à intervalles de 5 cm (2 po), à 15 mm (1/4 po) de profondeur. Badigeonner les pains avec de l'eau froide. Laisser lever sans couvrir dans un endroit chaud, environ 1 heure, ou jusqu'au double du volume.

5 Chauffer le four à 190 °C (375 °F). Dans un petit bol, mélanger le blanc d'œuf et 15 ml (1 c. à soupe) d'eau froide ; en badigeonner les pains. Saupoudrer de graines de pavot ou de sésame. Cuire de 25 à 30 minutes ou jusqu'à ce que les pains prennent une belle couleur dorée et sonnent creux en les tapotant. Retirer des plaques à biscuits et mettre sur une grille. Laisser refroidir.

Petits pains croûtés : Graisser une grande plaque à biscuits et saupoudrer de farine de maïs. Une fois la pâte dégonflée, la diviser en 12 parts égales. Façonner chaque part en boule et déposer sur la plaque à biscuits. Badigeonner d'eau froide. Laisser lever sans couvrir environ 1 heure, ou jusqu'au double du volume. Chauffer le four à 220 °C (425 °F). Dans un petit bol, mélanger le blanc d'œuf et 15 ml (1 c. à soupe) d'eau froide ; badigeonner les pains. Saupoudrer de graines de pavot ou de sésame. Cuire de 15 à 20 minutes ou jusqu'à ce que doré. Donne 12 petits pains.

En altitude (1066 m à 1981 m [3500 à 6500 pi]) : Pas de changement.

1 tranche : 70 calories (lipides 10) ; gras 1 g (saturés 0 g) ; cholestérol 0 mg ; sodium 100 mg ; glucides 13 g (fibres 1 g) ; protéines 2 g
Équivalents : 1 féculent
Choix de glucides : 1

ASTUCE DU JOUR

Si vous désirez que la croûte de ce délicieux pain soit plus craquante, vaporisez les pains avec de l'eau juste avant de les enfourner et ajouter une casserole d'eau dans le four.

Brioches caramel et pacanes
Classique

Temps de préparation : 30 min – Du début à la fin : 14 h 30 — **24 brioches**

22 ml (4 1/2 c. à thé) de levure active ordinaire (2 sachets)

125 ml (1/2 tasse) d'eau chaude (41 à 45 °C [105 à 115 °F])

500 ml (2 tasses) de lait tiède (réchauffé et refroidi)*

75 ml (1/3 tasse) de sucre granulé

75 ml (1/3 tasse) d'huile végétale ou de beurre ou de margarine, ramolli

15 ml (3 c. à thé) de poudre à pâte

10 ml (2 c. à thé) de sel

1 œuf

1,6 à 1,8 kg (6 1/2 à 7 1/2 tasses) de farine tout-usage

250 ml (1 tasse) de cassonade tassée

125 ml (1/2 tasse) de beurre mou ou de margarine

30 ml (2 c. à soupe) de sirop de maïs léger

250 ml (1 tasse) de pacanes en moitiés

50 ml (4 c. à soupe) de beurre ou de margarine, ramolli

125 ml (1/2 tasse) de sucre granulé

15 ml (1 c. à soupe) plus 5 ml (1 c. à thé) de cannelle moulue

* Pour réchauffer le lait, mettre la cocotte sur le feu à température moyenne jusqu'à ce que de minuscules bulles se forment sur les bords (ne pas faire bouillir).

En altitude (1066 m à 1981 m [3500 à 6500 pi]) : Le temps de levage peut être un peu plus court. Chauffer le four à 190 °C (375 °F). Cuire de 25 à 30 minutes.

1 tranche : 315 calories (lipides 115) ; gras 1 g (saturés 5 g) ; cholestérol 25 mg ; sodium 310 mg ; glucides 45 g (fibres 2 g) ; protéines 5 g
Équivalents : 2 féculents, 1 autre glucide, 2 gras
Choix de glucides : 3

1 Dans un grand bol, dissoudre la levure dans l'eau chaude. Ajouter le lait, 75 ml (1/3 tasse) de sucre, l'huile, la poudre à pâte, le sel, l'œuf et 750 ml (3 tasses) de farine. Battre 1 minute au batteur électrique à basse vitesse, en raclant le bol fréquemment. Battre 1 minute de plus à vitesse moyenne en raclant le bol. Incorporer assez du reste de la farine pour obtenir une pâte facile à travailler.

2 Sur une surface généreusement enfarinée, pétrir la pâte de 8 à 10 minutes ou jusqu'à ce qu'elle soit lisse et élastique. Graisser un grand bol et y déposer la pâte en la tournant pour en enduire tous les côtés. Couvrir et laisser lever dans un endroit chaud environ 90 minutes ou jusqu'au double du volume. La pâte est prête lorsqu'une pression du doigt laisse une marque.

3 Dans une casserole, faire chauffer la cassonade et 125 ml (1/2 tasse) de beurre jusqu'à ce que le tout soit fondu ; retirer du feu. Incorporer au sirop de maïs. Verser le mélange à parts égales dans deux moules de 33 × 23 cm (13 × 9 po). Saupoudrer chacun avec 125 ml (1/2 tasse) de pacanes coupées en deux.

4 Enfoncer doucement le poing dans la pâte pour la faire dégonfler ; la diviser en deux parts. Abaisser les parts en rectangles de 30 × 25,5 cm (12 × 10 po). Badigeonner chaque rectangle avec 30 ml (2 c. à soupe) de beurre fondu. Dans un petit bol, mélanger 125 ml (1/2 tasse) de sucre et la cannelle ; saupoudrer la moitié du mélange sucre-cannelle sur chaque rectangle. Plier la pâte en commençant par le côté de 30,5 cm (12 po). Pincer les bords pour sceller. Étirer les côtés pour qu'ils soient égaux.

5 Couper chaque part en 12 tranches. Les espacer légèrement dans les moules. Envelopper hermétiquement avec du papier aluminium épais. Réfrigérer au moins 12 heures, mais pas plus de 48 heures. (Pour faire cuire immédiatement, ne pas envelopper. Couvrir et laisser lever dans un endroit chaud environ 30 minutes ou jusqu'au double du volume. Cuire tel qu'indiqué à l'étape 6.)

6 Chauffer le four à 180 °C (350 °F). Enlever le papier aluminium. Faire cuire de 30 à 35 minutes ou jusqu'à ce que la pâte soit dorée. Mettre immédiatement une grande assiette à l'envers sur le moule ; retourner l'assiette et le moule en même temps. Laisser le moule en place 1 minute, de façon à ce que le caramel puisse couler sur les brioches ; démouler.

Brioches à la cannelle : Omettre la cassonade, 125 ml (1/2 tasse) de beurre, le sirop de maïs et les pacanes et sauter l'étape 3. Graisser les fonds et les côtés de deux moules de 33 × 23 cm (13 × 9 po). Rouler, trancher, réfrigérer et cuire tel qu'indiqué. Glacer avec du sucre glace : dans un petit bol, mélanger à la cuillère 250 ml (1 tasse) de sucre glace, 15 ml (1 c. à soupe) de lait et 2 ml (1/2 c. à thé) de vanille, jusqu'à ce que le mélange soit lisse et facile à étendre (bon pour une fournée de brioches).

ASTUCE DU JOUR

Voici une recette que l'on peut préparer à l'avance sans problème. Vous pouvez préparer la pâte et la laisser toute la nuit au réfrigérateur. Votre famille sera ravie d'être réveillée par l'arôme et le goût uniques des brioches au caramel ou à la cannelle.

BRIOCHES CARAMEL ET PACANES

Pains à l'ail et au fromage asiago

Temps de préparation : 20 min – Du début à la fin : 2 h 45 min   **4 petits pains (6 tranches chacun)**

45 ml (3 c. à soupe) d'huile d'olive ou d'huile végétale

2 gousses d'ail hachées finement

1,2 à 1,3 kg (5 à 5 1/2 tasses) de farine à pain

30 ml (2 c. à soupe) de sucre

7 ml (1 1/2 c. thé) de sel

22 ml (4 1/2 c. à thé) de levure active ordinaire (2 sachets)

500 ml (2 tasse) d'eau très chaude 49 à 54 °C (120 à 130 °F)

175 ml (3/4 tasse) de fromage asiago râpé

1 Dans un poêlon de 15 cm (6 po), faire chauffer l'huile à feu moyen. Cuire l'ail en brassant, jusqu'à brunissement. Retirer du feu.

2 Dans un grand bol, mélanger 500 ml (2 tasses) de farine, le sucre, le sel et la levure. Ajouter de l'eau très chaude et l'ail avec l'huile. Battre 3 minutes au batteur électrique, à vitesse moyenne, en raclant le bol de temps en temps. Incorporer le fromage et assez du reste de la farine pour obtenir une pâte facile à travailler.

3 Sur une surface légèrement enfarinée, pétrir la pâte de 5 à 10 minutes ou jusqu'à ce qu'elle soit lisse et élastique. Graisser un grand bol et y déposer la pâte en la tournant pour enduire tous les côtés. Couvrir le bol sans serrer avec une pellicule plastique et laisser lever dans un endroit chaud de 60 à 90 minutes ou jusqu'au double du volume.

4 Graisser une grande plaque à biscuits. Enfoncer le poing dans la pâte pour la faire dégonfler. Diviser en quatre parts. Façonner chaque quart en boule de 15 cm (6 po) et faire une petite incision sur le dessus avec un couteau-scie. Couvrir d'une pellicule plastique et laisser lever dans un endroit chaud environ 30 minutes ou jusqu'au double du volume.

5 Chauffer le four à 190 °C (375 °F). Enlever le plastique. Faire cuire de 20 à 25 minutes ou jusqu'à ce que ce soit brun doré. Retirer de la plaque à biscuits et déposer sur une grille à gâteau. Laisser refroidir si désiré.

ASTUCE DU JOUR

La panification est toujours très gratifiante, car tout le monde aime le pain sortant du four. Un autre avantage : ce pain inhabituel n'étant pas disponible dans le commerce, le fait de le fabriquer vous-même vous permet d'en manger quand vous en avez envie.

En altitude (1066 m à 1981 m [3500 à 6500 pi]) : Pas de changement.

1 tranche : 125 calories (lipides 25) ; gras 3 g (saturés 1 g) ; cholestérol 5 mg ; sodium 180 mg ; glucides 21 g (fibres 1 g) ; protéines 4 g
Équivalents : 1 féculent, 1/2 autre glucide
Choix de glucides : 1 1/2

PAINS À L'AIL ET AU FROMAGE ASIAGO

Gressins au parmesan et au persil

Temps de préparation : 20 min – Du début à la fin : 1 h 25 min   **12 gressins**

250 ml (1 tasse) d'eau

30 ml (2 c. à soupe) de beurre ou de margarine, ramolli

750 ml (2 1/2 tasses) de farine à pain

50 ml (1/4 tasse) de fromage parmesan râpé

10 ml (2 c. à thé) de sucre

15 ml (1 c. à soupe) de flocons de persil

3 ml (3/4 c. à thé) de sel

7 ml (1 1/2 c. à thé) de levure pour machine à pain

1 œuf battu

1 Mesurer avec soin et mettre tous les ingrédients, sauf les œufs, dans la machine à pain, dans l'ordre recommandé par le fabricant.

2 Choisir le cycle « Pâte/Manuel ». Ne pas utiliser le cycle « départ différé ».

3 Les mains légèrement enfarinées, sortir la pâte du bol et la mettre sur une surface légèrement enfarinée. Couvrir et laisser reposer 10 minutes.

4 Graisser une grande plaque à biscuits. Avec les mains enfarinées, diviser la pâte en 12 parts égales. Rouler chaque part en cordon de 20,5 cm (8 po). Les déposer sur la plaque à biscuits en les espaçant d'un pouce. Couvrir et laisser lever dans un endroit chaud de 15 à 20 minutes ou jusqu'au double du volume.

5 Chauffer le four à 190 °C (375 °F). Badigeonner la pâte d'un œuf battu. Cuire de 15 à 20 minutes ou jusqu'à ce que la pâte soit bien dorée. Servir chaud ou laisser refroidir sur une grille.

ASTUCE DU JOUR

Vos pains maison faits à la machine prendront plus de volume et une plus belle forme si vous utilisez de la farine à pain à la place de la farine tout-usage. Mélange spécial de blé dur, la farine à pain a une haute teneur en gluten, le type de protéine qui donne sa structure au pain.

Si votre pâte est trop collante lorsque vous façonnez les gressins, le fait de saupoudrer un peu de farine sur la surface de travail vous facilitera la tâche.

En altitude (1066 m à 1981 m [3500 à 6500 pi]) : Pas de changement.

1 tranche : 140 calories (lipides 25) ; gras 3 g (saturés 2 g) ; cholestérol 25 mg ; sodium 210 mg ; glucides 23 g (fibres 1 g) ; protéines 5 g
Équivalents : 1 1/2 féculent, 1/2 gras
Choix de glucides : 1 1/2

Torsade savoureuse au fromage suisse

Temps de préparation : 15 min – Du début à la fin : 1 h 20 m | **1 torsade (12 tranches)**

175 ml (3/4 tasse) + 15 ml (1 c. à soupe) d'eau

1 œuf

30 ml (2 c. à soupe) de beurre ou de margarine, ramolli

800 ml (3 1/4 tasses) de farine à pain

30 ml (2 c. à soupe) de sucre

7 ml (1 1/2 c. à thé) de sel

7 ml (1 1/2 c. à thé) de levure pour machine à pain

Garniture savoureuse (voir plus bas)

75 ml (1/3 tasse) de fromage suisse ou mozzarella râpé

1 Mesurer avec soin, en mettant tous les ingrédients, sauf la garniture et le fromage, dans la machine à pain, dans l'ordre recommandé par le fabricant.

2 Choisir le cycle « Pâte/Manuel ». Ne pas utiliser le cycle « départ différé ».

3 Les mains légèrement enfarinées, sortir la pâte du bol et la mettre sur une surface légèrement enfarinée. Couvrir la pâte et laisser reposer 10 minutes.

4 Préparer la garniture savoureuse. Graisser une grande plaque à biscuits. Rouler la pâte en rectangle de 38 × 25,5 cm (15 × 10 po). Étendre la garniture sur la pâte jusqu'à 1,5 cm (1/2 po) des bords. Rouler la pâte en commençant par le côté de 38 cm (15 po) ; pincer les bords à l'intérieur de la pâte pour sceller.

5 Couper le rouleau en deux dans le sens de la longueur. Mettre les moitiés côte à côte sur une plaque à biscuits, avec la garniture sur le dessus. Les tourner ensemble sans serrer ; pincer les bords pour sceller. Couvrir et laisser lever dans un endroit chaud environ 25 minutes ou jusqu'au double du volume. (La pâte est prête lorsqu'une pression du doigt laisse une marque.)

6 Chauffer le four à 190 °C (375 °F). Cuire de 20 à 25 minutes ou jusqu'à l'obtention d'un beau brun doré. Saupoudrer immédiatement de fromage. Servir chaud.

Garniture savoureuse

125 ml (1/2 tasse) de fromage suisse ou mozzarella râpé

50 ml (1/4 tasse) de poivron rouge ou vert haché finement

15 ml (1 c. à soupe) de coriandre fraîche hachée

30 ml (2 c. à soupe) d'oignons verts hachés (2 moyens)

30 ml (2 c. à soupe) de mayonnaise ou de sauce à salade

2 ml (1/2 c. à thé) de cumin moulu

Dans un petit bol, mélanger tous les ingrédients.

En altitude (1066 m à 1981 m [3500 à 6500 pi]) : Pas de changement.

1 tranche : 215 calories (lipides 65) ; gras 7 g (saturés 3 g) ; cholestérol 30 mg ; sodium 350 mg ; glucides 31 g (fibres 1 g) ; protéines 7 g
Équivalents : 2 féculents, 1 gras
Choix de glucides : 2

ASTUCE DU JOUR

En réalisant ce chef-d'œuvre à l'aide de votre machine à pain, vous passerez moins de temps dans la cuisine. Veillez à utiliser un couteau ou des ciseaux bien aiguisés lorsque vous coupez le pain dans le sens de la longueur, pour ne pas risquer que le couteau fasse sortir la garniture.

Pain multigrains

	675 g (1 1/2 lb) (12 tranches)	910 g (2 lb) (16 tranches)
Eau	300 ml (1 1/4 tasse)	375 ml (1 1/2 tasse)
Beurre ou margarine, ramolli	30 ml (2 c. à soupe)	30 ml (2 c. à soupe)
Farine à pain	325 ml (1 1/3 tasse)	375 ml (1 1/2 tasse)
Farine de blé entier	325 ml (1 1/3 tasse)	375 ml (1 1/2 tasse)
Céréales chaudes (non cuites) 7 grains ou multigrains	250 ml (1 tasse)	300 ml (1 1/4 tasse)
Graines de tournesol non salées	75 ml (1/3 tasse)	75 ml (1/3 tasse)
Cassonade bien tassée	45 ml (3 c. à soupe)	50 ml (1/4 tasse)
Sel	6 ml (1 1/4 c. à thé)	7 ml (1 1/2 c. à thé)
Levure à machine à pain	12 ml (2 1/2 c. à thé)	12 ml (2 1/2 c. à thé)

1 Faire la recette de 675 g (1 1/2 lb) dans une machine à pain utilisant 750 ml (3 tasses) de farine, ou faire la recette de 910 g (2 lb) dans une machine utilisant 1 kg (4 tasses) de farine.

2 Mesurer avec soin, en mettant les ingrédients dans la machine à pain suivant l'ordre recommandé par le fabricant.

3 Choisir le cycle de base. Utiliser la couleur de croûte moyenne ou légère. Sortir le pain cuit du bol ; laisser refroidir sur une grille.

Note : Les deux recettes – 675 g (1 1/2 lb) et 910 g (2 lb) – exigent la même quantité de levure.

ASTUCE DU JOUR

Vous trouverez des céréales 7 grains dans l'allée des céréales chaudes de votre supermarché ou dans les magasins ou coopératives d'aliments naturels. Les graines de tournesol ajoutent une saveur naturelle à cette recette souvent demandée.

En altitude (1066 m à 1981 m [3500 à 6500 pi]) : Déconseillé.

1 tranche : 175 calories (lipides 35) ; gras 4 g (saturés 1 g) ; cholestérol 5 mg ; sodium 230 mg ; glucides 30 g (fibres 3 g) ; protéines 5 g
Équivalents : 2 féculents, 1/2 gras
Choix de glucides : 2

Pain méditerranéen aux herbes

Temps de préparation : 15 min – Du début à la fin : environ 3 h 40 min

	675 g (1 1/2 lb) (12 tranches)	910 g (2 lb) (16 tranches)
Eau	250 ml (1 tasse)	250 ml (1 tasse) + 45 ml (3 c. à soupe)
Beurre ou margarine, ramolli	15 ml (1 c. à soupe)	15 ml (1 c. à soupe)
Farine à pain	750 ml (3 tasses)	1 kg (4 tasses)
Sucre	30 ml (2 c. à soupe)	30 ml (2 c. à soupe)
Lait en poudre	15 ml (1 c. à soupe)	15 ml (1 c. à soupe)
Sel	7 ml (1 1/2 c. à thé)	8 ml (1 3/4 c. à thé)
Feuilles de basilic frais hachées	5 ml (1 c. à thé)	7 ml (1 1/2 c. à thé)
Feuilles d'origan frais hachées	5 ml (1 c. à thé)	7 ml (1 1/2 c. à thé)
Feuilles de thym frais hachées	5 ml (1 c. à thé)	5 ml (1 c. à thé)
Levure à machine à pain	11 ml (2 1/4 c. à thé)	11 ml (2 1/4 c. à thé)

1 Faire la recette de 675 g (1 1/2 lb) dans une machine à pain utilisant 750 ml (3 tasses) de farine, ou faire la recette de 910 g (2 lb) dans une machine utilisant 1 kg (4 tasses) de farine.

2 Mesurer avec soin, en mettant les ingrédients dans la machine à pain en suivant l'ordre recommandé par le fabricant.

3 Choisir le cycle de base. Utiliser la couleur de croûte moyenne ou légère. Sortir le pain cuit du bol ; laisser refroidir sur une grille.

Note : Les deux recettes – 675 g (1 1/2 lb) et 910 g (2 lb) – exigent la même quantité de levure.

ASTUCE DU JOUR

Les herbes fraîches donnent une saveur et un arôme irrésistibles à ce pain maison, mais si vous disposez seulement d'herbes séchées, vous pouvez mettre 2 ml (1/2 c. à thé) de basilic, d'origan et de thym pour la recette de 675 g (1 1/2 lb) et 3 ml (3/4 c. à thé) pour la recette de 910 g (2 lb).

En altitude (1066 m à 1981 m [3500 à 6500 pi]) : Pas de changement.

1 tranche : 135 calories (lipides 10) ; gras 1 g (saturés 1 g) ; cholestérol 0 mg ; sodium 270 mg ; glucides 28 g (fibres 1 g) ; protéines 4 g
Équivalents : 1 féculent, 1 autre glucide
Choix de glucides : 2

GÂTEAU MARBRÉ À LA CRÈME SURE

Chapitre 2

Pains, muffins, brioches, scones et galettes faciles à réaliser

Danoise
Classique

125 ml (1/2 tasse) de beurre ou de margarine, ramolli

250 ml (1 tasse) de farine tout-usage

30 ml (2 c. à soupe) d'eau

125 ml (1/2 tasse) de beurre ou de margarine

250 ml (1 tasse) d'eau

5 ml (1 c. à thé) d'extrait d'amande

250 ml (1 tasse) de farine tout-usage

3 œufs

Glaçage au sucre glace (ci-dessous)

50 ml (1/4 tasse) de noix hachées

1 Chauffer le four à 190 °C (375 °F). Dans un petit bol, couper 125 ml (1/2 tasse) du beurre ramolli dans 250 ml (1 tasse) de farine, à l'aide d'un coupe-pâte (ou de deux couteaux qui s'entrecroisent), jusqu'à ce que le mélange soit de la grosseur de petits pois. Arroser le mélange de 30 ml (2 c. à soupe) d'eau ; mélanger à la fourchette. Rouler la pâte en boule ; diviser en deux. Sur une plaque à biscuits non graissée, aplatir chaque moitié avec les mains, en bandes de 30 x 7,5 cm (12 × 3 po). Les bandes doivent être espacées d'environ 7,5 cm (3 po) l'une de l'autre.

2 Dans une casserole de 500 ml (2 tasses), porter à ébullition 125 ml (1/2 tasse) du beurre et 250 ml (1 tasse) d'eau. Retirer du feu et incorporer rapidement l'extrait d'amande et 250 ml (1 tasse) de farine. Mélanger vigoureusement à feu bas, environ 1 minute, ou jusqu'à ce que le mélange forme une boule. Retirer du feu. Ajouter les œufs ; battre à la cuillère jusqu'à consistance lisse. Diviser en deux et étendre chaque moitié uniformément sur chaque bande.

3 Cuire environ 1 heure ou jusqu'à ce que le dessus soit croustillant et bien doré. Refroidir complètement sur une plaque à biscuit, environ 30 minutes. Garnir de glaçage au sucre glace ; saupoudrer généreusement de noix hachées.

Glaçage au sucre glace

375 ml (1 1/2 tasse) de sucre glace

30 ml (2 c. à soupe) de beurre ou de margarine, ramolli

7 ml (1 1/2 c. à thé) de vanille

15 à 30 ml (1 à 2 c. à soupe) d'eau chaude

Dans un petit bol, mélanger tous les ingrédients jusqu'à consistance lisse et facile à tartiner.

En altitude (1066 m à 1981 m [3500 à 6500 pi]) : Pas de changement.

1 portion : 395 calories (lipides 225) ; gras 25 g (saturés 16 g) ; cholestérol 120 mg ; sodium 160 mg ; glucides 38 g (fibres 1 g) ; protéines 5 g
Équivalents : 2 féculents, 1/2 autres glucides, 4 1/2 gras
Choix de glucides : 2 1/2

ASTUCE DU JOUR

Pour réduire le temps de cuisson à 30 minutes, vous pouvez faire 2 douzaines de danoises individuelles. Abaissez la pâte en rondelles de 7,5 cm (3 po) en utilisant pour chaque rondelle 7 ml (1 1/2 c. à thé) de pâte. Étendre 23 ml (1 1/2 c. à soupe) du mélange sur chaque rondelle en dépassant un peu des bords (la garniture va rétrécir légèrement à la cuisson). Enfourner 30 minutes.

Gâteaux français petit-déjeuner

Classique

375 ml (1 1/2 tasse) de farine
tout-usage

7 ml (1 1/2 c. à thé) de poudre à pâte

2 ml (1/2 c. à thé) de sel

1 ml (1/4 c. à thé) de muscade moulue

75 ml (1/3 tasse) de beurre ou de
margarine, ramolli

125 ml (1/2 tasse) de sucre

1 œuf

125 ml (1/2 tasse) de lait

125 ml (1/2 tasse) de sucre

5 ml (1 c. à thé) de cannelle moulue

125 ml (1/2 tasse) de beurre ou de
margarine, fondu

1 Chauffer le four à 180 °C (350 °F). Graisser 15 moules à muffins moyens. Dans un petit bol, mélanger farine, poudre à pâte, sel et muscade. Dans un bol moyen, mélanger à la cuillère 75 ml (1/3 tasse) de beurre, 125 ml (1/2 tasse) de sucre et l'œuf. Incorporer le mélange de farine en alternance avec le lait. Remplir les moules aux deux tiers.

2 Cuire de 20 à 25 minutes ou jusqu'à ce que ce soit doré. Entre-temps, dans un petit bol, mélanger 125 ml (1/2 tasse) de sucre avec la cannelle. Immédiatement après la cuisson, rouler les petits gâteaux dans le beurre fondu, puis dans le sucre cannelle. Servir chaud.

Cakes petit-déjeuner : Chauffer le four à 190 °C (375 °F). Graisser le fond et les côtés d'un moule carré de 23 cm (9 po). Étendre le mélange dans le moule. Cuire de 20 à 25 minutes ou jusqu'à l'obtention d'un beau brun doré. Omettre 125 ml (1/2 tasse) de sucre, 5 ml (1 c. à thé) de cannelle et 125 ml (1/2 tasse) de beurre ou de margarine, fondu. Tandis que le mélange est chaud, badigeonner 30 ml (2 c. à soupe) de beurre fondu sur le gâteau et garnir d'un mélange de 30 ml (2 c. à soupe) de sucre et de 1 ml (1/4 c. à thé) de cannelle moulue.

ASTUCE DU JOUR

Tendres et légers, ces petits gâteaux, préparés dans des moules à muffins, sont parfaits en tout temps et sont à leur meilleur lorsque servis chauds. Pour réchauffer un gâteau à la fois, mettre environ 15 secondes au four micro-ondes à température élevée.

En altitude (1066 m à 1981 m
[3500 à 6500 pi]) : Pas de
changement.

1 petit gâteau : 195 calories
(lipides 100) ; gras 1 g (saturés 7 g) ;
cholestérol 40 mg ; sodium 200 mg ;
glucides 23 g (fibres 0 g) ; protéines
2 g
Équivalents : 2 féculents, 1/2 autres
glucides, 2 gras
Choix de glucides : 1 1/2

Crêpes à la farine de sarrasin

Classique

La farine de sarrasin, une céréale très populaire dès la fondation des États-Unis, nous ramène à la simplicité d'autrefois. On la mélange habituellement à une autre farine, pour adoucir sa saveur prononcée et pour donner de la structure aux recettes.

Temps de préparation : 15 min – Du début à la fin : 30 min   **10 crêpes de 10 cm (4 po)**

1 œuf

125 ml (1/2 tasse) de farine de sarrasin

125 ml (1/2 tasse) de farine de blé entier

250 ml (1 tasse) de lait

15 ml (1 c. à soupe) de sucre

30 ml (2 c. à soupe) d'huile végétale

45 ml (3 c. à soupe) de poudre à pâte

2 ml (1/2 c. à thé) de sel

Son entier ou germe de blé, si désiré

1 Dans un bol moyen, battre l'œuf à l'aide d'un batteur à main jusqu'à consistance mousseuse. Incorporer le reste des ingrédients, sauf le son, et battre jusqu'à consistance lisse.

2 Faire chauffer une poêle à feu moyen ou une plaque en fonte à 190 °C (375 °F). (Pour tester la chaleur de la plaque, laisser tomber quelques gouttes d'eau. Si les bulles sautent à la surface, la température est parfaite.) Graisser la plaque en fonte si nécessaire.

3 Pour chaque crêpe, verser environ 45 ml (3 c. à soupe) de mélange à l'aide d'une tasse ou d'une louche sur la plaque chaude. Cuire les crêpes jusqu'à ce que les contours soient gonflés et secs. Saupoudrer chaque crêpe d'une pincée de son. Retourner et cuire de l'autre côté jusqu'à ce que la crêpe soit bien dorée.

ASTUCE DU JOUR

Ces crêpes, réalisées à partir d'un mélange de farine de blé entier et de farine de sarrasin, ont longtemps été les favorites de la population américaine. Si vous n'avez pas de farine de blé entier, vous pouvez la remplacer par de la farine tout-usage.

En altitude (1066 m à 1981 m [3500 à 6500 pi]) : Utiliser 11 ml (1 1/4 c. à thé) de poudre à pâte.

1 crêpe : 95 calories (lipides 35) ; gras 4 g (saturés 1 g) ; cholestérol 25 mg ; sodium 280 mg ; glucides 12 g (fibres 1 g) ; protéines 3 g
Équivalents : 1 féculent, 1/2 gras
Choix de glucides : 1

Crêpes aux bleuets

Temps de préparation : 15 min – Du début à la fin : 25 min **9 crêpes de 10 cm (4 po)**

1 œuf

250 ml (1 tasse) de farine de blé entier

250 ml (1 tasse) de babeurre

15 ml (1 c. à soupe) de sucre granulé ou de cassonade pressée

30 ml (2 c. à soupe) d'huile végétale

15 ml (1 c. à soupe) de poudre à pâte

2 ml (1/2 c. à thé) de bicarbonate de soude

1 ml (1/4 c. à thé) de sel

125 ml (1/2 tasse) de bleuets, de framboises ou de mûres, frais ou congelés (décongelés et bien égouttés)

1 Dans un bol moyen, battre l'œuf à l'aide d'un batteur à main jusqu'à consistance mousseuse. Incorporer le reste des ingrédients, sauf les bleuets, et battre jusqu'à consistance lisse. Ajouter les bleuets. Pour des crêpes plus minces, ajouter 15 à 30 ml (1 à 2 c. à soupe) de lait additionnel.

2 Faire chauffer une poêle à feu moyen ou une plaque en fonte à 190 °C. (Pour tester la chaleur de la plaque, laisser tomber quelques gouttes d'eau. Si les bulles sautent à la surface, la température est parfaite.) Graisser la plaque en fonte si nécessaire.

3 Pour chaque crêpe, verser environ 50 ml (1/4 tasse) de mélange à l'aide d'une tasse ou d'une louche sur la plaque chaude. Cuire les crêpes jusqu'à ce que les contours soient secs et que des bulles se forment au milieu. Retourner et cuire de l'autre côté jusqu'à ce que la crêpe soit bien dorée.

ASTUCE DU JOUR

Si vous n'avez pas de farine de blé entier sous la main, vous pouvez la remplacer par de la farine tout-usage pour faire des crêpes traditionnelles au babeurre ; il suffit d'omettre les baies.

En altitude (1066 m à 1981 m [3500 à 6500 pi]) : Utiliser 300 ml (1 1/4 tasse) de babeurre.

1 crêpe : 100 calories (lipides 35) ; gras 4 g (saturés 1 g) ; cholestérol 25 mg ; sodium 220 mg ; glucides 13 g (fibres 2 g) ; protéines 3 g
Équivalents : 1 féculent, 1/2 gras
Choix de glucides : 1

Gaufres au bacon et au babeurre

Temps de préparation : 15 min – Du début à la fin : 30 min   **10 gaufres carrées de 10 cm (4 po)**

3 œufs

375 ml (1 1/2 tasse) de farine tout-usage

125 ml (1/2 tasse) de margarine ou beurre, fondu

375 ml (1 1/2 tasse) de babeurre

10 ml (2 c. à thé) de poudre à pâte

5 ml (1 c. à thé) de bicarbonate de soude

5 ml (1 c. à thé) de sucre

2 ml (1/4 c. à thé) de sel

8 tranches de bacon cuit et croustillant, émietté (125 ml [1/2 tasse])

Sirop d'érable ou de bleuet, au goût

1 Faire chauffer un gaufrier. (Il faut badigeonner les gaufriers sans revêtement antiadhésif avec de l'huile végétale avant d'y déposer la pâte à gaufre.)

2 Dans un grand bol, battre les œufs avec un fouet ou avec un batteur à main, jusqu'à consistance mousseuse. Incorporer le reste des ingrédients, sauf le sirop, en battant juste assez pour humidifier.

3 Verser environ la moitié du mélange à gaufre à l'aide d'une tasse, au centre du gaufrier chaud. (Vérifier les instructions du fabricant pour la quantité de pâte recommandée.) Refermer le couvercle du gaufrier.

4 Cuire environ 5 minutes ou jusqu'à l'arrêt de la vapeur. Sortir la gaufre avec soin. Répéter le processus. Servir avec du sirop.

ASTUCE DU JOUR

Pour réaliser une garniture savoureuse pour ces super gaufres, mélangez, à parts égales, du beurre d'arachides et du miel ou du sirop d'érable. Une autre garniture facile à faire : mélanger 250 ml (1 tasse) de yogourt nature avec 50 ml (1/4 tasse) de vos confitures préférées.

En altitude (1066 m à 1981 m [3500 à 6500 pi]) : Utiliser 400 ml (1 3/4 tasse) de babeurre.

1 gaufre : 220 calories (lipides 125) ; gras 14 g (saturés 8 g) ; cholestérol 95 mg ; sodium 480 mg ; glucides 17 g (fibres 1 g) ; protéines 7 g
Équivalents : 1 féculent, 1/2 de gras animal, 2 gras
Choix de glucides : 1

GAUFRES AU BACON ET AU BABEURRE

Gâteau marbré
à la crème sure
Classique

Garniture à la cannelle ou aux amandes
(voir ci-dessous)

750 ml (3 tasses) de farine tout-usage
ou de blé entier

375 ml (1 1/2 tasse) de farine
tout-usage

12 ml (1 1/2 c. à thé) de poudre à pâte

12 ml (1 1/2 c. à thé) de bicarbonate
de soude

3 ml (3/4 c. à thé) de sel

375 ml (1 1/2 tasse) de sucre granulé

3 ml (3/4 tasse) de beurre ou de
margarine, ramolli

7 ml (1 1/2 c. à thé) de vanille

3 œufs

375 ml (1 1/2 tasse) de crème sure

125 ml (1/2 tasse) de sucre glace

50 ml (1/4 c. à thé) de vanille

15 à 30 ml (1 à 2 c. à soupe) de lait

1 Chauffer le four à 160 °C (325 °F). Graisser le fond et les côtés d'un moule tubulaire de 25,5 × 10 cm (10 × 4 po) ou 12 petits moules tubulaires. Préparer la garniture à la cannelle ou aux amandes et réserver.

2 Dans un petit bol, mélanger farine, poudre à pâte, bicarbonate de soude et sel. Dans un grand bol, mettre le sucre granulé, le beurre, 7 ml (1 1/2 c. à thé) de vanille et les œufs, et battre 2 minutes au batteur électrique, à vitesse moyenne, en raclant le bol de temps en temps. Incorporer le mélange de farine en alternant avec la crème sure, à basse vitesse.

3 Verser le tiers du mélange (environ 500 ml [2 tasses]) dans le moule ; garnir du tiers de la garniture (environ 75 ml [1/3 tasse]). Répéter deux fois.

4 Cuire environ 60 minutes ou jusqu'à ce qu'un cure-dent inséré au milieu en ressorte propre. Laisser refroidir 20 minutes et démouler. Dans un petit bol, mélanger le reste des ingrédients jusqu'à consistance lisse et coulante et verser sur le gâteau.

Garniture à la cannelle

125 ml (1/2 tasse) de cassonade tassée

125 ml (1/2 tasse) de noix hachées finement

7 ml (1 1/2 c. à thé) de cannelle moulue

Dans un petit bol, mélanger tous les ingrédients.

Garniture aux amandes

1 paquet de pâte d'amande (100 g [3,5 oz]) coupée en petits morceaux

125 ml (1/2 tasse) de sucre glace

50 ml (1/4 tasse) de beurre ou margarine

125 ml (1/2 tasse) d'amandes tranchées

Dans une casserole de 500 ml (2 tasses), faire chauffer la pâte d'amande, le sucre glace et le beurre à feu moyen en brassant continuellement, jusqu'à consistance lisse. Incorporer les amandes.

En altitude (1066 m à 1981 m [3500 à 6500 pi]) : Utiliser 3 ml (3/4 c. à thé) de poudre à pâte, 3 ml (3/4 c. à thé) de bicarbonate de soude, 2 ml (1/2 c. à thé) de sel, 125 ml (1/2 tasse) de beurre ou de margarine et 300 ml (1 1/4 tasse) de crème sure. Cuire de 60 à 70 minutes.

1 portion : 335 calories (lipides 145) ; gras 16 g (saturés 8 g) ; cholestérol 75 mg ; sodium 360 mg ; glucides 48 g (fibres 1 g) ; protéines 5 g
Équivalents : 2 féculents, 1 autre glucide, 3 gras
Choix de glucides : 3

ASTUCE DU JOUR

Pourquoi ne pas essayer un de ces nouveaux moules en silicone pour faire cuire ce gâteau ? Vous pouvez vous fier sur eux pour un brunissement uniforme de vos pâtisseries, un refroidissement rapide et un démoulage facile. On les trouve dans une grande variété de couleurs amusantes, comme le rouge et le bleu.

Gâteau aux fruits
Classique

Cette recette a longtemps été la favorite dans les cuisines Betty Crocker et a été servie pendant de longues années dans la salle à manger Betty Crocker, un endroit conçu spécialement pour les employés et leurs invités, où seules les meilleures recettes et les plus demandées étaient servies.

Temps de préparation : 20 min – Du début à la fin : 1 h 05 min	30 barres ou 18 carrés

375 ml (1 1/2 tasse) de sucre granulé

250 ml (1 tasse) de beurre ou de margarine, ramolli

12 ml (1 1/2 c. à thé) de poudre à pâte

5 ml (1 c. à thé) de vanille

5 ml (1 c. à thé) d'extrait d'amande

4 œufs

750 ml (3 tasses) de farine tout-usage

625 ml (2 1/2 tasses) de garniture pour tarte aux cerises, aux abricots ou aux bleuets

250 ml (1 tasse) de sucre glace

15 à 30 ml (1 à 2 c. à soupe) de lait

1 Chauffer le four à 180 °C (350 °F). Graisser généreusement le fond et les côtés d'un moule de 38 x 25,5 x 2,5 cm (15 x 10 x 1 po) ou deux moules carrés de 23 cm (9 po).

2 Dans un grand bol, battre ensemble sucre, beurre, poudre à pâte, vanille, extrait d'amande et œufs, pendant 30 secondes au batteur électrique à basse vitesse, en raclant le bol sans arrêt. Battre 3 minutes à haute vitesse, en raclant le bol. Incorporer la farine.

3 Étendre deux tiers du mélange dans un moule de 38 cm (15 po). Étendre la garniture pour tarte sur le mélange. Verser le reste du mélange par cuillerées à soupe combles sur la garniture.

4 Cuire environ 45 minutes ou jusqu'à ce qu'un cure-dent inséré au milieu en ressorte propre. Entre-temps, dans un petit bol, mélanger le sucre glace et le lait jusqu'à consistance lisse et claire. Verser le glaçage sur le gâteau chaud. Pour les barres, tailler le gâteau dans le moule de 38 cm (15 po) en petits rectangles. Pour les carrés, couper le gâteau dans les moules carrés de la grandeur désirée.

En altitude (1066 m à 1981 m [3500 à 6500 pi]) : Chauffer le four à 190 °C (375 °F). Graisser généreusement deux moules carrés de 23 cm (9 po). Utiliser 300 ml (1 1/4 tasse) de sucre granulé et 5 ml (1 c. à thé) de poudre à pâte. Étendre 375 ml (1 1/2 tasse) du mélange dans chaque moule ; étendre la garniture par-dessus. Continuer tel qu'indiqué. Cuire environ 40 minutes.

ASTUCE DU JOUR

Avec cette pâte, vous pouvez faire des tartelettes aux fruits : graisser généreusement le fond et les côtés d'un moule de 38 x 25,5 x 2,5 cm (15 x 10 x 1 po). Étendre tout le mélange dans le moule. Faire 24 carrés en imprimant une légère marque sur le mélange. Verser environ 15 ml (1 c. à soupe) de garniture au centre de chaque carré. Cuire tel qu'indiqué. Saupoudrer de sucre glace. Découper en 24 carrés.

1 portion : 185 calories (lipides 65) ; gras 7 g (saturés 4 g) ; cholestérol 45 mg ; sodium 75 mg ; glucides 28 g (fibres 1 g) ; protéines 2 g
Équivalents : 1 féculent, 1 fruit, 1 gras
Choix de glucides : 2

Strudel au lait de poule

Temps de préparation : 20 min – Du début à la fin : 9 h 20 min　　　　　**15 portions**

Garniture à strudel (ci-dessous)

250 ml (1 tasse) de sucre granulé

125 ml (1/2 tasse) de beurre ou de margarine, ramolli

250 ml (1 tasse) de lait de poule

1 contenant de 225 g (8 oz) de crème sure

5 ml (1 c. à thé) d'extrait de rhum

2 œufs

625 ml (2 1/2 tasses) de farine tout-usage

12 ml (1 1/2 c. à thé) de poudre à pâte

2 ml (1/2 c. à thé) de bicarbonate de soude

2 ml (1/2 c. à thé) de sel

125 ml (1/2 tasse) de sucre glace

15 à 30 ml (1 à 2 c. à soupe) de lait de poule

1 Graisser le fond seulement d'un moule de 33 x 23 cm (13 x 9 po). Préparer la garniture à strudel et réserver.

2 Dans un grand bol, battre le sucre et le beurre au batteur électrique, à vitesse moyenne, ou à la cuillère. Incorporer 250 ml (1 tasse) de lait de poule, la crème sure, l'extrait de rhum et les œufs jusqu'à ce que le tout soit bien mélangé. Incorporer farine, poudre à pâte, bicarbonate de soude et sel. Étendre dans le moule.

3 Saupoudrer le mélange de garniture à strudel. Couvrir et réfrigérer toute la nuit.

4 Chauffer le four à 180 °C (350 °F). Découvrir et cuire 35 à 40 minutes ou jusqu'à ce qu'un cure-dent inséré au centre en ressorte propre. Laisser refroidir 20 minutes.

5 Dans un petit bol, mélanger le sucre glace et 15 à 30 ml (1 à 2 c. à soupe) de lait de poule jusqu'à consistance lisse et assez claire et verser sur le gâteau. Pour servir, tailler en rectangles.

Garniture à strudel

75 ml (1/3 tasse) de sucre granulé

15 ml (1 c. à soupe) de farine tout-usage

15 ml (1 c. à soupe) de beurre ou de margarine, ramolli

2 ml (1/2 c. à thé) de muscade moulue

1 ml (1/4 c. à thé) de cannelle moulue

Dans un petit bol, mélanger tous les ingrédients à la fourchette jusqu'à consistance grumeleuse.

En altitude (1066 m à 1981 m [3500 à 6500 pi]) : Chauffer à découvert de 45 à 50 minutes.

1 portion : 275 calories (lipides 100) ; gras 11 g (saturés 7 g) ; cholestérol 70 mg ; sodium 230 mg ; glucides 40 g (fibres 1 g) ; protéines 4 g
Équivalents : 1 1/2 féculent, 1 autre glucide
Choix de glucides : 2 1/2

ASTUCE DU JOUR

La beauté de ce gâteau festif à préparer à l'avance, c'est justement qu'on peut le faire la veille, en particulier pendant les vacances, lorsque le temps nous est précieux. Il est pratique de pouvoir réfrigérer la pâte toute la nuit, mais vous pouvez aussi omettre cette étape et enfourner le gâteau tout de suite, tel qu'indiqué à l'étape 4. Si ce n'est pas la saison du lait de poule, utilisez de la crème moitié-moitié dans le mélange et dans la garniture, en ajoutant une pincée de muscade moulue à la garniture.

Beignets gâteaux
Classique

Les recettes d'autrefois et les anciens livres de recettes sont souvent très vagues en ce qui a trait aux instructions et à la quantité des ingrédients. Par exemple, on peut y lire : « cuire dans un four assez rapide pendant environ une demi-heure ». Aujourd'hui, nos recettes sont plus claires et plus précises. Fini les devinettes et les recettes sont parfaites à tout coup.

Temps de préparation : 15 min – Du début à la fin : 45 min   **2 douzaines de beignets**

Huile végétale

825 ml (3 1/3 tasses) de farine tout-usage

250 ml (1 tasse) de sucre granulé

175 ml (3/4 tasse) de lait

15 ml (3 c. à thé) de poudre à pâte

2 ml (1/2 c. à thé) de sel

2 ml (1/2 c. à thé) de cannelle moulue

1 ml (1/4 c. à thé) de muscade moulue

30 ml (2 c. à soupe) de saindoux

2 œufs

Glaçage au chocolat (ci-dessous), au goût

1 Dans une friteuse ou dans une casserole de 1,5 litre (6 tasses), faire chauffer de 7,5 à 10 cm (3 à 4 po) d'huile à 190 °C (375 °F).

2 Dans un grand bol, battre 375 ml (1 1/2 tasse) de farine et le reste des ingrédients, sauf le glaçage au chocolat, 30 secondes au batteur électrique à basse vitesse, en raclant le bol sans arrêt. Battre 2 minutes de plus à vitesse moyenne en raclant le bol. Incorporer le reste de la farine.

3 Sur une surface généreusement enfarinée, rouler la pâte pour l'enfariner. Abaisser délicatement à une épaisseur de 7 mm (3/8 po). Découper la pâte à l'emporte-pièce enfariné de 6,5 cm (2 1/2 po).

4 Plonger les beignets dans l'huile chaude, à l'aide d'une grande spatule. Retourner les beignets dès qu'ils remontent à la surface. Laisser frire de 2 à 3 minutes, jusqu'à ce qu'ils soient dorés des deux côtés. Sortir de l'huile à l'aide d'une longue fourchette ; ne pas piquer les beignets. Égoutter sur des serviettes de papier ; refroidir. Servir les beignets tels quels ; garnir les beignets refroidis de glace au chocolat ou saupoudrer de sucre glace.

Glaçage au chocolat

625 ml (2 1/2 tasses) de sucre glace

30 g (1 oz) de chocolat non sucré, fondu et refroidi

2 ml (1/2 c. à thé) de vanille

50 ml (1/4 tasse) de lait

Dans un petit bol, mélanger le sucre glace, le chocolat et la vanille. Incorporer graduellement le lait jusqu'à consistance lisse et facile à tartiner.

En altitude (1066 m à 1981 m [3500 à 6500 pi]) : Utiliser 10 ml (2 c. à thé) de poudre à pâte. Chauffer l'huile à 185 °C (360 °F). Frire les beignets de 3 à 4 minutes.

1 beignet : 195 calories (lipides 45) ; gras 5 g (saturés 1 g) ; cholestérol 20 mg ; sodium 120 mg ; glucides 35 g (fibres 1 g) ; protéines 3 g
Équivalents : 1 féculent, 1 autre glucide, 1 gras
Choix de glucides : 2

ASTUCE DU JOUR

Ces beignets à l'ancienne sont parfaits pour tremper dans votre boisson chaude favorite. Si vous avez envie d'essayer les beignets au babeurre, vous pouvez remplacer le lait par du babeurre, ajouter seulement 10 ml (2 c. à thé) de poudre à pâte et ajouter 5 ml (1 c. à thé) de bicarbonate de soude.

Popovers
Classique

2 œufs

250 ml (1 tasse) de farine tout-usage ou
  de farine instantanée

250 ml (1 tasse) de lait

2 ml (1/2 c. à thé) de sel

1 Chauffer le four à 230 °C (450 °F). Graisser généreusement six coupes à popovers ou à soufflés individuels. Réchauffer les coupes au four 5 minutes.

2 Entre-temps, dans un bol moyen, battre les œufs légèrement à la fourchette ou au fouet. Incorporer la farine, le lait et le sel à la fourchette ou au fouet, jusqu'à consistance lisse (ne pas trop battre).

3 Remplir les coupes à moitié. Cuire 20 minutes.

4 Baisser la température du four à 160 °C (325 °F). Cuire de 10 à 15 minutes de plus ou jusqu'à l'obtention d'un beau brun doré. Démouler immédiatement. Servir chaud.

ASTUCE DU JOUR

Vous pouvez préparer le double de la recette de popovers et congeler le reste. Percer les popovers fraîchement sortis du four avec la pointe d'un couteau, pour laisser sortir la vapeur. Laisser refroidir sur une grille, puis bien envelopper avant de congeler. Pour faire réchauffer les popovers dégelés, couvrir avec du papier aluminium, sans serrer, et enfourner environ 15 minutes à 190 °C (375 °F).

En altitude (1066 m à 1981 m
[3500 à 6500 pi]) : Utiliser 250 ml
(1 tasse) + 15 ml (1 c. à soupe)
de farine.

1 popover : 125 calories
(lipides 25) ; gras 3 g (saturés 1 g) ;
cholestérol 75 mg ; sodium 240 mg ;
glucides 18 g (fibres 1 g) ; protéines
6 g
Équivalents : 1 féculent, 1 gras
Choix de glucides : 1

POPOVERS

Pain brun vapeur
Classique

Un pain foncé authentique fait de semoule de maïs et aromatisé à la mélasse. Ce pain, aussi appelé pain brun Boston, a été créé à l'époque coloniale. On le préparait avec de la farine de seigle, toujours disponible en ce temps-là. La combinaison de farine tout-usage et de farine de blé entier lui confère encore plus de saveur, tandis que la vapeur donne au pain sa texture unique caractéristique.

| Temps de préparation : 15 min – Du début à la fin : 3 h 20 min | 4 pains (8 tranches chacun) |

250 ml (1 tasse) de farine tout-usage
250 ml (1 tasse) de farine de blé entier
250 ml (1 tasse) de semoule de maïs
250 ml (1 tasse) de raisins secs
500 ml (2 tasses) de babeurre
175 ml (3/4 tasse) de mélasse
10 ml (2 c. à thé) de poudre à pâte
5 ml (1 c. à thé) de sel

1 Enlever les étiquettes de 4 boîtes de conserve de 455 g (16 oz). Graisser les boîtes ou un moule tubulaire de 17,5 cm (7 po). Dans un grand bol, battre tous les ingrédients pendant 30 secondes au batteur électrique à basse vitesse, en raclant le bol sans arrêt. Battre encore 30 secondes à vitesse moyenne, en raclant le bol.

2 Remplir les boîtes de conserve aux deux tiers et les couvrir hermétiquement avec du papier aluminium. Déposer les boîtes dans le bac d'une grosse cocotte ou dans un bain-marie et verser de l'eau bouillante dans la cocotte, à la hauteur du bac. Couvrir.

3 Laisser bouillir lentement, environ 3 heures, ou jusqu'à ce qu'un cure-dent inséré au centre du pain en ressorte propre. (Ajouter de l'eau bouillante durant le processus si nécessaire.) Décoller immédiatement les côtés du pain à l'aide d'une spatule de métal et démouler ; laisser refroidir sur une grille.

ASTUCE DU JOUR

Vous pouvez sauver du temps, lors de la cuisson de ce pain foncé : chauffer le four à 160 °C (325 °F). Graisser une casserole de 2 l. Verser le mélange dans la casserole. Cuire à découvert environ 1 heure ou jusqu'à ce qu'un cure-dent inséré au centre en ressorte propre.

En altitude (1066 m à 1981 m [3500 à 6500 pi]) : Utiliser 5 ml (1 c. à thé) de bicarbonate de soude. À l'étape 3, laisser bouillir l'eau sur un feu moyen-bas.

1 tranche : 90 calories (lipides 10) ; gras 3 g (saturés 0 g) ; cholestérol 0 mg ; sodium 170 mg ; glucides 19 g (fibres 1 g) ; protéines 2 g
Équivalents : 1 féculent
Choix de glucides : 1

Pain aux bananes
Classique

Temps de préparation : 15 min – Du début à la fin : 3 h 30 min | 2 pains (24 tranches chacun)

300 ml (1 1/4 tasse) de sucre

125 ml (1/2 tasse) de beurre ou margarine, ramolli

2 œufs

375 (1 1/2 tasse) de banane très mûre écrasée (3 moyennes)

125 ml (1/2 tasse) de babeurre

5 ml (1 c. à thé) de vanille

750 ml (2 1/2 tasses) de farine tout-usage

5 ml (1 c. à thé) de bicarbonate de soude

5 ml (1 c. à thé) de sel

250 ml (1 tasse) de noix hachées, facultatif

1 Mettre la grille du four au plus bas, de manière à ce que le dessus des pains soit au centre du four. Chauffer le four à 190 °C (375 °F). Graisser les fonds seulement de deux moules à pain de 20,5 × 10 cm (8 × 4 po), ou d'un seul moule de 23 × 12,5 cm (9 × 5 po).

2 Dans un grand bol, mélanger le sucre et le beurre. Incorporer les œufs ; bien mélanger. Incorporer les bananes, le babeurre et la vanille et battre jusqu'à consistance lisse. Incorporer la farine, le bicarbonate de soude et le sel juste assez pour humidifier le tout. Verser le mélange également dans les deux moules.

3 Cuire les pains de 20,5 cm (8 po) environ 60 minutes et ceux de 23 cm (9 po) environ 75 minutes, jusqu'à ce qu'un cure-dent inséré au centre en ressorte propre. Laisser refroidir 10 minutes dans les moules, sur une grille à gâteau.

4 Décoller le pain du moule ; démouler et placer à l'endroit sur la grille à gâteau. Laisser refroidir complètement, environ 2 heures, avant de le trancher. Envelopper hermétiquement et garder à température ambiante jusqu'à 4 jours, ou réfrigérer jusqu'à 10 jours.

Pain aux bananes et bleuets : Omettre les noix. Incorporer 250 ml (1 tasse) de bleuets frais ou congelés au mélange.

ASTUCE DU JOUR

Le pain aux bananes semble être aussi ancien que le sont les bananes mûres et la farine, et nous sommes nombreux à avoir notre propre recette favorite. Celle-ci est la préférée des cuisines Betty Crocker ; l'ajout de babeurre en fait un pain de qualité supérieure. Pour obtenir un maximum d'humidité et de saveur, utilisez toujours des bananes très mûres.

En altitude (1066 m à 1981 m [3500 à 6500 pi]) : Cuire les pains de 20,5 cm (8 po) environ 65 minutes ; les pains de 23 cm (9 po) environ 80 minutes.

1 tranche : 70 calories (lipides 20) ; gras 2 g (saturés 1 g) ; cholestérol 15 mg ; sodium 95 mg ; glucides 12 g (fibres 0 g) ; protéines 1 g
Équivalents : 1 féculent
Choix de glucides : 1

Pain aux courgettes, aux raisins secs et aux noix

Temps de préparation : 20 min – Du début à la fin : 2 h 30 min	2 pains (16 tranches chacun)

750 ml (3 tasses) de courgettes râpées
(2 à 3 moyennes)

375 ml (1 1/2 tasse) de sucre

150 ml (2/3 tasse) d'huile végétale

10 ml (2 c. à thé) de vanille

4 œufs

750 ml (3 tasses) de farine tout-usage

125 ml (1/2 tasse) de noix hachées
grossièrement

125 ml (1/2 tasse) de raisins secs

20 ml (4 c. à thé) de poudre à pâte

5 ml (1 c. à thé) de sel

5 ml (1 c. à thé) de cannelle moulue

2 ml (1/2 c. à thé) de clous de girofle
moulus

1 Chauffer le four à 180 °C (350 °F). Graisser les fonds seulement de deux moules de 20,5 × 10 cm (8 × 4 po) ou de 23 × 12,5 cm (9 × 5 po). Dans un grand bol, mélanger les courgettes râpées, sucre, huile, vanille et œufs. Incorporer le reste des ingrédients. Verser dans les moules.

2 Cuire de 50 à 60 minutes ou jusqu'à ce qu'un cure-dent inséré au centre en ressorte propre. Laisser refroidir 10 minutes. Décoller les bords des pains des moules ; démouler et mettre sur une grille à gâteau. Laisser refroidir complètement, environ 1 heure, avant de trancher. Envelopper hermétiquement et garder à la température ambiante jusqu'à 4 jours ou réfrigérer et garder jusqu'à une semaine.

ASTUCE DU JOUR

Diminuez le temps que vous passez dans la cuisine en partageant les tâches avec votre famille. Vous pouvez râper les courgettes pendant que les enfants mesurent le sucre, l'huile et la vanille. Demandez à un autre enfant ou à votre conjoint de mesurer les ingrédients dans des bols séparés. Ensuite, mélangez le tout et enfournez. Vous aurez passé deux fois moins de temps dans la cuisine !

En altitude (1066 m à 1981 m [3500 à 6500 pi]) : Chauffer le four à 190 °C (375 °F). Utiliser 12 ml (2 1/2 c. à thé) de poudre à pâte. Cuire de 55 à 60 minutes.

1 tranche : 155 calories (lipides 65) ; gras 7 g (saturés 1 g) ; cholestérol 25 mg ; sodium 145 mg ; glucides 21 g (fibres 1 g) ; protéines 2 g
Équivalents : 1 féculent, 1 légume, 1 gras
Choix de glucides : 1 1/2

PAIN AUX COURGETTES, AUX RAISINS SECS ET AUX NOIX

Pain à l'avoine et aux bleuets

Classique

Temps de préparation : 20 minutes – Du début à la fin : 3 h 25 min   **1 pain (20 tranches)**

150 ml (2/3 tasse) de cassonade bien tassée

175 ml (3/4 tasse) de lait

125 ml (1/2 tasse) d'huile végétale

2 œufs

550 ml (2 1/4 tasses) de farine tout-usage

250 ml (1 tasse) d'avoine à l'ancienne à cuisson rapide

15 ml (3 c. à thé) de poudre à pâte

5 ml (1 c. à thé) de cannelle moulue

5 ml (1 c. à thé) de zeste de citron râpé

15 ml (1 c. à soupe) de jus de citron

1 ml (1/4 c. à thé) de sel

250 ml (1 tasse) de bleuets frais ou congelés (décongelés et bien égouttés)

1 Chauffer le four à 180 °C (350 °F). Graisser le fond seulement d'un moule de 20,5 x 10 cm (8 x 4 po) ou de 23 x 12,5 cm (9 x 5 po).

2 Dans un grand bol, mélanger sucre, lait, huile et œufs à la cuillère. Incorporer le reste des ingrédients, sauf les bleuets et battre 30 secondes à la cuillère. Incorporer les bleuets. Verser dans le moule. Saupoudrer de flocons d'avoine, si désiré.

3 Cuire de 55 à 65 minutes ou jusqu'à ce qu'un cure-dent inséré au centre en ressorte propre. Laisser refroidir 10 minutes. Décoller les côtés des pains du moule ; démouler et mettre sur une grille. Refroidir complètement, environ 2 heures, avant de trancher. Envelopper hermétiquement et garder à la température ambiante jusqu'à 4 jours ou réfrigérer et conserver jusqu'à 10 jours.

ASTUCE DU JOUR

Grâce au délicieux mélange de farine tout-usage et d'avoine dans ce pain aux bleuets, vous ajouterez la saveur unique des grains entiers aux repas de votre famille.

En altitude (1066 m à 1981 m [3500 à 6500 pi]) : Déconseillé.

1 tranche : 165 calories (lipides 65) ; gras 7 g (saturés 1 g) ; cholestérol 20 mg ; sodium 115 mg ; glucides 22 g (fibres 1 g) ; protéines 3 g
Équivalents : 1 féculent, 1/2 fruit, 1 gras
Choix de glucides : 1 1/2

Pain au citron succulent

Classique

Temps de préparation : 20 min – Du début à la fin : 2 h 35 min   **1 pain (12 tranches)**

400 ml (1 3/4 tasse) de farine tout-usage

2 ml (1/2 c. à thé) de bicarbonate de soude

1 ml (1/4 c. à thé) de sel

250 ml (1 tasse) de sucre granulé

125 ml (1/2 tasse) de beurre ou margarine, ramolli

2 œufs

125 ml (1/2 tasse) de crème sure

30 ml (2 c. à soupe) de zeste de citron râpé

50 ml (1/4 tasse) de jus de citron

Glaçage au citron (ci-contre)

1 Chauffer le four à 160 °C (325 °F). Graisser le fond seulement d'un moule de 20,5 x 10 cm (8 x 4 po) ou de 23 x 12,5 cm (9 x 5 po). Dans un petit bol, mélanger farine, bicarbonate de soude et sel ; réserver. Dans un grand bol, battre le sucre et le beurre au batteur électrique, à vitesse moyenne, en raclant le bol de temps en temps, jusqu'à consistance mousseuse. Ajouter les œufs, la crème sure, le zeste et le jus de citron, et bien mélanger. Incorporer graduellement le mélange de farine. Verser dans le moule.

2 Cuire de 55 à 65 minutes ou jusqu'à ce qu'un cure-dent inséré au centre en ressorte propre. Laisser refroidir 10 minutes. Décoller le pain du moule ; démouler et mettre sur une grille. Laisser refroidir complètement, environ 1 heure. Préparer la glace au citron. Verser sur le gâteau et laisser couler un peu sur les bords.

Glaçage au citron

125 ml (1/2 tasse) de sucre glace

5 ml (1 c. à thé) de zeste de citron râpé

15 à 30 ml (1 à 2 c. à soupe) de jus de citron

Dans un petit bol, mélanger tous les ingrédients jusqu'à consistance lisse et assez claire pour couler en filet.

ASTUCE DU JOUR

Ce succulent pain a été créé avec du citron, mais si vous préférez la lime, vous pouvez l'utiliser autant pour le pain que pour le glaçage. Peu importe ce que vous utiliserez, ce pain citronné est particulièrement savoureux et il mettra du zeste à vos journées.

En altitude (1066 m à 1981 m [3500 à 6500 pi]) : Chauffer le four à 180 °C (350 °F). Cuire 60 à 70 minutes.

1 tranche : 260 calories (lipides 100) ; gras 11 g (saturés 6 g) ; cholestérol 60 mg ; sodium 170 mg ; glucides 37 g (fibres 1 g) ; protéines 3 g
Équivalents : 1 féculent, 1 1/2 autre glucide, 2 gras
Choix de glucides : 2 1/2

Pain éclair avec monterey jack aux piments

Temps de préparation : 15 min – Du début à la fin : 1 h 35 min | 1 pain (16 tranches)

500 ml (2 tasses) de farine tout-usage

250 ml (1 tasse) de fromage monterey jack râpé aux piments jalapeño

5 ml (1 c. à thé) de sucre

5 ml (1 c. à thé) de poudre à pâte

5 ml (1 c. à thé) de bicarbonate de soude

2 ml (1/2 c. à thé) de sel

250 ml (1 tasse) de babeurre

50 ml (1/4 tasse) de beurre ou margarine, fondu

2 œufs, légèrement battus

1 Chauffer le four à 180 °C (350 °F). Graisser le fond seulement d'un moule de 20,5 × 10 cm (8 × 4 po) ou de 23 × 12,5 cm (9 × 5 po).

2 Dans un bol moyen, mélanger farine, fromage, sucre, poudre à pâte, bicarbonate de soude et sel. Incorporer le reste des ingrédients et brasser juste assez pour humidifier (le mélange sera grumeleux). Verser dans le moule.

3 Cuire de 35 à 45 minutes, jusqu'à l'obtention d'un beau brun doré, et jusqu'à ce qu'un cure-dent inséré au centre en ressorte propre. Refroidir 5 minutes ; passer un couteau autour du moule pour décoller le pain. Démouler et mettre sur une grille. Laisser refroidir 30 minutes avant de trancher.

ASTUCE DU JOUR

Ce magnifique pain éclair sera un complément idéal pour vos repas. Servez-le avec du chili, de la soupe ou du ragoût. Vous remarquerez que le babeurre est utilisé dans de nombreuses recettes de pain, comme celle-ci. C'est parce que le babeurre est fait de lait écrémé baratté, il ajoute donc une délicieuse saveur de produit laitier sans ajouter trop de calories.

En altitude (1066 m à 1981 m [3500 à 6500 pi]) : Cuire de 45 à 55 minutes.

1 tranche : 125 calories (lipides 55) ; gras 6 g (saturés 4 g) ; cholestérol 40 mg ; sodium 220 mg ; glucides 13 g (fibres 0 g) ; protéines 5 g
Équivalents : 1 féculent, 1 gras
Choix de glucides : 1

PAIN ÉCLAIR AVEC MONTEREY JACK AUX PIMENTS

Muffins aux noix de Grenoble, au son et aux pruneaux

300 ml (1 1/4 tasse) de farine
tout-usage

250 ml (1 tasse) de flocons de son,
broyés

50 ml (1/4 tasse) de cassonade tassée

10 ml (2 c. à thé) de poudre à pâte

2 ml (1/2 c. à thé) de bicarbonate
de soude

1 ml (1/4 c. à thé) de sel

1 œuf, légèrement battu

250 ml (1 tasse) de babeurre

125 ml (1/2 tasse) d'huile végétale

250 ml (1 tasse) de pruneaux séchés en
quartiers nature ou à saveur d'orange

125 ml (1/2 tasse) de noix de Grenoble
hachées grossièrement

15 ml (1 c. à soupe) de sucre granulé

1 Chauffer le four à 200 °C (400 °F). Graisser 12 moules à muffins ou utiliser des moules en papier.

2 Dans un grand bol, mélanger farine, céréales, cassonade, poudre à pâte, bicarbonate de soude et sel. Ajouter les œufs, le babeurre et l'huile et mélanger juste assez pour humidifier. Incorporer lentement les pruneaux et les noix. Diviser le mélange à parts égales dans les moules. Saupoudrer chaque muffin d'une pincée de sucre granulé.

3 Cuire de 13 à 15 minutes ou jusqu'à ce qu'un cure-dent inséré au centre en ressorte propre. Démouler et mettre sur une grille. Servir chaud.

ASTUCE DU JOUR

Ces délicieux muffins sont très humides, ils se conservent donc facilement. Pour les conserver, placer dans un sac de plastique hermétique ou dans un contenant muni d'un couvercle et congeler. Décongeler un à la fois, pour votre petit-déjeuner ou votre collation : mettez-le environ 35 secondes au four à micro-ondes, à température élevée.

En altitude (1066 m à 1981 m
[3500 à 6500 pi]) : Utiliser 5 ml
(1 c. à thé) de poudre à pâte.
Utiliser des moules à muffins en
papier. Cuire de 15 à 17 minutes.

1 muffin : 215 calories (lipides 115);
gras 13 g (saturés 2 g); cholestérol
20 mg; sodium 230 mg; glucides
21 g (fibres 1 g); protéines 4 g
Équivalents : 1 féculent, 1/2 fruit,
2 1/2 gras
Choix de glucides : 1 1/2

Muffins à l'avoine et aux canneberges

Les Indiens d'Amérique qui vivaient dans la région de Cape Cod ajoutaient des canneberges et des noix à leurs pains de maïs. Ce sont eux qui ont enseigné aux premiers colons à cuisiner avec les canneberges. Aujourd'hui, nous connaissons tous le bon goût des canneberges et nous nous en servons régulièrement, dans de nombreuses recettes.

Temps de préparation : 15 min – Du début à la fin : 35 min — **12 muffins**

250 ml (1 tasse) de babeurre ou de lait sur

250 ml (1 tasse) d'avoine à l'ancienne

75 ml (1/3 tasse) de beurre ou de margarine, fondu

125 ml (1/2 tasse) de cassonade bien tassée

10 ml (2 c. à thé) de zeste d'orange râpé, facultatif

1 œuf

125 ml (1/2 tasse) de farine tout-usage

125 ml (1/2 tasse) de farine de blé entier

7 ml (1 1/2 c. à thé) de poudre à pâte

5 ml (1 c. à thé) de sel

5 ml (1 c. à thé) de cannelle moulue

250 ml (1 tasse) de canneberges fraîches ou congelées, hachées

1 Chauffer le four à 200 °C (400 °F). Dans un petit bol, verser le babeurre sur l'avoine. Graisser les fonds seulement de 12 moules à muffins ou utiliser des moules en papier.

2 Dans un grand bol, mélanger beurre, cassonade, zeste d'orange et œuf à la cuillère. Ajouter les farines, la poudre à pâte, le bicarbonate de soude, le sel et la cannelle et mélanger juste assez pour humidifier. Incorporer le mélange d'avoine ; incorporer les canneberges. Remplir les moules aux trois quarts.

3 Cuire de 15 à 20 minutes ou jusqu'à l'obtention d'un beau brun doré. Démouler immédiatement et mettre sur une grille.

ASTUCE DU JOUR

La combinaison de farine tout-usage et de farine de blé entier donne à vos muffins santé une belle apparence et une authentique saveur maison. Pourquoi parle-t-on de farine de blé entier ? Parce qu'elle contient des grains entiers, c'est-à-dire toutes les parties du grain : le son, l'enveloppe extérieure, l'endosperme, la partie intérieure, et le germe de blé, l'embryon qui contient de nombreux éléments nutritifs.

En altitude (1066 m à 1981 m [3500 à 6500 pi]) : Utiliser 3 ml (3/4 c. à thé) de poudre à pâte et 1 ml (1/4 c. à thé) de sel. Cuire de 20 à 25 minutes.

1 muffin : 170 calories (lipides 65) ; gras 7 g (saturés 4 g) ; cholestérol 35 mg ; sodium 320 mg ; glucides 23 g (fibres 2 g) ; protéines 4 g
Équivalents : 1 féculent, 1/2 fruit, 1 1/2 gras
Choix de glucides : 1 1/2

Muffins givrés aux framboises

Temps de préparation : 20 min – Du début à la fin : 45 min　　　　　　**12 muffins**

500 ml (2 tasses) de farine tout-usage

125 ml (1/2 tasse) de sucre granulé

15 ml (3 c. à thé) de poudre à pâte

1 ml (1/4 c. à thé) de sel

1 ml (1/4 c. à thé) de muscade moulue

1 œuf

250 ml (1 tasse) de lait

50 ml (1/4 tasse) de beurre ou de margarine, fondu

10 ml (2 c. à thé) de vanille

250 ml (1 tasse) de framboises fraîches ou congelées

10 ml (2 c. à thé) de cristaux de sucre blanc (sucre à décorer) ou de sucre granulé

1 Chauffer le four à 190 °C (375 °F). Graisser 12 moules à muffins ou utiliser des moules en papier.

2 Dans un grand bol, mélanger farine, sucre granulé, poudre à pâte, sel et muscade. Incorporer l'œuf, le lait, le beurre et la vanille et brasser juste assez pour humidifier. Incorporer avec soin les framboises. Verser 50 ml (1/4 tasse) du mélange dans chaque moule. Saupoudrer chaque muffin de cristaux de sucre.

3 Cuire de 20 à 25 minutes ou jusqu'à qu'un cure-dent inséré au centre en ressorte propre. Démouler immédiatement et mettre sur une grille.

ASTUCE DU JOUR

Ajoutez une touche de magie à vos recettes en saupoudrant un peu de sucre ou de sucre coloré sur vos muffins ou vos biscuits. Si vous préférez un muffin avec une garniture de strudel, utilisez la recette des muffins strudels aux bleuets à la page 162.

En altitude (1066 m à 1981 m [3500 à 6500 pi]) : Mettre 7 ml (1 1/2 c. à thé) de poudre à pâte. Utiliser des moules de papier.

1 muffin : 175 calories (lipides 45) ; gras 5 g (saturés 3 g) ; cholestérol 30 mg ; sodium 210 mg ; glucides 29 g (fibres 1 g) ; protéines 3 g
Équivalents : 1 féculent, 1 fruit, 1 gras
Choix de glucides : 2

Biscuits à la poudre à pâte

Classique

400 ml (1 3/4 tasse) de farine
   tout-usage*

12 ml (2 1/2 c. à thé) de poudre à pâte

3 ml (3/4 c. à thé) de sel

75 ml (1/3 tasse) de saindoux

175 ml (3/4 tasse) de lait

* Si vous utilisez de la farine instantanée, n'ajoutez ni poudre à pâte, ni sel.

1 Chauffer le four à 230 °C (450 °F). Dans un bol moyen, mélanger farine, poudre à pâte et sel. Incorporer le saindoux en vous servant d'un coupe-pâte (ou en entrecroisant deux couteaux dans les ingrédients), jusqu'à ce que le mélange soit grumeleux. Verser juste assez de lait pour que la pâte se détache des parois du bol et forme une boule. (Trop de lait rend la pâte collante ; pas assez de lait donne des biscuits secs.)

2 Sur une surface légèrement enfarinée, pétrir la pâte 10 fois délicatement. Abaisser ou aplatir à 1,5 cm (1/2 po) d'épaisseur. Découper à l'aide d'un emporte-pièce enfariné de 5 cm (2 po). Déposer sur une plaque à biscuits en espaçant d'environ 2,5 cm (1 po), si vous aimez des bords croustillants ; laissez-les se toucher si vous désirez que les bords soient tendres.

3 Cuire de 10 à 12 minutes ou jusqu'à ce que ce soit doré. Retirer immédiatement de la plaque. Servir chaud.

Bâtonnets à la poudre à pâte : Chauffer le four à 230 °C (450 °F). Dans un moule de 22 cm (9 po), faire fondre 75 ml (1/3 tasse) de beurre au four et réserver. Rouler la pâte en carré de 20,5 cm (8 po) et la couper en deux ; tailler 8 lanières de 2,5 cm (1 po) dans chaque moitié. Tremper chaque lanière dans le beurre fondu. Déposer les lanières en 2 rangées dans le moule. Saupoudrer de sel d'ail, de graines de sésame ou de pavot. Cuire environ 15 minutes, ou jusqu'à coloration dorée. Donne 16 bâtonnets.

Biscuits au babeurre : Réduire la quantité de poudre à pâte à 10 ml (2 c. à thé). Ajouter 1 ml (1/4 c. à thé) de bicarbonate de soude aux ingrédients. Remplacer le lait par du babeurre.

Biscuits à la cuillère : Graisser une plaque à biscuits. Augmenter le lait à 1 tasse (250 ml). Laisser tomber la pâte en 12 cuillerées à soupe combles du mélange à biscuits sur la plaque. (Si désiré, rouler d'abord la pâte dans les graines de sésame et bien enduire tous les côtés.)

Biscuits aux patates douces : Dans un grand bol, mélanger 500 ml (2 tasses) de farine, 50 ml (1/4 tasse) de sucre, 12 ml (2 1/2 c. à thé) de poudre à pâte et 5 ml (1 c. à thé) de sel. Incorporer 125 ml (1/2 tasse) de saindoux. Dans un petit bol, mélanger 250 ml (1 tasse) de patates douces cuites et écrasées ou de courges et 125 ml (1/2 tasse) de lait ; verser dans le mélange de farine jusqu'à la formation d'une pâte lisse. Pétrir la pâte sur une surface généreusement enfarinée. Rouler ou abaisser à la main à 3 cm (3/4 po) d'épaisseur. Déposer les biscuits en les espaçant de 2,5 cm (1 po), sur une plaque à biscuits non graissée. Cuire de 12 à 15 minutes, jusqu'à coloration dorée.

En altitude (1066 m à 1981 m [3500 à 6500 pi]) : Utiliser 6 ml (1 1/4 c. à thé) de poudre à pâte. Cuire de 11 à 13 minutes.

Biscuits de blé entier : Remplacer la farine tout-usage par de la farine de blé entier.

ASTUCE DU JOUR

1 biscuit : 120 calories (lipides 55) ; gras 6 g (saturés 2 g) ; cholestérol 0 mg ; sodium 260 mg ; glucides 15 g (fibres 0 g) ; protéines 2 g
Équivalents : 1 féculent, 1 gras
Choix de glucides : 1

Pour redonner leur fraîcheur à ces biscuits tendres, vous pouvez les faire réchauffer au four micro-ondes : 10 à 15 secondes pour un biscuit à la température ambiante ; 20 à 30 secondes pour 2 biscuits et 40 à 45 secondes pour 6 biscuits. Pour réchauffer des biscuits congelés : 20 à 25 secondes pour 1 biscuit ; 35 à 40 secondes pour 2 biscuits ; 1 min 45 sec à 2 min pour 6 biscuits.

Biscuits à la crème faciles

400 ml (1 3/4 tasse) de farine
tout-usage*

12 ml (2 1/2 c. à thé) de poudre à pâte

2 ml (1/2 c. à thé) de sel

330 ml (1 1/3 tasse) de crème à fouetter
(épaisse)

Si vous utilisez de la farine instantanée, omettre la poudre à pâte et le sel.

1 Chauffer le four à 230 °C (450 °F). Graisser une plaque à biscuits. Dans un grand bol, mélanger farine, poudre à pâte et sel. Incorporer la crème en brassant juste assez pour combiner et former une pâte. Ajouter 15 à 30 ml (1 à 2 c. à soupe) de crème additionnelle si la pâte est très épaisse.

2 Laisser tomber la pâte en 12 cuillerées combles sur la plaque à biscuits.

3 Cuire de 10 à 12 minutes ou jusqu'à ce que les fonds soient d'un beau brun doré. Enlever immédiatement de la plaque. Servir chaud.

En altitude (1066 m à 1981 m [3500 à 6500 pi]) : Graisser une grande plaque à biscuits. Utiliser 3 ml (3/4 c. à thé) de poudre à pâte et 250 ml (1 tasse) de crème à fouetter. Incorporer 75 ml (1/3 tasse) d'eau dans la crème fouettée. Déposer 14 cuillerées combles de pâte sur la plaque. Cuire 11 à 13 minutes. Donne 14 biscuits.

ASTUCE DU JOUR

Pour une touche spéciale, juste avant la cuisson, saupoudrer ces appétissants biscuits de graines de sésame ou de pavot.

1 biscuit : 140 calories (lipides 70) ; gras 8 g (saturés 5 g) ; cholestérol 30 mg ; sodium 210 mg ; glucides 15 g (fibres 0 g) ; protéines 2 g
Équivalents : 1 féculent, 1 1/2 gras
Choix de glucides : 1

BISCUITS À LA CRÈME FACILES

Biscuits au fromage provolone et aux olives

500 ml (2 tasses) de farine tout-usage*

10 ml (2 c. à thé) de poudre à pâte

2 ml (1/2 c. à thé) de sel

150 ml (2/3 tasse) de beurre ou
de margarine

125 ml (1/2 tasse) de fromage provolone
râpé (2 oz)

50 ml (1/4 tasse) d'olives Kalamata ou
autres, égouttées et hachées

175 ml (3/4 tasse) de babeurre

* Si vous utilisez de la farine instantanée, omettre la poudre à pâte et le sel.

1 Chauffer le four à 220 °C (425 °F). Dans un grand bol, mélanger farine, poudre à pâte et sel. Incorporer le beurre et le fromage à l'aide d'un coupe-pâte (ou de deux couteaux entrecroisés), jusqu'à ce que le mélange soit grumeleux. Ajouter les olives et le babeurre et mélanger juste assez pour humidifier les ingrédients secs et former une pâte lisse.

2 Sur une surface légèrement enfarinée, pétrir la pâte 5 à 6 fois. Rouler ou abaisser la pâte à 1,5 cm (1/2 po) d'épaisseur. Découper à l'emporte-pièce de 6 cm (2 1/2 po). Sur une plaque à biscuits non graissée, déposer les biscuits en les espaçant de 2,5 cm (1 po).

3 Cuire de 13 à 15 minutes ou jusqu'à coloration dorée. Servir chaud.

ASTUCE DU JOUR

Si vous n'avez pas de babeurre, ajouter 10 ml (2 c. à thé) de vinaigre blanc ou de jus de citron et assez de lait pour totaliser 175 ml (3/4 tasse). Le bord d'un verre de 6 cm (2 1/2 po) de diamètre fera un parfait emporte-pièce. Pour les amateurs de cheddar, remplacez le provolone par ce dernier.

En altitude (1066 m à 1981 m
[3500 à 6500 pi]) : Utiliser 75 ml
(1/3 tasse) de beurre ou
margarine.

1 biscuit : 235 calories (lipides 135) ;
gras 15 g (saturés 9 g) ; cholestérol
40 mg ; sodium 390 mg ; glucides
20 g (fibres 1 g) ; protéines 5 g
Équivalents : 1 féculent, 3 gras
Choix de glucides : 1

Scones aux groseilles

Temps de préparation : 15 min – Du début à la fin : 35 min   **8 scones**

400 ml (1 3/4 tasse) de farine tout-usage

45 ml (3 c. à soupe) de sucre granulé

12 ml (2 1/2 c. à thé) de poudre à pâte

2 ml (1/2 c. à thé) de sel

75 ml (1/3 tasse) de beurre ou de margarine, ferme

1 œuf, battu

2 ml (1/2 c. à thé) de vanille

60 à 90 ml (4 à 6 c. à soupe) de crème à fouetter (épaisse)

125 ml (1/2 tasse) de groseilles ou de raisins secs

Gros cristaux de sucre blanc (sucre décoratif) ou de sucre granulé

1 Chauffer le four à 200 °C (400 °F). Dans un grand bol, mélanger la farine, 45 ml (3 c. à soupe) de sucre, la poudre à pâte et le sel. Incorporer le beurre à l'aide d'un coupe-pâte (ou de deux couteaux entrecroisés), jusqu'à consistance grumeleuse fine. Incorporer l'œuf, la vanille et juste assez de crème pour que la pâte se décolle des parois du bol. Incorporer les petits fruits.

2 Sur une surface légèrement enfarinée, rouler la pâte pour l'enduire de farine. Pétrir délicatement 10 fois. Sur une plaque à biscuits non graissée, rouler ou abaisser la pâte en rondelle de 20,5 cm (8 po). À l'aide d'un couteau que vous aurez préalablement passé dans la farine, tailler 8 pointes sans les séparer. Badigeonner avec le reste de crème ; saupoudrer de cristaux de sucre.

3 Cuire de 14 à 16 minutes ou jusqu'à coloration dorée. Retirer immédiatement de la plaque à biscuits. Servir chaud.

Scones aux pépites de chocolat : Omettre les raisins. Incorporer 125 ml (1/2 tasse) de pépites de chocolat mi-sucré avec l'œuf, la vanille et la crème.

Scones aux framboises et chocolat blanc : Omettre les raisins. Remplacer la vanille par de l'extrait d'amande ; augmenter la quantité de crème à 125 ml (1/2 tasse). Incorporer 175 ml (3/4 tasse) de framboises congelées non sucrées (ne pas décongeler) et 150 ml (2/3 tasse) de pépites de chocolat blanc avec l'œuf, l'extrait d'amande et la crème. Omettre l'étape du pétrissage ; abaisser la pâte en forme de rondelle de 20,5 cm (8 po) sur une plaque à biscuit non graissée. Continuer tel qu'indiqué.

ASTUCE DU JOUR

Une roulette à couper la pizza est parfaite pour découper les scones avant et après la cuisson. Vous êtes pressé ? Contentez-vous de prendre la pâte avec une grande cuillère et de la laisser tomber sur la plaque à biscuits non graissée. Abaisser à la main, à environ 1,5 cm (1/2 po) d'épaisseur, après avoir enduit vos mains de farine, et cuire tel qu'indiqué.

En altitude (1066 m à 1981 m [3500 à 6500 pi]) : Utiliser 5 ml (1 c. à thé) de poudre à pâte. Cuire de 20 à 22 minutes.

1 scone : 270 calories (lipides 110) ; gras 12 g (saturés 7 g) ; cholestérol 60 mg ; sodium 360 mg ; glucides 37 g (fibres 1 g) ; protéines 4 g
Équivalents : 1 féculent, 1 1/2 autre glucide
Choix de glucides : 2 1/2

Scones aux poires et aux noix

Temps de préparation : 15 min – Du début à la fin : 35 min

8 scones

400 ml (1 3/4 tasse) de farine tout-usage

75 ml (1/3 tasse) de cassonade tassée

10 ml (2 c. à thé) de poudre à pâte

1 ml (1/4 c. à thé) de sel

75 ml (1/3 tasse) de beurre ou de margarine, ferme

1 œuf

125 ml (1/2 tasse) de crème moitié-moitié

250 ml (1 tasse) de poire pelée hachée (1 moyenne)

75 ml (1/3 tasse) de pacanes hachées

1 Chauffer le four à 200 °C (400 °F). Dans un grand bol, mélanger farine, cassonade, poudre à pâte et sel. Incorporer le beurre à l'aide d'un coupe-pâte (ou de deux couteaux entrecroisés), jusqu'à consistance grumeleuse fine. Combiner l'œuf et la crème moitié-moitié, jusqu'à la formation d'une pâte. Incorporer la poire et les pacanes.

2 Sur une plaque à biscuits non graissée, laisser tomber doucement la pâte par mesure de 75 ml (1/3 tasse).

3 Cuire de 16 à 18 minutes ou jusqu'à coloration dorée. Retirer immédiatement de la plaque à biscuits. Servir chaud.

ASTUCE DU JOUR

Les scones sont semblables aux biscuits, sauf qu'ils sont sucrés, qu'ils contiennent plus de beurre et sont plus tendres. Ces dernières années, ils sont devenus très populaires dans les boulangeries et les restaurants. Ce délicieux mélange de poire et de pacanes fera fureur auprès des vôtres. Si vous préférez des scones aux pommes, il suffit de remplacer les poires par des pommes pelées et hachées. Vous pouvez aussi ajouter vos noix préférées.

En altitude (1066 m à 1981 m [3500 à 6500 pi]) : Utiliser 6 ml (1 1/4 c. à thé) de poudre à pâte.

1 scone : 285 calories (lipides 125) ; gras 14 g (saturés 6 g) ; cholestérol 55 mg ; sodium 270 mg ; glucides 35 g (fibres 2 g) ; protéines 5 g
Équivalents : 2 féculent, 3 gras
Choix de glucides : 2

SCONES AUX POIRES ET AUX NOIX

Pain sucré au maïs et aux pacanes

Depuis qu'on le cultive, le maïs a toujours été un ingrédient très populaire dans les recettes. Les premiers colons donnaient à leurs pains au maïs toutes sortes de noms originaux qui correspondaient à leur forme ou au type de préparation privilégié.

Temps de préparation : 20 min – Du début à la fin 3 h 5 min	1 pain (12 tranches)

125 ml (1/2 tasse) de beurre ou de margarine, ramolli

250 ml (1 tasse) de sucre

2 œufs

1 petite boîte 450 ml (14 3/4 oz) de maïs en crème, non égouttée

500 ml (2 tasses) de farine tout-usage

125 ml (1/2 tasse) de semoule de maïs

15 ml (3 c. à thé) de poudre à pâte

5 ml (1 c. à thé) de sel

125 ml (1/2 tasse) de pacanes hachées

1 Chauffer le four à 180 °C (350 °F). Graisser généreusement le fond et les côtés d'un moule à pain de 23 x 12,5 cm (9 x 5 po). Dans un grand bol, battre le beurre et le sucre au batteur électrique à vitesse moyenne, jusqu'à consistance mousseuse. Ajouter les œufs et le maïs jusqu'à ce que le tout soit bien mélangé. Incorporer la farine, la semoule de maïs, la poudre à pâte et le sel en raclant une fois, juste assez pour combiner. Incorporer les pacanes. Verser dans le moule.

2 Cuire de 60 à 75 minutes ou jusqu'à ce qu'un cure-dent inséré au centre en ressorte propre. Refroidir dans le moule 30 minutes. Démouler et mettre sur une grille. Laisser refroidir complètement avant de trancher, environ 45 minutes.

ASTUCE DU JOUR

Rempli de copeaux de pacanes, une tranche de ce pain légèrement sucré est l'accompagnement idéal d'un bol de chili.

En altitude (1066 m à 1981 m [3500 à 6500 pi]) : Chauffer le four à 190 °C (375 °F). Utiliser 7,75 ml (1 1/2 c. à thé) de poudre à pâte. Cuire de 65 à 75 min.

1 tranche : 315 calories (lipides 115) ; gras 13 g (saturés 5 g) ; cholestérol 55 mg ; sodium 460 mg ; glucides 45 g (fibres 2 g) ; protéines 5 g
Équivalents : 2 féculents, 1 autre glucide
Choix de glucides : 3

PAIN SUCRÉ AU MAÏS ET AUX PACANES

CARRÉS AU CITRON ET TOURBILLONS À LA COMPOTE DE POMMES

Chapitre 3

Les biscuits
irrésistibles

Brownies de luxe
Classique

Les brownies sont devenus populaires dans les années 1920. Seraient-ils le résultat d'un gâteau au chocolat qui se serait affaissé ? Ou plutôt la version américaine des scones au cacao écossais ? Quoi qu'il en soit, les premiers brownies américains étaient les brownies Bangor, du nom de la ville du Maine où les fous de desserts les ont découverts pour la première fois.

Temps de préparation : 15 min – Du début à la fin : 1 h	16 brownies

150 ml (2/3 tasse) de beurre ou margarine

120 g (5 oz) de chocolat non sucré, coupé en morceaux

400 ml (1 1/4 tasse) de sucre

10 ml (2 c. à thé) de vanille

3 œufs

250 ml (1 tasse) de farine tout-usage

250 ml (1 tasse) de noix hachées

1 Chauffer le four à 180 °C (350 °F). Graisser le fond et les côtés d'un moule à pain de 23 cm (9 po carrés).

2 Dans une casserole de 1 L (4 tasses), faire fondre le beurre et le chocolat à feu bas, en brassant fréquemment ; laisser tiédir. Dans un bol moyen, battre le sucre, la vanille et les œufs au batteur électrique, 5 minutes à haute vitesse. Incorporer le chocolat fondu à vitesse réduite. Incorporer la farine juste assez pour humidifier le tout. Ajouter les noix. Verser dans le moule.

3 Cuire de 40 à 45 minutes ou jusqu'à ce que les bords craquent et que les brownies se décollent du moule ; refroidir. Couper en carrés : donne 16 brownies.

ASTUCE DU JOUR

Le fait de faire fondre le beurre et le chocolat ensemble donne une riche saveur chocolatée et une belle onctuosité à ces trésors d'autrefois que sont les brownies. Vous pourriez être tenté de faire fondre ce mélange au four micro-ondes, mais ce n'est pas conseillé, en raison de la puissance des fours actuels, et parce que le chocolat et le beurre peuvent ne pas fondre tout à fait en même temps. Il est parfois préférable de les faire fondre plus lentement, surtout lorsqu'il s'agit de rehausser la saveur de vos desserts.

En altitude (1066 m à 1981 m [3500 à 6500 pi]) : Graisser le fond et les côtés d'un moule de 33 x 23 cm (13 x 9 po). Cuire de 30 à 35 min.

1 brownie : 210 calories (lipides 170) ; gras 19 g (saturé 8 g) ; cholestérol 60 mg ; sodium 65 mg ; glucides 31 g (fibres 2 g) ; protéines 4 g
Équivalents : 1 féculent, 1 autre glucide, 4 gras
Choix de glucides : 2

Brownies à l'avoine

Classique

Temps de préparation : 30 min – Du début à la fin : 1 h 5 min

4 douzaines de brownies

750 ml (2 1/2 tasses) d'avoine à l'ancienne ou à cuisson rapide

175 ml (3/4 tasse) de farine tout-usage

175 ml (3/4 tasse) de cassonade tassée

2 ml (1/2 c. à thé) de bicarbonate de soude

175 ml (3/4 tasse) de beurre ou margarine, fondu

Brownies de luxe (page 78)

1 Chauffer le four à 180 °C (350 °F). Graisser le fond et les côtés d'un moule à pain de 33 x 23 cm (13 x 9 po). Dans un bol moyen, mélanger avoine, farine, cassonade et bicarbonate de soude. Ajouter le beurre. Réserver 175 ml (3/4 tasse) de mélange d'avoine. Presser le reste du mélange dans le moule. Cuire 10 minutes et laisser refroidir 5 minutes.

2 Préparer le mélange des brownies de luxe tel qu'indiqué à l'étape 2, en omettant les noix. Étendre le mélange sur la couche d'avoine cuite. Garnir du mélange d'avoine que vous avez réservé.

3 Cuire de 30 à 35 minutes ou jusqu'à ce que les bords craquent et que les brownies se décollent du moule ; refroidir. Découper en 8, puis en 4 dans l'autre sens.

ASTUCE DU JOUR

Avec son dessous et son dessus d'avoine à l'ancienne, cette gâterie crémeuse se conserve très bien, ce qui en fait un choix judicieux pour offrir en cadeau ou servir à vos invités. Envelopper hermétiquement pour conserver à la température ambiante, ou congeler dans un contenant hermétique.

En altitude (1066 m à 1981 m [3500 à 6500 pi]) : À l'étape 1, cuire 13 minutes, refroidir 5 minutes

1 brownie : 145 calories (lipides 65) ; gras 7 g (saturés 5 g) ; cholestérol 30 mg ; sodium 55 mg ; glucides 18 g (fibres 1 g) ; protéines 2 g
Équivalents : 1 féculent, 1 1/2 gras
Choix de glucides : 1

Carrés au citron
Classique

Temps de préparation : 25 min – Du début à la fin : 2 h 20 min   **25 carrés**

250 ml (1 tasse) de farine tout-usage

125 ml (1/2 tasse) de beurre ou margarine, ramolli

50 ml (1/4 tasse) de sucre glace et un peu plus pour saupoudrer

250 ml (1 tasse) de sucre granulé

10 ml (2 c. à thé) de zeste de citron râpé, facultatif

30 ml (2 c. à soupe) de jus de citron

2 ml (1/2 c. à thé) de poudre à pâte

1 ml (1/4 c. à thé) de sel

2 œufs

1 Chauffer le four à 180 °C (350 °F). Dans un petit bol, mélanger farine, beurre et sucre glace. Presser dans un moule carré de 20,5 cm (8 po), non graissé, jusqu'à 1,5 cm (1/2 po) du bord. Cuire 20 minutes.

2 Dans un petit bol, battre le reste des ingrédients au batteur électrique, à haute vitesse, pendant 3 minutes où jusqu'à consistance légère et mousseuse. Verser sur la croûte chaude.

3 Cuire de 25 à 30 minutes ou jusqu'à ce que presque aucune empreinte ne reste sous la pression du doigt au centre. Refroidir complètement, environ 1 heure. Saupoudrer de sucre glace. Pour faire des carrés, couper 5 rangs dans un sens et dans l'autre.

ASTUCE DU JOUR

Les carrés sont très populaires parce qu'ils permettent de sauver du temps dans la cuisine. Vous obtiendrez d'excellents résultats en utilisant un moule de la bonne dimension, car cela vous évitera de cuire trop ou trop peu. Les formats de moules les plus courants sont ceux de 33 x 23 cm (13 x 9 po), et les moules carrés de 20,5 et de 23 cm (8 et 9 po). Cette recette a été créée dans un moule carré de 20,5 cm (8 po).

En altitude (1066 m à 1981 m [3500 à 6500 pi]) : À l'étape 1, cuire 13 minutes, refroidir 5 minutes.

1 carré : 90 calories (lipides 35); gras 4 g (saturés 2 g); cholestérol 30 mg; sodium 65 mg; glucides 13 g (fibres 0 g); protéines 1 g
Équivalents : 1 autre glucide, 1 gras
Choix de glucides : 1

Ermites
Classique

Les ermites ont été inventés à Cape Cod, à l'époque de la traversée des grands voiliers. Ces biscuits se conservaient bien dans des contenants hermétiques, lors des voyages au long cours. Dans un vieux livre de recettes des années 1800, pour une recette d'ermites, on précise que le raisin, un ingrédient traditionnel, doit être dénoyauté et haché. De nos jours, il vogue allègrement du supermarché à nos cuisines !

Temps de préparation : 10 min – Du début à la fin : 50 min	Environ 4 douzaines de biscuits

250 ml (1 tasse) de cassonade bien tassée

50 ml (1/4 tasse) de saindoux

50 ml (1/4 tasse) de beurre ou margarine, ramolli

50 ml (1/4 tasse) de café froid ou d'eau froide

2 ml (1/2 c. à thé) de bicarbonate de soude

2 ml (1/2 c. à thé) de sel

2 ml (1/2 c. à thé) de cannelle moulue

2 ml (1/2 c. à thé) de muscade moulue

1 œuf

400 ml (1 3/4 tasse) de farine tout-usage

300 ml (1 1/4 tasse) de raisins secs

175 ml (3/4 tasse) de noix hachées

1 Chauffer le four à 190 °C (375 °F). Dans un grand bol, mélanger à la cuillère cassonade, saindoux, beurre, café, bicarbonate de soude, sel, cannelle, muscade et œuf. Incorporer la farine, les raisins secs et les noix.

2 Sur une plaque à biscuits non graissée, laisser tomber la pâte par cuillerées à thé combles, en espaçant d'environ 5 cm (2 po).

3 Cuire de 8 à 10 minutes ou jusqu'à ce que presque aucune empreinte ne reste sous la pression du doigt au centre. Retirer immédiatement de la plaque et mettre sur une grille. Refroidir.

Ermites au son : Omettre les noix. Incorporer 300 ml (1 1/4 tasse) de céréales de blé avec les raisins.

Ermites à la mélasse : Réduire la quantité de cassonade à 175 ml (3/4 tasse). Augmenter le saindoux à 75 ml (1/3 tasse). Ajouter 50 ml (1/4 tasse) de mélasse.

ASTUCE DU JOUR

Un truc dont on se sert dans les cuisines Betty Crocker, pour faire en sorte que les biscuits à la cuillère soient de grosseur et de forme identiques : nous utilisons une pelle à mesurer les biscuits ou une cuillère à crème glacée. On trouve des pelles de différents formats numérotés. Celle que nous utilisons le plus souvent pour les biscuits, et pour cette recette, porte le numéro 70.

En altitude (1066 m à 1981 m [3500 à 6500 pi]) : Cuire de 10 à 12 minutes.

Snickerdoodles

Classique

Voilà un bien drôle de nom pour un biscuit aussi populaire, mais il date d'une époque où l'on donnait toutes sortes de noms plus bizarres les uns que les autres aux bouchées sucrées qu'on préparait dans les cuisines familiales.

Temps de préparation : 15 min – Du début à la fin 1 h 15 min	Environ 5 douzaines de biscuits

50 ml (1/4 tasse) de sucre

15 ml (1 c. à soupe) de cannelle moulue

375 ml (1 1/2 tasse) de sucre

125 ml (1/2 tasse) de saindoux

125 ml (1/2 tasse) de beurre ou margarine, ramolli

2 œufs

685 ml (2 3/4 tasses) de farine tout-usage

10 ml (2 c. à thé) de crème de tartre

5 ml (1 c. à thé) de bicarbonate de soude

1 ml (1/4 c. à thé) de sel

1 Chauffer le four à 200 °C (400 °F). Dans un petit bol, mélanger 50 ml (1/4 tasse) de sucre avec la cannelle ; réserver. Dans un grand bol, battre le sucre, le saindoux, le beurre et les œufs au batteur électrique à vitesse moyenne, ou à la cuillère. Incorporer la farine, la crème de tartre, le bicarbonate de soude et le sel.

2 Façonner des boules de pâte de 3 cm (1 1/4 po) chacune et les rouler dans le mélange de sucre-cannelle. Sur une plaque à biscuits non graissée, déposer les boules en les espaçant d'environ 5 cm (2 po).

3 Cuire de 8 à 10 minutes ou jusqu'à ce que le centre soit presque cuit. Refroidir 1 minute ; retirer immédiatement de la plaque et mettre sur une grille. Refroidir complètement, environ 30 minutes.

ASTUCE DU JOUR

Classiques et chics, ces biscuits doivent leur allure croquante et givrée au fait qu'on les a roulés dans le sucre-cannelle avant la cuisson. De nombreuses recettes d'autrefois reviennent à la mode aujourd'hui, dont ces irrésistibles Snickerdoodles.

En altitude (1066 m à 1981 m [3500 à 6500 pi]) : Avant la cuisson, abaisser les boules de pâte à 1,5 cm (1/2 po) d'épaisseur, à l'aide d'un verre trempé dans le sucre-cannelle.

1 biscuit : 70 calories (lipides 25) ; gras 3 g (saturés 1 g) ; cholestérol 10 mg ; sodium 45 mg ; glucides 10 g (fibres 0 g) ; protéines 1 g
Équivalents : 1 autre glucide
Choix de glucides : 1

Biscuits à l'avoine et aux raisins secs

150 ml (2/3 tasse) de sucre granulé

150 ml (2/3 tasse) de cassonade bien tassée

125 ml (1/2 tasse) de beurre ou margarine, ramolli

125 ml (1/2 tasse) de saindoux

5 ml (1 c. à thé) de bicarbonate de soude

5 ml (1 c. à thé) de cannelle moulue

5 ml (1 c. à thé) de vanille

2 ml (1/2 c. à thé) de poudre à pâte

2 ml (1/2 c. à thé) de sel

2 œufs

750 ml (3 tasses) d'avoine à l'ancienne ou à cuisson rapide

250 (1 tasse) de farine de blé entier

250 ml (1 tasse) de raisins secs, de noix hachées ou de pépites de chocolat mi-sucré, facultatif

1 Chauffer le four à 190 °C (375 °F). Dans un grand bol, mélanger tous les ingrédients sauf l'avoine, la farine et les raisins secs, au batteur électrique à vitesse moyenne, ou à la cuillère. Incorporer l'avoine, la farine et les raisins.

2 Sur une plaque à biscuits non graissée, déposer la pâte par cuillerées à soupe combles en les espaçant d'environ 5 cm (2 po).

3 Cuire de 9 à 11 minutes ou jusqu'à coloration dorée. Retirer immédiatement de la plaque et mettre sur une grille.

Carrés à l'avoine et aux raisins secs : Presser la pâte dans un moule carré de 20,5 cm (8 po). Cuire environ 25 minutes ou jusqu'à ce que ce soit doré. Refroidir dans le moule posé sur une grille. Pour faire 16 carrés, découper 4 rangs dans un sens et 4 dans l'autre.

ASTUCE DU JOUR

Vous pouvez réaliser une version plus légère de ces biscuits humides en remplaçant le saindoux et les œufs par de la sauce aux pommes non sucrée et 125 ml (1/2 tasse) de substitut d'œufs liquide. Augmentez la quantité de cannelle et de vanille à 7 ml (1 1/2 c. à thé) chacun.

En altitude (1066 m à 1981 m [3500 à 6500 pi]) : Utiliser 2 ml (1/2 c. à thé) de bicarbonate de soude ; ajouter 30 ml (2 c. à soupe) de plus de farine. Refroidir les biscuits 1 minute avant de les enlever de sur la plaque à biscuits.

1 biscuit : 135 calories (lipides 55) ; gras 6 g (saturés 2 g) ; cholestérol 20 mg ; sodium 95 mg ; glucides 18 g (fibres 1 g) ; protéines 2 g
Équivalents : 1 féculent, 1 gras
Choix de glucides : 1

Biscuits fermiers à l'avoine

Classique

Ces biscuits ont été développés alors que la majorité des gens vivaient dans des fermes et préparaient de grandes quantités de biscuits pour nourrir leur famille. À cette époque, les biscuits étaient des aliments passe-partout : les enfants les adoraient, ils se conservaient longtemps et ils faisaient des collations appréciées dans les boîtes à lunch que l'on emportait à l'école et dans les champs.

Temps de préparation : 20 min – Du début à la fin : 1 h   **Environ 4 douzaines**

500 ml (2 tasses) de cassonade bien tassée

250 ml (1 tasse) de beurre ou margarine, ramolli

125 ml (1/2 tasse) de babeurre

5 ml (1 c. à thé) de vanille

875 ml (3 1/2 tasses) d'avoine à l'ancienne ou à cuisson rapide

425 (1 3/4 tasse) de farine tout-usage

5 ml (1 c. à thé) de bicarbonate de soude

3 ml (3/4 c. à thé) de sel

1 Chauffer le four à 190 °C (375 °F). Dans un grand bol, mélanger cassonade, beurre, babeurre et vanille. Incorporer le reste des ingrédients.

2 Façonner la pâte en boules de 2,5 cm (1 po). Sur une plaque à biscuits non graissée, déposer la pâte par cuillerées à soupe combles en les espaçant d'environ 7,5 cm (3 po). Aplatir les biscuits légèrement avec le fond d'un verre trempé dans l'eau.

3 Cuire de 8 à 10 minutes ou jusqu'à coloration dorée. Retirer immédiatement de la plaque et mettre sur une grille. Refroidir.

ASTUCE DU JOUR

Comme vous pourrez le constater dans ce chapitre, il existe de nombreuses versions des biscuits à l'avoine. Comme la farine, l'avoine est aussi un classique de l'Amérique. La combinaison beurre et cassonade confère à ces petites douceurs une saveur proche de celle du caramel, une saveur que votre famille adorera !

En altitude (1066 m à 1981 m [3500 à 6500 pi]) : Utiliser 500 ml (2 tasses) de farine. Cuire de 9 à 11 minutes. Refroidir les biscuits 1 minute avant de les enlever de la plaque à biscuits.

1 biscuit : 110 calories (lipides 35) ; gras 4 g (saturés 2 g) ; cholestérol 10 mg ; sodium 95 mg ; glucides 16 g (fibres 1 g) ; protéines 2 g
Équivalents : 1 féculent, 1 gras
Choix de glucides : 1

Gaufres à la crème
Classique

Il va sans dire que les recettes ont changé au fil des années ; elles sont beaucoup plus faciles à réaliser aujourd'hui. Un livre de recettes de 1894 présentait un biscuit roulé au sucre, semblable à celui-ci, en recommandant de « rouler la pâte pour qu'elle soit aussi mince qu'une planche à pâtisserie », puis de la faire cuire dans un « four rapide ».

Temps de préparation : 10 min – Du début à la fin : 1 h 30 min   **Environ 5 douzaines de biscuits sandwiches**

250 ml (1 tasse) de beurre ou margarine, ramolli

75 ml (1/3 tasse) de crème à fouetter (épaisse)

500 ml (2 tasses) de farine tout-usage

Sucre granulé

Garniture crémeuse (ci-dessous)

1 Dans un bol moyen, bien mélanger le beurre, la crème à fouetter et la farine à la cuillère. Couvrir et réfrigérer au moins 1 heure.

2 Chauffer le four à 190 °C (375 °F). Sur une surface légèrement enfarinée, rouler environ le tiers de la pâte à la fois, jusqu'à une épaisseur de 7 mm (1/8 po) (laissez le reste de la pâte au réfrigérateur jusqu'au moment de la rouler). Découper en rondelles de 4 cm (1 1/2 po).

3 Napper un morceau de papier ciré d'une bonne couche de sucre granulé. Transférer les rondelles de pâte à l'aide d'une spatule, sur le papier nappé de sucre ; retourner chaque rondelle afin d'enduire les deux faces de sucre. Sur une plaque à biscuits non graissée, déposer les rondelles en les espaçant d'environ 2,5 cm (1 po). Les piquer 4 fois à la fourchette.

4 Cuire de 7 à 9 minutes, sans brunir. Retirer immédiatement de la plaque et mettre sur une grille. Refroidir complètement, environ 30 minutes. Étendre la garniture crémeuse entre deux biscuits.

Garniture crémeuse

50 ml (1/4 tasse) de beurre ou margarine, ramolli

175 ml (3/4 tasse) de sucre glace

5 ml (1 c. à thé) de vanille

Colorant alimentaire

Dans un petit bol, battre le beurre, le sucre glace et la vanille à la cuillère jusqu'à consistance lisse et mousseuse. Incorporer quelques gouttes de colorant alimentaire. (Si nécessaire, ajouter quelques gouttes d'eau pour que la garniture soit facile à étendre.)

En altitude (1066 m à 1981 m [3500 à 6500 pi]) : Pas de changement.

1 biscuit : 60 calories (lipides 35) ; gras 4 g (saturés 3 g) ; cholestérol 10 mg ; sodium 25 mg ; glucides 6 g (fibres 0 g) ; protéines 0 g
Équivalents : 1/2 autre glucide, 1/2 gras
Choix de glucides : 1/2

ASTUCE DU JOUR

Avec seulement trois ingrédients, ces riches biscuits au beurre sont extrêmement faciles à mélanger et à rouler, et ils se cuisent en un rien de temps. Pendant que les biscuits refroidissent, vous pouvez préparer la garniture. Pour des occasions spéciales, diviser et colorer la garniture de différentes couleurs.

Sablés au caramel
Classique

50 ml (1/4 tasse) de beurre ou
　margarine, ramolli

50 ml (1/4 tasse) de saindoux

50 ml (1/4 tasse) de cassonade tassée

30 ml (2 c. à soupe) de sucre granulé

250 ml (1 tasse) + 30 ml (2 c. à soupe)
　de farine tout-usage

1 ml (1/4 c. à thé) de sel

1 Chauffer le four à 150 °C (300 °F). Dans un grand bol, battre le beurre, le saindoux et les sucres à la cuillère ou au batteur électrique, à vitesse moyenne, jusqu'à consistance crémeuse. Incorporer la farine et le sel. (La pâte sera très sèche et grumeleuse ; servez-vous de vos mains pour la mélanger complètement.)

2 Sur une surface légèrement enfarinée, rouler la pâte pour former un rectangle de 23 × 15 cm (9 × 6 po). Découper en carrés de 4 cm (1 1/2 po). Sur une plaque à biscuits non graissée, déposer les carrés en les espaçant d'environ 2,5 cm (1 po).

3 Enfourner 25 minutes environ, ou jusqu'à ce qu'ils soient cuits. Retirer de la plaque et mettre sur une grille. Refroidir.

ASTUCE DU JOUR

Cette pâte facile à travailler permet de réaliser de beaux biscuits découpés. Il est important de mettre un minuteur ou de surveiller l'horloge lorsque vous les enfournez, car il est difficile de dire, à l'œil, s'ils sont bien cuits : ils brunissent très peu et leur forme ne change pas. Après la cuisson, vous pouvez les savourer tels quels, en faire des biscuits sandwiches ou encore les givrer.

En altitude (1066 m à 1981 m
[3500 à 6500 pi]) : Cuire environ
30 minutes.

1 biscuit : 70 calories (lipides 35) ;
gras 4 g (saturés 2 g) ; cholestérol
5 mg ; sodium 40 mg ; glucides 8 g
(fibres 0 g) ; protéines 1 g
Équivalents : 1/2 autre glucide,
1 gras
Choix de glucides : 1/2

SABLÉS AU CARAMEL

Biscuits au sucre de Betty

Classique

Les biscuits au réfrigérateur sont devenus populaires dans le courant de la Seconde Guerre mondiale, alors que beaucoup de femmes au foyer ont dû aller travailler à l'extérieur. Elles pouvaient préparer la pâte à l'avance, la réfrigérer, puis, de retour à la maison, faire cuire des biscuits pour toute la famille en un rien de temps. Une pratique toujours d'actualité !

Temps de préparation : 15 min – Du début à la fin : 1 h 45 min	Environ 4 douzaines de biscuits

250 ml (1 tasse) de sucre granulé

125 ml (1/2 tasse) de beurre ou margarine, ramolli

50 ml (1/4 tasse) de saindoux

5 ml (1 c. à thé) de vanille

2 œufs

750 ml (2 1/2 tasses) de farine tout-usage

5 ml (1 c. à thé) de poudre à pâte

5 ml (1 c. à thé) de sel

1 Dans un bol moyen, battre le sucre, le beurre, le saindoux, la vanille et les œufs à la cuillère. Couvrir et réfrigérer au moins 1 heure.

2 Chauffer le four à 200 °C (400 °F). Sur une surface légèrement enfarinée, abaisser la pâte à environ 7 mm (1/8 po) d'épaisseur. Découper la forme désirée à l'aide d'un emporte-pièce de 7,5 cm (3 po). Faire cuire sur une plaque à biscuits non graissée en les espaçant d'environ 5 cm (2 po).

3 Cuire de 6 à 8 minutes ou jusqu'à l'obtention d'un beau brun clair. Retirer de la plaque et mettre sur une grille. Refroidir.

Biscuits au caramel à la cuillère : Remplacer le sucre granulé par 250 ml (1 tasse) de cassonade tassée. Si désiré, ajouter à la pâte 250 ml (1 tasse) de noix hachées. Ne pas réfrigérer. Sur une plaque à biscuits non graissée, laisser tomber par cuillerées à soupe combles en espaçant d'environ 5 cm (2 po).

Biscuits soleil au chocolat : Faire fondre 55 g (2 oz) de chocolat non sucré pour la cuisson, laisser tiédir. Préparer la pâte tel qu'indiqué et la diviser en deux. Verser le chocolat dans la moitié de la pâte. Couvrir et réfrigérer les deux pâtes environ 1 heure. Sur une surface légèrement enfarinée, rouler la pâte blanche en un rectangle de 30,5 x 23 cm (12 x 9 po). Faire la même chose avec la pâte chocolatée. Étendre la pâte chocolatée par-dessus la pâte blanche. Rouler les deux pâtes ensemble. Bien refermer, en commençant par le côté le plus long ; envelopper et le réfrigérer 30 minutes. Découper le rouleau en tranches de 7 mm (1/8 po) d'épaisseur. Déposer les tranches sur une plaque non graissée, en les espaçant de 5 cm (2 po). Cuire tel qu'indiqué.

Biscuits en forme de main : Abaisser la pâte à 9 mm (3/16 po) d'épaisseur. Poser la main sur la pâte sans presser ; découper le contour de la main avec un couteau à pizza. Cuire de 6 à 8 minutes ou jusqu'à ce qu'une pression du doigt ne laisse aucune marque. Refroidir et décorer si désiré.

En altitude (1066 m à 1981 m [3500 à 6500 pi]) : Cuire de 7 à 9 minutes.

1 biscuit : 65 calories (lipides 25) ; gras 3 g (saturés 2 g) ; cholestérol 15 mg ; sodium 75 mg ; glucides 9 g (fibres 0 g) ; protéines 1 g
Équivalents : 1/2 autre glucide, 1/2 gras
Choix de glucides : 1/2

Biscuits au sucre fourrés aux raisins secs : Préparer la pâte tel qu'indiqué. Couvrir et réfrigérer au moins 1 heure. Chauffer le four à 200 °C (400 °F). Graisser légèrement une plaque à biscuits. Découper la pâte en 48 rondelles de pâte à l'aide d'un emporte-pièce à beignes de 6,5 cm (2 1/2 po) auquel vous aurez enlevé le centre. Découper le milieu de 24 des rondelles avec le centre de l'emporte-pièce. Mettre les rondelles sans trous sur la plaque à biscuits. Étendre la garniture aux raisins secs (ci-dessous) ou la garniture aux dattes et aux abricots (page 109), presque jusqu'aux bords. Mettre les rondelles restantes par-dessus. Presser les bords ensemble à l'aide des doigts ou d'une fourchette enfarinée. Saupoudrer avec du sucre. Cuire de 6 à 8 minutes ou jusqu'à l'obtention d'une coloration brun clair.

Garniture aux raisins secs

425 ml (1 3/4 tasse) de raisins secs

175 ml (3/4 tasse) d'eau

125 ml (1/2 tasse) de sucre

30 ml (2 c. à soupe) de farine tout-usage

15 ml (1 c. à soupe) de jus de citron

Dans une casserole de 1 L (4 tasses), porter les raisins et l'eau à ébullition ; réduire le feu. Couvrir et laisser frémir 5 minutes. Dans un petit bol, mélanger le sucre et la farine ; incorporer au mélange de raisins secs. Porter à ébullition à feu moyen en brassant sans arrêt. Laisser bouillir en brassant pendant 1 minute. Ajouter le jus de citron. Refroidir.

ASTUCE DU JOUR

Prenez quelques minutes pour agrémenter ces biscuits d'un givrage à la menthe. Tandis qu'ils sont encore chauds, mettre une pastille de chocolat à la menthe sur chaque biscuit ; quand la pastille aura ramolli, étendre le chocolat presque jusqu'aux bords. Retirer les biscuits de la plaque et refroidir sur une grille.

Biscuits à la mélasse à l'ancienne

Classique

Avec leur délicieux goût de mélasse, de gingembre et d'épices, ces biscuits tendres vous rappelleront le « bon vieux temps ». Le glaçage a été conçu spécialement pour ce biscuit débordant de saveur, alors, préparez-le dès que vous en aurez le temps !

Temps de préparation : 25 min – Du début à la fin : 4 h 20 min	Environ 6 douzaines de biscuits

375 ml (1 1/2 tasse) de sucre

250 ml (1 tasse) de beurre ou margarine, ramolli

125 ml (1/2 tasse) de mélasse

2 œufs

15 ml (3 c. à thé) de bicarbonate de soude

125 ml (1/2 tasse) d'eau

1375 ml (5 1/2 tasses) de farine tout-usage

7 ml (1 1/2 c. à thé) de cannelle moulue

5 ml (1 c. à thé) de gingembre moulu

5 ml (1 c. à thé) de clous de girofle moulus

5 ml (1 c. à thé) de sel

Glaçage chaud à la vanille (ci-contre)

1 Dans un grand bol, battre le sucre, le beurre, la mélasse et les œufs à la cuillère. Dans un petit bol, dissoudre le bicarbonate de soude dans l'eau ; ajouter au mélange de mélasse. Incorporer le reste des ingrédients sauf le glaçage à la vanille. Couvrir et réfrigérer au moins 2 heures.

2 Chauffer le four à 190 °C (375 °F). Graisser légèrement une plaque à biscuits. Sur une surface légèrement enfarinée, rouler la pâte à 5 mm (1/4 po) d'épaisseur. Découper avec un emporte-pièce rond de 7 cm (2 3/4 po). Déposer sur une plaque à biscuits en espaçant d'environ 5 cm (2 po).

3 Cuire de 8 à 10 minutes ou jusqu'à coloration brun clair. Retirer de la plaque et mettre sur une grille. Refroidir complètement, environ 30 minutes. Étendre le glaçage chaud à la vanille sur l'envers des biscuits. Laisser reposer de 2 à 3 heures pour permettre au glaçage de sécher, avant de ranger les biscuits.

Glaçage chaud à la vanille

1 enveloppe + 10 ml (2 c. à thé) de gélatine sans saveur

250 ml (1 tasse) d'eau froide

250 ml (1 tasse) de sucre granulé

550 ml (2 1/4 tasses) de sucre glace

7 ml (1 1/2 c. à thé) de vanille

5 ml (1 c. à thé) de poudre à pâte

1 pincée de sel

Dans une casserole de 1 L (4 tasses), saupoudrer la gélatine sur l'eau froide pour la ramollir ; incorporer le sucre granulé. Porter à ébullition ; réduire le feu. Laisser frémir à découvert 10 minutes. Mettre le sucre glace dans un grand bol. Verser le mélange chaud sur le sucre glace ; battre au batteur électrique à vitesse moyenne environ 2 minutes ou jusqu'à consistance mousseuse. Ajouter la vanille, la poudre à pâte et le sel et battre à haute vitesse de 12 à 15 minutes ou jusqu'à formation de pics mous.

En altitude (1066 m à 1981 m [3500 à 6500 pi]) : Utilisez 10 ml (2 c. à thé) de bicarbonate de soude.

1 biscuit : 110 calories (lipides 25) ; gras 3 g (saturés 2 g) ; cholestérol 15 mg ; sodium 115 mg ; glucides 20 g (fibres 0 g) ; protéines 1 g
Équivalents : 1 autre glucide, 1 gras
Choix de glucides : 1

ASTUCE DU JOUR

Facilitez-vous la vie ! Préparez la pâte, mettez-la au frigo toute la nuit, puis le lendemain, roulez la pâte, découpez vos biscuits à l'emporte-pièce et faites-les cuire. Il ne vous restera qu'à préparer le glaçage et à glacer les biscuits. Ou encore, oubliez le glaçage ; vos biscuits seront tout aussi exquis.

Biscuits au chocolat à la cuillère

Classique

Temps de préparation : 15 min – Du début à la fin : 1 h 50 min **Environ 4 1/2 douzaines de biscuits**

250 ml (1 tasse) de sucre

125 ml (1/2 tasse) de beurre ou margarine, ramolli

1 œuf

55 g (2 oz) de chocolat non sucré, fondu et tiédi

75 ml (1/3 tasse) de babeurre ou d'eau

5 ml (1 c. à thé) de vanille

400 ml (1 3/4 tasse) de farine tout-usage

2 ml (1/2 c. à thé) de bicarbonate de soude

2 ml (1/2 c. à thé) de sel

250 ml (1 tasse) de noix hachées, facultatif

Glaçage au chocolat (ci-contre)

1 Chauffer le four à 200 °C (400 °F). Dans un bol moyen, mélanger sucre, beurre, œufs, chocolat, babeurre et vanille. Incorporer la farine, le bicarbonate de soude, le sel et les noix.

2 Sur une plaque à biscuits non graissée, laisser tomber la pâte par cuillerées à soupe combles en espaçant de 5 cm (2 po).

3 Cuire de 8 à 10 minutes ou jusqu'à ce qu'une pression du doigt ne laisse presque pas de trace. Retirer de la plaque immédiatement et mettre sur une grille. Refroidir complètement, environ 30 minutes. Étendre le glaçage au chocolat.

Glaçage au chocolat

55 g (2 oz) de chocolat non sucré

30 ml (2 c. à soupe) de beurre ou margarine

45 ml (3 c. à soupe) d'eau froide

500 ml (2 tasses) environ, de sucre glace

Dans une casserole de 1,5 litre (6 tasses), faire fondre le chocolat et le beurre à feu lent, en brassant fréquemment ; retirer du feu. Ajouter l'eau et le sucre glace et mélanger jusqu'à consistance lisse et facile à tartiner.

En altitude (1066 m à 1981 m [3500 à 6500 pi]) : Pas de changement.

ASTUCE DU JOUR

Ces biscuits tendres au chocolat feront la joie de toute la famille, et ils vous rappelleront votre propre enfance. Les enfants peuvent vous aider à mélanger la pâte, à la déposer par cuillerées sur la plaque à biscuits, puis à glacer les biscuits. Avant que le glaçage ait eu le temps de prendre, les enfants peuvent aussi décorer les biscuits en saupoudrant des grains de sucre coloré.

1 biscuit : 80 calories (lipides 25) ; gras 3 g (saturés 2 g) ; cholestérol 5 mg ; sodium 50 mg ; glucides 12 g (fibres 0 g) ; protéines 1 g
Équivalents : 1 autre glucide, 1/2 gras
Choix de glucides : 1

Les biscuits aux pépites de chocolat de Mary

Classique

Les biscuits aux brisures de chocolat datent des années 1940, quand une femme du Massachusetts, Ruth Wakefield, a décidé de râper un restant de chocolat mi-sucré et de l'ajouter à sa recette de biscuits. Plus tard ce même jour, un journaliste qui passait par là a goûté aux fameux biscuits et la nouvelle s'est répandue comme une traînée de poudre. La même année, Betty Crocker présentait la recette des biscuits aux pépites de chocolat dans une série qui était radiodiffusée d'un bout à l'autre du pays.

Temps de préparation : 15 min – Du début à la fin : 1 h	Environ 3 1/2 douzaines de biscuits

375 ml (1 1/2 tasse) de beurre ou margarine, ramolli

300 ml (1 1/4 tasse) de sucre granulé

300 ml (1 1/4 tasse) de cassonade tassée

15 ml (1 c. à soupe) de vanille

2 œufs

1 kg (4 tasses) de farine tout-usage

10 ml (2 c. à thé) de bicarbonate de soude

1 pincée de sel

1 sachet de 720 g (24 oz) de pépites de chocolat mi-sucré

1 Chauffer le four à 190 °C (375 °F). Dans un grand bol, mélanger le beurre, le sucre, la cassonade, la vanille et les œufs à la cuillère. Incorporer les pépites de chocolat.

2 Sur une plaque à biscuits non graissée, laisser tomber la pâte par cuillerées à soupe combles en espaçant de 5 cm (2 po). Aplatir légèrement à la fourchette.

3 Cuire de 12 à 15 minutes ou jusqu'à coloration brun clair (les centres seront mous). Laisser tiédir. Retirer de la plaque, mettre sur une grille et laisser refroidir.

ASTUCE DU JOUR

Ces fabuleux biscuits sont célèbres dans les cuisines Betty Crocker. Mary Bartz, ancienne directrice des cuisines et experte en biscuits, les offre en cadeau pour les anniversaires, les fêtes et autres occasions spéciales. Le secret de Mary pour être bien sûre de mettre la bonne quantité d'ingrédients ? Elle commence par faire cuire un seul biscuit en guise de test. Vous pouvez faire de même ; voir page 19.

En altitude (1066 m à 1981 m [3500 à 6500 pi]) : Cuire de 10 à 13 minutes.

1 biscuit : 245 calories (lipides 110) ; gras 12 g (saturés 7 g) ; cholestérol 30 mg ; sodium 140 mg ; glucides 32 g (fibres 1 g) ; protéines 2 g
Équivalents : 1 féculent, 1 autre glucide, 2 1/2 gras
Choix de glucides : 2

LES BISCUITS AUX PÉPITES DE CHOCOLAT DE MARY

Bâtonnets éclairs aux pépites de chocolat

Temps de préparation : 15 min – Du début à la fin : 30 min   **Environ 5 douzaines de biscuits**

330 ml (1 1/3 tasse) de sucre granulé

250 ml (1 tasse) + 30 ml (2 c. à soupe) de beurre ou margarine, ramolli

5 ml (1 c. à thé) de vanille

2 œufs

750 ml (3 tasses) de farine tout-usage

5 ml (1 c. à thé) de poudre à pâte

1 sachet de 170 g (6 oz) de pépites de chocolat mi-sucré

45 ml (3 c. à soupe) de sucre

1 pincée de cannelle moulue

1 Chauffer le four à 180 °C (350 °F). Dans un grand bol, mélanger le sucre granulé, le beurre, la vanille et les œufs à la cuillère ou au batteur électrique à vitesse moyenne. Incorporer la farine et la poudre à pâte. Ajouter les pépites de chocolat.

2 Diviser la pâte en quatre parts égales. Sur une surface légèrement enfarinée, façonner chaque part en rouleau de 38 cm (15 po) et 2,5 cm (1 po) de diamètre. Mettre les rouleaux sur une plaque non graissée, en les espaçant de 5 cm (2 po). Aplatir légèrement à la fourchette, jusqu'à environ 2 cm (5/8 po) d'épaisseur. Dans un petit bol, mélanger 45 ml (3 c. à soupe) de sucre et la cannelle ; saupoudrer sur la pâte.

3 Cuire de 13 à 15 minutes ou jusqu'à ce que les contours soient brun clair (les centres seront mous). Couper en diagonale pendant que la pâte est encore chaude, pour obtenir des bâtonnets d'environ 2,5 cm (1 po) de largeur.

ASTUCE DU JOUR

Ces délicieux biscuits sont ce qui se fait de plus pratique en matière de pâtisserie. Vous les coupez en bâtonnets une fois cuits, ce qui vous sauve un temps précieux.

En altitude (1066 m à 1981 m [3500 à 6500 pi]) : Utiliser 250 ml (1 tasse) de beurre. À l'étape 2, utiliser 2 plaques à biscuits et mettre 2 rouleaux sur chacune. Cuire de 18 à 20 minutes.

1 biscuit : 80 calories (lipides 35) ; gras 4 g (saturés 2 g) ; cholestérol 15 mg ; sodium 30 mg ; glucides 10 g (fibres 0 g) ; protéines 1 g
Équivalents : 1/2 autre glucide, 1 gras
Choix de glucides : 1/2

Triangles chocolat framboise

Ces biscuits semblables à des bonbons ont connu leur popularité autour des années 1955. Qui pourrait résister à deux desserts en un ?

Temps de préparation : 20 min – Du début à la fin : 2 h 10 min	Environ 4 douzaines de triangles

375 ml (1 1/2 tasse) de farine tout-usage

175 ml (3/4 tasse) de sucre

175 ml (3/4 tasse) de beurre ou margarine, ramolli

1 paquet de 300 g (10 oz) de framboises surgelées dans leur sirop, décongelées et non égouttées

50 ml (1/4 tasse) de jus d'orange

15 ml (1 c. à soupe) de fécule de maïs

175 ml (3/4 tasse) de pépites miniatures de chocolat mi-sucré

1 Chauffer le four à 180 °C (350 °F). Dans un bol moyen, mélanger la farine, le sucre et le beurre à la cuillère. Presser la pâte uniformément au fond d'un moule non graissé de 33 × 23 cm (13 × 9 po). Cuire 15 minutes.

2 Dans une casserole de 1 L (4 tasses), mélanger les framboises, le jus d'orange et la fécule. Porter à ébullition en brassant continuellement. Laisser bouillir et brasser pendant 1 minute. Laisser tiédir 10 minutes. Parsemer la croûte de pépites de chocolat. Étendre soigneusement le mélange de framboises par-dessus les pépites de chocolat.

3 Cuire environ 20 minutes ou jusqu'à ce que le mélange de framboises prenne. Réfrigérer environ 1 heure ou jusqu'à ce que le chocolat soit ferme. Pour les triangles, couper en 4 rangs par 3 rangs, puis découper chaque carré en 4 triangles.

ASTUCE DU JOUR

Ces biscuits sensationnels ont été développés pour reproduire les combinaisons populaires, à saveur de bonbons, qu'on servait dans les restaurants : chocolat au bon goût de framboises et d'orange. Une collation aussi belle que bonne, particulièrement amusante lorsque découpée en triangles.

En altitude (1066 m à 1981 m [3500 à 6500 pi]) : À l'étape 2, faire bouillir et brasser environ 3 minutes. À l'étape 3, cuire environ 25 minutes.

1 triangle : 80 calories (lipides 35) ; gras 4 g (saturés 2 g) ; cholestérol 10 mg ; sodium 20 mg ; glucides 10 g (fibres 1 g) ; protéines 1 g
Équivalents : 1/2 autre glucide, 1 gras
Choix de glucides : 1/2

Croquants au chocolat

Temps de préparation : 15 min – Du début à la fin : 3 h 45 min   **Environ 3 douzaines de biscuits**

250 ml (1 tasse) de sucre granulé

30 ml (2 c. à soupe) de beurre ou margarine, ramolli

5 ml (1 c. à thé) de vanille

55 g (2 oz) de chocolat non sucré, fondu et tiédi

2 œufs

250 ml (1 tasse) de farine tout-usage

5 ml (1 c. à thé) de poudre à pâte

1 ml (1/4 c. à thé) de sel

125 ml (1/2 tasse) de sucre glace

1 Dans un grand bol, mélanger le sucre granulé, le beurre, la vanille et le chocolat à la cuillère. Incorporer les œufs un à la fois. Incorporer la farine, la poudre à pâte et le sel. Couvrir et réfrigérer au moins 3 heures.

2 Chauffer le four à 180 °C (350 °F). Graisser une plaque à biscuits. Laisser tomber la pâte par cuillerées à soupe combles dans le sucre glace et bien enduire chaque morceau. Façonner en boules. Sur la plaque à biscuits, mettre les boules en les espaçant d'environ 5 cm (2 po).

3 Cuire environ 12 minutes ou jusqu'à ce qu'une pression du doigt ne laisse presque pas de trace. Retirer immédiatement de la plaque et déposer sur une grille. Refroidir.

ASTUCE DU JOUR

Un classique de toujours, cette recette favorite semble exister depuis la nuit des temps. Ces biscuits exquis sont beaux à regarder et disparaissent comme des petits pains chauds. Pour vous faciliter la tâche lors de la préparation de vos biscuits, essayez les nouveaux tapis à cuisson en silicone et les mitaines en silicone.

En altitude (1066 m à 1981 m [3500 à 6500 pi]) : Cuire de 9 à 11 minutes.

1 biscuit : 60 calories (lipides 20) ; gras 2 g (saturés 1 g) ; cholestérol 15 mg ; sodium 40 mg ; glucides 10 g (fibres 0 g) ; protéines 1 g
Équivalents : 1/2 autre glucide, 1/2 gras
Choix de glucides : 1/2

CROQUANTS AU CHOCOLAT

Biscuits à la root beer

Temps de préparation : 15 min – Du début à la fin : 1 h 15 min   Environ 4 1/2 douzaines de biscuits

250 ml (1 tasse) de cassonade tassée

125 ml (1/2 tasse) de beurre ou
margarine, ramolli

500 ml (2 tasses) de farine tout-usage

75 ml (1/3 tasse) bonbons à saveur de
root beer finement écrasés (environ
10 bonbons)

5 ml (1 c. à thé) de poudre à pâte

2 ml (1/2 c. à thé) de bicarbonate
de soude

1 ml (1/4 c. à thé) de sel

1 pincée de cannelle moulue

1 pincée de quatre-épices moulu

2 œufs

Glaçage à la root beer (ci-contre)

bonbons à saveur de root beer finement
écrasés (facultatif)

1 Chauffer le four à 180 °C (350 °F). Graisser une plaque à biscuits. Dans un grand bol, mélanger la cassonade et le beurre à la cuillère ou au batteur électrique à vitesse moyenne. Incorporer les œufs un à la fois. Incorporer le reste des ingrédients, sauf le glaçage à la root beer.

2 Sur une plaque à biscuits, laisser tomber la pâte par cuillerées à thé combles en espaçant d'environ 5 cm (2 po).

3 Cuire de 8 à 10 minutes ou jusqu'à ce qu'une pression du doigt ne laisse presque pas de trace. Laisser refroidir 1 minute, retirer de la plaque et déposer sur une grille. Refroidir complètement, environ 20 minutes.

4 Verser le glaçage à la root beer sur les biscuits. Saupoudrer de bonbons écrasés.

Glaçage à la root beer

250 ml (1 tasse) de sucre glace

20 à 25 ml (4 à 5 c. à thé) de root beer ou de lait

Dans un petit bol, mélanger les ingrédients à la cuillère jusqu'à consistance lisse et coulante.

ASTUCE DU JOUR

Avec une saveur qui vous rappelle les fontaines à boissons gazeuses de l'ancien temps, ces biscuits feront le bonheur des enfants comme des adultes. Quelles boissons servir avec ces biscuits uniques ? Du lait ou de la root beer, pour rehausser la saveur des biscuits, du chocolat chaud ou du café, pour une nouvelle sensation sur les papilles.

En altitude (1066 m à 1981 m
[3500 à 6500 pi]) : Pas de
changement.

1 biscuit : 65 calories (lipides 20) ;
gras 2 g (saturés 1 g) ; cholestérol
15 mg ; sodium 45 mg ; glucides 11 g
(fibres 0 g) ; protéines 1 g
Équivalents : 1 autre glucide
Choix de glucides : 1

BISCUITS À LA ROOT BEER

Biscuits glacés à la lime

Temps de préparation : 10 min – Du début à la fin : 1 h 30 min　　　　**Environ 4 douzaines de biscuits**

250 ml (1 tasse) de beurre ou margarine, ramolli

125 ml (1/2 tasse) de sucre glace

425 ml (1 3/4 tasse) de farine tout-usage

50 ml (1/4 tasse) de fécule de maïs

15 ml (1 c. à soupe) de zeste de lime râpé

2 ml (1/2 c. à thé) de vanille

Sucre granulé

Glaçage à la lime (ci-dessous)

1 Chauffer le four à 180 °C (350 °F). Dans un grand bol, mélanger le beurre et le sucre glace au batteur électrique à vitesse moyenne, jusqu'à consistance lisse et légère, ou à la cuillère. Incorporer la farine, le fécule, le zeste de lime et la vanille et bien mélanger.

2 Façonner la pâte en boules de 2,5 cm (1 po) chacune. Sur une plaque à biscuits non graissée, mettre les boules en les espaçant de 5 cm (2 po). Presser le fond d'un verre sur la pâte pour l'enduire de graisse, puis la tremper dans le sucre granulé ; presser sur les boules, jusqu'à une épaisseur de 5 mm (1/4 po).

3 Cuire de 9 à 11 minutes ou jusqu'à l'obtention d'une coloration dorée. Retirer de la plaque et déposer sur une grille. Refroidir complètement, environ 30 minutes. Badigeonner de glaçage à la lime.

Glaçage à la lime

125 ml (1/2 tasse) de sucre glace

10 ml (2 c. à thé) de zeste de lime râpé

20 ml (4 c. à thé) de jus de lime

Dans un petit bol, mélanger les ingrédients à la cuillère jusqu'à consistance lisse.

ASTUCE DU JOUR

Ces biscuits, fabriqués avec du jus et du zeste de lime, ont une saveur fraîche très moderne. Si vous aimez vous servir d'une presse à biscuits, essayez de faire des rubans à la place des biscuits ronds. Préparer la pâte tel qu'indiqué, mais ne pas façonner en boules. Mettre la pâte dans une presse à biscuits munie d'un embout en forme de ruban. Former de longs rubans de pâte sur une plaque à biscuits non graissée. Découper en lanières de 7,5 cm (3 po). Continuer tel qu'indiqué dans la recette.

En altitude (1066 m à 1981 m [3500 à 6500 pi]) : Cuire de 10 à 12 minutes.

1 biscuit : 70 calories (lipides 35) ; gras 4 g (saturés 2 g) ; cholestérol 10 mg ; sodium 25 mg ; glucides 8 g (fibres 0 g) ; protéines 1 g
Équivalents : 1/2 autre glucide, 1 gras
Choix de glucides : 1/2

BISCUITS GLACÉS À LA LIME

Biscuits crème au gingembre

Classique

Les petits crème au gingembre représentent la saveur la plus populaire des années 1900 : mélasse additionnée de gingembre, de muscade, de cannelle et de clous de girofle, un goût riche et moelleux, plus épicé que sucré. On nappait les biscuits d'une glace à la vanille ou au citron.

Temps de préparation : 20 min – Du début à la fin : 2 h 30 min **Environ 4 douzaines de biscuits**

125 ml (1/2 tasse) de sucre

75 ml (1/3 tasse) de beurre ou margarine, ramolli

1 œuf

125 ml (1/2 tasse) de mélasse

125 ml (1/2 tasse) d'eau

500 ml (2 tasses) de farine tout-usage ou de farine de blé entier

5 ml (1 c. à thé) de gingembre moulu

2 ml (1/2 c. à thé) de sel

10 ml (2 c. à thé) de bicarbonate de soude

2 ml (1/2 c. à thé) de muscade moulue

2 ml (1/2 c. à thé) de clous de girofle moulus

2 ml (1/2 c. à thé) de cannelle moulue

Glaçage au beurre à la vanille (ci-contre)

1 Dans un grand bol, mélanger le sucre, le beurre, l'œuf, la mélasse et l'eau à la cuillère. Incorporer le reste des ingrédients sauf le glaçage.

2 Chauffer le four à 200 °C (400 °F). Sur une plaque à biscuits non graissée, laisser tomber la pâte par cuillerées à thé combles, en les espaçant de 5 cm (2 po).

3 Cuire environ 8 minutes ou jusqu'à ce qu'une pression du doigt ne laisse presque pas de trace. Retirer immédiatement de la plaque et déposer sur une grille. Refroidir complètement, environ 30 minutes. Garnir de glaçage au beurre vanillé.

Glaçage au beurre à la vanille

50 ml (1/4 tasse) de beurre ou margarine, ramolli

500 ml (2 tasses) de sucre glace

5 ml (1 c. à thé) de vanille

Environ 15 ml (1 c. à soupe) de lait

Dans un bol moyen, mélanger le beurre et le sucre glace. Ajouter la vanille et le lait et battre jusqu'à l'obtention d'une consistance lisse et facile à tartiner.

ASTUCE DU JOUR

En altitude (1066 m à 1981 m [3500 à 6500 pi]) : Pas de changement.

Pour ajouter une touche finale givrée à ces biscuits, omettre la glace et tremper la moitié de chaque biscuit dans du chocolat blanc fondu. Laisser reposer sur une feuille de papier ciré jusqu'à ce que le chocolat ait durci.

1 **biscuit** : 75 calories (lipides 20) ; gras 2 g (saturés 1 g) ; cholestérol 10 mg ; sodium 55 mg ; glucides 13 g (fibres 0 g) ; protéines 1 g
Équivalents : 1 autre glucide
Choix de glucides : 1

Tourbillons à la compote de pommes

Classique

Ces biscuits ont fait leur apparition au tout début de l'époque coloniale. Comme les ingrédients se faisaient rares durant la Grande Dépression et qu'ils étaient rationnés au cours de la Seconde Guerre mondiale, on remplaçait une bonne partie du sucre par de la mélasse et on réduisait la quantité de matière grasse (aujourd'hui, on utilise du beurre dans cette recette).

Temps de préparation : 20 min – Du début à la fin : I h 30 min	4 1/2 à 5 douzaines de biscuits

650 ml (2 3/4 tasses) de farine tout-usage

375 ml (1 1/2 tasse) de cassonade tassée

250 ml (1 tasse) de noix hachées, facultatif

250 ml (1 tasse) de raisins secs

175 ml (3/4 tasse) de compote de pommes

125 ml (1/2 tasse) de beurre ou margarine, ramolli

5 ml (1 c. à thé) de sel

5 ml (1 c. à thé) de cannelle moulue

5 ml (1 c. à thé) de vanille

2 ml (1/2 c. à thé) de bicarbonate de soude

1 ml (1/4 c. à thé) de clous de girofle moulus

2 œufs

Glaçage au beurre brun (ci-contre)

1 Dans un grand bol, mélanger tous les ingrédients à la cuillère, sauf la glace au beurre. (Si la pâte est molle, couvrir et réfrigérer.)

2 Chauffer le four à 190 °C (375 °F). Sur une plaque à biscuits non graissée, laisser tomber la pâte par cuillerées à thé combles, en les espaçant de 5 cm (2 po).

3 Cuire environ 10 minutes ou jusqu'à ce qu'une pression du doigt ne laisse presque pas de trace. Retirer immédiatement de la plaque et déposer sur une grille. Refroidir complètement, environ 30 minutes. Garnir de glace au beurre brun.

Glaçage au beurre brun

75 ml (1/3 tasse) de beurre (ne pas utiliser de margarine)

500 ml (2 tasses) de sucre glace

7 ml (1 1/2 c. à thé) de vanille

30 à 50 ml (2 à 4 c. à soupe) d'eau chaude

Dans une casserole de I L (4 tasses), faire fondre le beurre à feu bas jusqu'à l'obtention d'un brun doré. Réserver. Incorporer le sucre glace et la vanille et battre jusqu'à consistance lisse et facile à tartiner. Garnir les biscuits immédiatement, avant que la glace ne prenne.

En altitude (1066 m à 1981 m [3500 à 6500 pi]) : Chauffer le four à 200 °C (400 °F).

ASTUCE DU JOUR

Si vous n'avez jamais goûté la saveur exquise de la glace au beurre brun, vous allez vous régaler. C'est le summum des garnitures au beurre et elle se marie à merveille avec ce biscuit classique.

I biscuit : 105 calories (lipides 25) ; gras 3 g (saturés 2 g) ; cholestérol 15 mg ; sodium 80 mg ; glucides 18 g (fibres 0 g) ; protéines I g
Équivalents : I/2 fruit, I/2 autre glucide, I gras
Choix de glucides : I

Biscuits forestiers

Classique

Temps de préparation : 15 min – Du début à la fin : 1 h 15 min   **5 douzaines de biscuits**

500 ml (2 tasses) de cassonade tassée

250 ml (1 tasse) de beurre ou
  margarine, ramolli

5 ml (1 c. à thé) de vanille

2 œufs

500 ml (2 tasses) de farine tout-usage

500 ml (2 tasses) d'avoine à l'ancienne
  ou à cuisson rapide

5 ml (1 c. à thé) de poudre à pâte

5 ml (1 c. à thé) de bicarbonate de soude

500 ml (2 tasses) de céréales de blé

250 ml (1 tasse) d'arachides salées

1 Chauffer le four à 180 °C (350 °F). Dans un grand bol, mélanger la cassonade, le beurre, la vanille et les œufs à la cuillère. Incorporer la farine, l'avoine, la poudre à pâte et le bicarbonate de soude. Incorporer les céréales et les arachides.

2 Façonner la pâte en boules à l'aide de cuillerées à thé combles. Sur une plaque à biscuits non graissée, déposer la pâte en espaçant chaque boule de 5 cm (2 po). Aplatir légèrement avec le fond d'un verre graissé puis trempé dans le sucre.

3 Enfourner de 10 à 12 minutes ou jusqu'à ce qu'ils soient cuits. Laisser tiédir 1 minute. Retirer de la plaque et déposer sur une grille. Laisser refroidir.

ASTUCE DU JOUR

Si vous faites souvent des biscuits, il est utile d'avoir sous la main quelques plaques à biscuits. Tandis qu'une plaque est en train de cuire, vous pouvez préparer l'autre et l'enfourner aussitôt la première sortie du four. De plus, il est important de laisser refroidir la plaque à biscuits pendant quelques minutes entre chaque fournée, pour empêcher que la pâte s'étende avant que vous la mettiez dans le four.

En altitude (1066 m à 1981 m
[3500 à 6500 pi]) : Pas de
changement.

1 biscuit : 105 calories (lipides 45) ;
gras 5 g (saturés 2 g) ; cholestérol
15 mg ; sodium 70 mg ; glucides 13 g
(fibres 1 g) ; protéines 2 g
Équivalents : 1 autre glucide, 1 gras
Choix de glucides : 1

Barres aux bananes

Temps de préparation : 15 min – Du début à la fin : 1 h 50 min   **2 douzaines de barres**

250 ml (1 tasse) de sucre

250 ml (1 tasse) de bananes très mûres
écrasées (2 moyennes)

75 ml (1/3 tasse) d'huile végétale

2 œufs

250 ml (1 tasse) de farine tout-usage

5 ml (1 c. à thé) de poudre à pâte

2 ml (1/2 c. à thé) de bicarbonate
de soude

2 ml (1/2 c. à thé) de cannelle moulue

1 ml (1/4 c. à thé) de sel

Glaçage au fromage à la crème
(ci-contre)

1 Chauffer le four à 180 °C (350 °F). Graisser le fond et les côtés d'un moule de 33 × 23 cm (13 × 9 po). Dans un grand bol, mélanger sucre, bananes, huile et œufs à la cuillère. Incorporer farine, poudre à pâte, bicarbonate de soude, cannelle et sel. Verser dans le moule.

2 Cuire de 25 à 30 minutes ou jusqu'à ce qu'un cure-dent inséré au centre en ressorte propre. Refroidir complètement, environ 1 heure.

3 Garnir de glace au fromage à la crème. Pour les barres, découper en 6 rangs dans un sens puis en 4 rangs. Couvrir et conserver au réfrigérateur.

Glaçage au fromage à la crème

1 paquet de 85 g (3 oz) de fromage à la crème, ramolli

75 ml (1/3 tasse) de beurre ou de margarine, ramolli

5 ml (1 c. à thé) de vanille

500 ml (2 tasses) de sucre glace

Dans un bol moyen, mettre le fromage à la crème, le beurre et la vanille et battre au batteur électrique à vitesse moyenne jusqu'à ce que ce soit bien mélangé. Incorporer graduellement le sucre glace à la cuillère, en raclant le bol occasionnellement, jusqu'à consistance lisse et facile à étendre.

Barres épicées à la citrouille : Remplacer les bananes par 250 ml (1 tasse) de citrouille en conserve (pas un mélange pour tarte à la citrouille). Incorporer 1 ml (1/4 c. à thé) de gingembre moulu et 1 ml (1/4 c. à thé) de clous de girofle moulus avec la cannelle. Saupoudrer de 50 ml (1/4 tasse) de noix hachées sur les barres glacées, si désiré.

En altitude (1066 m à 1981 m [3500 à 6500 pi]) : Cuire de 27 à 32 minutes.

1 barre : 165 calories (lipides 65); gras 7 g (saturés 3 g); cholestérol 30 mg; sodium 105 mg; glucides 25 g (fibres 0 g); protéines 1 g
Équivalents : 1/2 fruit, 1 autre glucide, 1 1/2 gras
Choix de glucides : 1 1/2

ASTUCE DU JOUR

Le secret pour réussir ces savoureuses barres tendres à l'ancienne, c'est d'utiliser des bananes parfaitement mûres. Et, si vous aimez les gadgets, il existe un petit outil très utile, une spatule coudée ou à tartiner. Cette spatule est munie d'une courbure, ce qui facilite le glaçage des barres dans le moule. Vous trouverez ce genre de spatule dans les boutiques spécialisées en cuisine.

Barres aux noix salées

Temps de préparation : 20 min – Du début à la fin : 40 min　　　　**32 barres**

375 ml (1 1/2 tasse) de farine tout-usage

175 ml (3/4 tasse) de cassonade tassée

1 ml (1/4 c. à thé) de sel

125 ml (1/2 tasse) de beurre ou margarine, ramolli

500 ml (2 tasses) de noix salées mélangées ou d'arachides

250 ml (1 tasse) de pépites à saveur de caramel

125 ml (1/2 tasse) de sirop de maïs léger

30 ml (2 c. à soupe) de beurre ou de margarine

1 Chauffer le four à 180 °C (350 °F). Dans un bol moyen, mélanger farine, cassonade et sel. À l'aide d'un coupe-pâte (ou de deux couteaux entrecroisés), y découper 125 ml (1/2 tasse) de beurre jusqu'à l'obtention d'un mélange uniforme.

2 Dans le fond d'un moule de 33 x 23 cm (13 x 9 po) non graissé, presser la pâte uniformément. Cuire 15 minutes et laisser tiédir.

3 Hacher les grosses noix. Saupoudrer les noix uniformément sur la croûte. Dans une casserole de 1 L (4 tasses), faire chauffer le reste des ingrédients à feu bas, en brassant de temps en temps, jusqu'à ce que les pépites soient fondues. Verser le mélange au caramel uniformément sur les noix. Cuire 5 minutes. Couper en 8 rangs puis en 4 rangs dans l'autre sens. Le faire pendant que c'est encore chaud pour vous faciliter la tâche.

ASTUCE DU JOUR

Vous aimez le sucré et le salé ensemble ? Alors, ces barres faciles à réaliser vont vous ravir. Délicieuses en tout temps, ces barres sont très populaires. Quand vient le temps des vacances, la demande pour ces biscuits originaux est toujours grande et pressante !

En altitude (1066 m à 1981 m [3500 à 6500 pi]) : À l'étape 2, cuire de 15 à 20 minutes ou jusqu'à ce qu'elles soient dorées ; laisser tiédir.

1 barre : 150 calories (lipides 80) ; gras 9 g (saturés 3 g) ; cholestérol 10 mg ; sodium 110 mg ; glucides 15 g (fibres 1 g) ; protéines 1 g
Équivalents : 1 autre glucide, 2 gras
Choix de glucides : 1

BARRES AUX NOIX SALÉES

Barres aux raisins secs à la crème sure

Classique

La crème sure ajoute une saveur très spéciale à beaucoup de préparations, dont ces barres maison. Au fil des époques, la crème sure et les raisons ont été une combinaison gagnante dans les tartes, les barres et autres biscuits vedettes. Faire cuire les raisins secs quelques minutes avant de les ajouter aux barres leur permet de « gonfler » et de s'humidifier, une pratique courante dans la cuisine à l'ancienne, qui fonctionne encore très bien aujourd'hui.

Temps de préparation : 30 min – Du début à la fin : 1 h 30 min	24 barres

500 ml (2 tasses) de raisins secs

250 ml (1 tasse) de beurre ou margarine, ramolli

250 ml (1 tasse) de cassonade tassée

500 ml (2 tasses) d'avoine à l'ancienne ou à cuisson rapide

375 ml (1 1/2 tasse) de farine tout-usage

5 ml (1 c. à thé) de bicarbonate de soude

250 ml (1 tasse) de crème sure

175 ml (3/4 tasse) de sucre granulé

30 ml (2 c. à soupe) de farine tout-usage

15 ml (1 c. à soupe) de zeste de citron râpé

5 ml (1 c. à thé) de vanille

1 œuf

1 Chauffer le four à 180 °C (350 °F). Dans une casserole de 1 L (4 tasses), mettre les raisins secs et assez d'eau pour couvrir. Cuire à feu moyen environ 5 minutes ou jusqu'à ce qu'ils soient tendres, puis égoutter.

2 Dans un grand bol, mélanger le beurre et la cassonade à la cuillère. Incorporer l'avoine, la farine et le bicarbonate de soude. Réserver la moitié du mélange d'avoine. Dans le fond d'un moule de 33 x 23 cm (13 x 9 po) non graissé, presser le reste du mélange. Cuire de 10 à 12 minutes ou jusqu'à ce qu'il soit doré.

3 Dans un grand bol, mélanger les raisins et le reste des ingrédients. Verser sur la couche déjà cuite. Émietter le mélange d'avoine réservé par-dessus le mélange de raisins.

4 Cuire de 25 à 30 minutes ou jusqu'à ce que le dessus soit d'un beau brun doré et que le mélange de raisin soit pris. Refroidir complètement, environ 30 minutes. Couper en 8 rangs, puis en 3 rangs dans l'autre sens.

ASTUCE DU JOUR

Pour donner une autre allure à ces barres étagées, omettre les raisins et leur étape de cuisson. Mélanger 500 ml (2 tasses) de canneberges ou de cerises séchées sucrées avec la crème sure et le reste des ingrédients à l'étape 3.

En altitude (1066 m à 1981 m [3500 à 6500 pi]) : À l'étape 1, cuire de 12 à 14 minutes. À l'étape 4, cuire 30 à 35 minutes.

1 barre : 250 calories (lipides 90); gras 10 g (saturés 6 g); cholestérol 35 mg; sodium 115 mg; glucides 37 g (fibres 1 g); protéines 3 g
Équivalents : 1 féculent, 1 1/2 autre glucide, 2 gras
Choix de glucides : 2 1/2

Barres aux dattes et aux abricots

Classique

Ces barres desserts ont fait les beaux jours de notre histoire culinaire. On leur a donné différentes garnitures, selon le type de fruits que les gens avaient sous la main. Les fruits séchés comme les dattes, les abricots et les raisins étaient populaires et faciles d'usage, car ils pouvaient être conservés pendant des mois sans réfrigération.

Temps de préparation : 25 min – Du début à la fin : 55 min **Environ 40 barres**

Garniture aux dattes et aux abricots (ci-dessous)

125 ml (1/2 tasse) de beurre ou margarine, ramolli

250 ml (1 tasse) de cassonade tassée

375 ml (1 1/2 tasse) de farine tout-usage

5 ml (1 c. à thé) de sel

2 ml (1/2 c. à thé) de bicarbonate de soude

250 ml (1 tasse) d'avoine à l'ancienne ou à cuisson rapide

125 ml (1/2 tasse) de noix de Grenoble ou d'amandes hachées

1 Préparer la garniture aux dattes et aux abricots ; réserver et laisser tiédir.

2 Chauffer le four à 200 °C (400 °F). Graisser le fond et les côtés d'un moule de 33 x 23 cm (13 x 9 po). Dans un grand bol, mélanger le beurre et la cassonade à la cuillère. Incorporer la farine, le sel, l'avoine et le bicarbonate de soude. Presser la moitié du mélange grumeleux dans le moule. Étendre la garniture par-dessus. Saupoudrer de noix hachées. Mettre le reste du mélange grumeleux et presser légèrement.

3 Cuire de 25 à 30 minutes ou jusqu'à ce que le dessus soit d'un beau brun doré. Pendant que le mélange est chaud, couper en diagonale d'un coin à l'autre. Continuer de couper en parallèle, à environ 4 cm (1 1/2 po) de distance. Répéter en coupant en diagonale, dans la direction opposée.

Garniture aux dattes et aux abricots

375 ml (1 1/2 tasse) de dattes hachées

375 ml (1 1/2 tasse) d'abricots hachés

50 ml (1/4 tasse) de sucre

375 ml (1 1/2 tasse) d'eau

Dans une casserole, amener tous les ingrédients à ébullition en brassant sans arrêt ; réduire le feu. Laisser frémir à découvert environ 10 minutes, en brassant de temps en temps, jusqu'à épaississement.

En altitude (1066 m à 1981 m [3500 à 6500 pi]) : Pas de changement.

ASTUCE DU JOUR

Des barres tellement polyvalentes ! Vous pouvez omettre les abricots dans la garniture et utiliser seulement 750 ml (3 tasses) de dattes, ou mettre la moitié de dattes et la moitié de raisins secs. Si vous vous sentez aventureux, vous pouvez essayer d'autres combinaisons de fruits, comme mangue et abricot, dattes et ananas. Faites aller votre imagination !

1 barre : 120 calories (lipides 35) ; gras 4 g (saturés 2 g) ; cholestérol 5 mg ; sodium 95 mg ; glucides 20 g (fibres 1 g) ; protéines 1 g
Équivalents : 1 autre glucide, 1 gras
Choix de glucides : 1

Barres de rêve aux pépites de chocolat

Temps de préparation : 15 min – Du début à la fin : 2 h 45 min　　　**32 barres**

125 ml (1/2 tasse) de cassonade tassée

75 ml (1/3 tasse) de beurre ou margarine, ramolli

250 ml (1 tasse) de farine tout-usage

2 œufs

250 ml (1 tasse) de cassonade tassée

5 ml (1 c. à thé) de vanille

30 ml (2 c. à soupe) de farine tout-usage

5 ml (1 c. à thé) de poudre à pâte

2 ml (1/2 c. à thé) de sel

250 ml (1 tasse) de pépites de chocolat mi-sucré

250 ml (1 tasse) de pépites de chocolat au lait

Glaçage au chocolat (ci-contre)

1 Chauffer le four à 190 °C (375 °F). Dans un bol moyen, mélanger 125 ml (1/2 tasse) de cassonade et le beurre à la cuillère. Incorporer 250 ml (1 tasse) de farine. Dans le fond d'un moule de 33 x 23 cm (13 x 9 po) non graissé, presser le mélange uniformément. Cuire 10 minutes.

2 Dans un bol moyen, mélanger les œufs, 250 ml (1 tasse) de cassonade et la vanille à la cuillère. Incorporer 30 ml (2 c. à soupe) de farine, la poudre à pâte et le sel. Ajouter les pépites de chocolat mi-sucré et de chocolat au lait. Étendre par-dessus la croûte.

3 Cuire de 15 à 20 minutes ou jusqu'à ce que ce soit doré. Refroidir complètement dans le moule, sur une grille à gâteau, environ 1 heure. Garnir de glace au chocolat. Réfrigérer au moins 1 heure, jusqu'à fermeté. Découper en 8 rangs, puis en 4 rangs dans l'autre sens. Conserver à la température ambiante.

Glaçage au chocolat

175 ml (3/4 tasse) de pépites de chocolat au lait

10 ml (2 c. à thé) d'huile végétale

Dans une casserole, faire chauffer les ingrédients à feu lent en brassant sans arrêt, jusqu'à ce que le chocolat soit fondu.

ASTUCE DU JOUR

Ces barres de rêve, favorites de toujours avec leur glace au chocolat, sont populaires depuis des décennies. Si vous préférez, vous pouvez remplacer le chocolat au lait par du chocolat mi-sucré pour préparer le glaçage. Pour verser le chocolat fondu sans difficulté, le verser d'abord dans un petit sac en plastique pour la conservation, sceller le sac, puis ouvrir un petit coin par lequel vous laisserez couler le glaçage.

En altitude (1066 m à 1981 m [3500 à 6500 pi]) : À l'étape 2, cuire 12 minutes.

1 barre : 160 calories (lipides 65) ; gras 7 g (saturés 4 g) ; cholestérol 20 mg ; sodium 80 mg ; glucides 22 g (fibres 1 g) ; protéines 2 g
Équivalents : 1/2 féculent, 1 autre glucide, 1 1/2 gras
Choix de glucides : 1 1/2

BARRES DE RÊVE AUX PÉPITES DE CHOCOLAT

Biscuits russes pour le thé

250 ml (1 tasse) de beurre ou margarine, ramolli

125 ml (1/2 tasse) de sucre glace

5 ml (1 c. à thé) de vanille

550 ml (2 1/4 tasses) de farine tout-usage

175 ml (3/4 tasse) de noix hachées finement

1 ml (1/4 c. à thé) de sel

Sucre glace additionnel

1 Chauffer le four à 200 °C (400 °F). Dans un grand bol, mettre le beurre, le sucre glace et la vanille et bien mélanger. Incorporer la farine, les noix et le sel jusqu'à ce que la pâte se tienne.

2 Façonner la pâte en boules de 2,5 cm (1 po). Sur une plaque à biscuits non graissée, mettre les boules en les espaçant d'environ 2,5 cm (1 po).

3 Cuire de 10 à 12 minutes ou jusqu'à ce que le mélange soit pris, mais pas encore brun. Retirer immédiatement de la plaque et mettre sur une grille ; laisser refroidir 5 minutes.

4 Mettre le sucre glace additionnel dans un petit bol. Rouler les biscuits chauds dans le sucre glace ; refroidir 5 minutes sur une grille. Rouler une deuxième fois dans le sucre glace.

Biscuits au citron pour le thé : Ajouter 50 ml (1/4 tasse) de bonbons au citron écrasés au beurre, au sucre glace et à la vanille.

Biscuits à la menthe pour le thé : Ajouter 50 ml (1/4 tasse) de bonbons à la menthe écrasés au beurre, au sucre et à la vanille.

ASTUCE DU JOUR

Aussi connu sous le nom de biscuits de mariage mexicains, ces biscuits délicats sont toujours un succès ! Pour gagner du temps, vous pouvez utiliser un robot culinaire pour hacher les noix et mélanger la pâte. Pour de meilleurs résultats, ne mélangez pas outre mesure, car les biscuits pourraient durcir.

En altitude (1066 m à 1981 m [3500 à 6500 pi]) : Chauffer le four à 180 °C (350 °F). Cuire de 15 à 17 minutes.

1 biscuit : 75 calories (lipides 45) ; gras 5 g (saturés 2 g) ; cholestérol 10 mg ; sodium 40 mg ; glucides 7 g (fibres 0 g) ; protéines 1 g
Équivalents : 1/2 autre glucide, 1 gras
Choix de glucides : 1/2

Biscotti aux amandes

Temps de préparation : 25 min – Du début à la fin : 1 h 45 min　　　　**40 biscottis**

250 ml (1 tasse) d'amandes effilées

250 ml (1 tasse) de sucre

125 ml (1/2 tasse) de beurre ou margarine, ramolli

5 ml (1 c. à thé) d'extrait d'amande

5 ml (1 c. à thé) de vanille

2 œufs

875 ml (3 1/2 tasses) de farine tout-usage

5 ml (1 c. à thé) de poudre à pâte

2 ml (1/2 c. à thé) de bicarbonate de soude

1 Chauffer le four à 190 °C (375 °F). Saupoudrer les amandes dans un moule peu profond non graissé. Cuire sans couvrir de 6 à 10 minutes, en brassant de temps en temps, jusqu'à l'obtention d'un brun doré, refroidir.

2 Dans un grand bol, mettre le beurre, le sucre, l'extrait d'amande, la vanille et les œufs et battre au batteur électrique à vitesse moyenne ou à la cuillère. Incorporer la farine, la poudre à pâte, le bicarbonate de soude. Ajouter les amandes. Sur une surface légèrement enfarinée, pétrir délicatement la pâte de 2 à 3 minutes où jusqu'à ce qu'elle se tienne et que les amandes soient distribuées uniformément.

3 Diviser la pâte en deux parties égales. Sur un côté d'une plaque à biscuits non graissée, façonner la moitié de la pâte en un rectangle de 25,5 x 7,5 cm (10 x 3 po) en arrondissant les bords légèrement. Répéter avec le reste de la pâte sur l'autre côté de la plaque.

4 Cuire environ 25 minutes ou jusqu'à le centre soit ferme sous la pression. Refroidir sur la plaque à biscuits 15 minutes. Déposer ensuite sur la planche à découper. À l'aide d'un couteau bien aiguisé, couper chaque rectangle en diagonale en tranches de 1,5 cm (1/2 po).

5 Mettre 20 tranches, côté coupé à l'envers, sur une plaque à biscuits non graissée. Cuire environ 15 minutes où jusqu'à ce qu'elles soient croustillantes et brun clair. Retirer immédiatement de la plaque et mettre sur une grille à gâteau ; refroidir. Laisser refroidir la plaque à biscuits 5 minutes et répéter avec les tranches restantes.

Biscotti aux noisettes : Remplacer les amandes par 250 ml (1 tasse) de noisettes hachées grossièrement.

ASTUCE DU JOUR

En altitude (1066 m à 1981 m [3500 à 6500 pi]) : À l'étape 4, cuire environ 27 minutes. À l'étape 5, cuire environ 20 minutes.

En provenance d'Italie, les biscotti signifient littéralement « deux cuissons ». Il est fort utile d'utiliser un couteau-scie lorsque vous découpez les tranches avant la deuxième fournée. Glacez les biscotti refroidis avec le glaçage au chocolat (page 110) si désiré. Trempez-les dans le café ou le chocolat chaud, tout en rêvant de l'Italie.

1 biscuit : 100 calories (lipides 35) ; gras 4 g (saturés 2 g) ; cholestérol 15 mg ; sodium 45 mg ; glucides 14 g (fibres 1 g) ; protéines 2 g
Équivalents : 1 autre glucide, 1 gras
Choix de glucides : 1

CHILI DE DINDE DANS UN BOL EN PAIN AU PARMESAN

Chapitre 4

Plats principaux pour toute la famille

Pâté au poulet vite fait

Classique

500 ml (2 tasses) de légumes mélangés congelés, décongelés et égouttés

500 ml (2 tasses) de poulet cuit en morceaux

125 ml (1/2 tasse) de beurre ou margarine, ramolli

1 petite boîte de 350 ml (10 3/4 oz) de crème de champignons

75 ml (1/3 tasse) de lait

250 ml (1 tasse) de farine tout-usage

7 ml (1 1/2 c. à thé) de poudre à pâte

10 ml (2 c. à thé) de beurre ou margarine, fondu

150 ml (2/3 tasse) de lait

1 œuf

1 Chauffer le four à 220 °C (425 °F). Dans un moule carré de 20,5 cm (8 po) non graissé, mettre les légumes, le poulet, la crème de champignons et 75 ml (1/3 tasse) de lait ; bien mélanger.

2 Dans un bol moyen, incorporer le reste des ingrédients à la fourchette, bien mélanger. Verser sur le mélange de poulet et étendre uniformément.

3 Cuire à découvert de 25 à 30 minutes ou jusqu'à l'obtention d'un beau brun doré.

ASTUCE DU JOUR

Ce poulet en croûte se réalise en un rien de temps, car la croûte est versée, ce qui permet de sauver du temps, puisque vous n'êtes pas obligé de préparer une pâte que vous devriez rouler et façonner. Utilisez vos légumes congelés préférés.

En altitude (1066 m à 1981 m [3500 à 6500 pi]) : Utiliser 3 ml (3/4 c. à thé) de poudre à pâte. Cuire de 40 à 45 minutes.

1 portion : 270 calories (lipides 110) ; gras 12 g (saturés 5 g) ; cholestérol 90 mg ; sodium 570 mg ; glucides 22 g (fibres 2 g) ; protéines 18 g
Équivalents : 1 féculent, 1 légume, 2 viandes mi-maigres, 1 gras
Choix de glucides : 1 1/2

PÂTÉ AU POULET VITE FAIT

Pizza pochette

Temps de préparation : 30 min – Du début à la fin : 55 min   **2 pizzas pochettes (4 portions)**

Pâte à pizza (ci-dessous)

Huile végétale

125 ml (1/2 tasse) de sauce à pizza

125 ml (1/2 tasse) de fromage mozzarella râpé

250 ml (1 tasse) de saucisse italienne douce, cuite

30 ml (2 c. à soupe) d'oignon haché finement ou 1 ml (1/4 c. à thé) de poudre d'oignon

1 ml (1/4 c. à thé) de poudre d'ail

75 ml (1/3 tasse) de pepperoni tranché

50 ml (1/4 tasse) de sauce à pizza

125 ml (1/2 tasse) de mozzarella râpée (2 oz)

1 Chauffer le four à 220 °C (425 °F). Graisser légèrement 2 plaques à biscuits. Préparer la pâte à pizza. Sur une surface légèrement enfarinée, diviser la pâte en deux. Rouler chaque moitié en cercle de 30,5 cm (12 po). Replier chaque cercle en deux sans serrer. Mettre sur la plaque à biscuits et déplier. Badigeonner chaque cercle avec un peu d'huile.

2 Sur un côté de chaque cercle, garnir chaque demie avec le reste des ingrédients, dans l'ordre de la liste ; replier la pâte par-dessus la garniture. Tourner les bords de la pâte du dessous par-dessus celle du dessus et pincer pour sceller. Cuire de 20 à 25 minutes ou jusqu'à l'obtention d'un beau brun doré.

Pâte à pizza

500 ml (2 tasses) de farine tout-usage

150 ml (2/3 tasse) de lait

50 ml (1/4 tasse) d'huile végétale

10 ml (2 c. à thé) de poudre à pâte

2 ml (1/2 c. à thé) de sel

Dans un bol moyen, battre tous les ingrédients vigoureusement jusqu'à ce que la pâte se décolle des bords. (Si la pâte semble sèche, ajouter de 30 à 45 ml [2 à 3 c. à soupe] de lait.) Sur une surface légèrement enfarinée, former une boule avec la pâte. Pétrir 10 fois. Couvrir avec le bol ; laisser reposer 15 minutes.

Pochette au jambon et au fromage : Remplacer la sauce à pizza par de la sauce barbecue, le mozzarella par du monterey jack, et la saucisse par 375 ml (1 1/2 tasse) de cubes de jambon cuit. Omettre le pepperoni.

En altitude (1066 m à 1981 m [3500 à 6500 pi]) : Pas de changement.

1 portion : 640 calories (lipides 315) ; gras 35 g (saturés 11 g) ; cholestérol 55 mg ; sodium 1440 mg ; glucides 56 g (fibres 1 g) ; protéines 25 g
Équivalents : 3 1/2 féculents, 1 légume, 2 viandes à haute teneur en gras, 3 1/2 gras
Choix de glucides : 4

ASTUCE DU JOUR

Vous pouvez préparer la pâte quand vous disposez de quelques minutes, puis la réfrigérer jusqu'à 24 heures. Mettre la pâte dans un bol légèrement graissé et la retourner pour bien l'enduire de tous les côtés. Couvrir hermétiquement avec une pellicule plastique et réfrigérer. Laisser la pâte à la température ambiante pendant au moins 20 minutes avant de l'abaisser.

PIZZA POCHETTE

Chili de dinde dans un bol en pain au parmesan

Temps de préparation : 50 min – Du début à la fin : 1 h 20 min   6 portions (250 ml [1 tasse] de chili et 1 bol en pain)

570 g (1 lb 4 oz) de poitrine de dinde hachée ou de bœuf haché maigre

250 ml (1 tasse) d'oignon haché

2 gousses d'ail, hachées finement

1 boîte de 420 g (14 oz) de tomates étuvées, non égouttées

1 boîte de 450 g (15 oz) de haricots rouges, non égouttés

1 boîte de 450 g (15 oz) de sauce tomate

1 boîte de 115 g (4 oz) de chilis verts hachés, non égouttés

10 ml (2 c. à thé) de poudre de chili

5 ml (1 c. à thé) de sucre

1 ml (1/4 c. à thé) de poivre

Bol en pain au parmesan (ci-contre)

1 Dans une cocotte de 4 L (16 tasses), faire cuire la dinde, l'oignon et l'ail à feu moyen, environ 15 minutes, en brassant de temps en temps, jusqu'à ce que la dinde ait perdu sa couleur rosée (ou jusqu'à ce que le bœuf soit brun) et que l'oignon soit tendre ; égoutter si nécessaire.

2 Incorporer le reste des ingrédients sauf les bols en pain au parmesan. Porter à ébullition, en brassant fréquemment et réduire le feu. Couvrir et laisser mijoter 30 minutes, en brassant de temps en temps.

3 Entre-temps, préparer les bols en pain au parmesan. Servir le chili dans les pains en forme de bols.

Bol en pain au parmesan

1 paquet de 11 ml (2 1/4 c. à thé) de levure sèche active à action rapide

50 ml (1/4 tasse) d'eau chaude (41 à 45 °C [105 à 415 °F])

30 ml (2 c. à soupe) de sucre

750 ml (3 tasses) de farine tout-usage

15 ml (3 c. à thé) de poudre à pâte

2 ml (1/2 c. à thé) de sel

75 ml (1/3 tasse) de parmesan râpé

50 ml (1/4 tasse) de beurre ou margarine

Environ 250 ml (1 tasse) de babeurre

1 Dans un petit bol, dissoudre la levure dans l'eau chaude. Ajouter le sucre et réserver. Dans un grand bol, mélanger la farine, la poudre à pâte, le sel et le fromage. Incorporer le beurre à l'aide d'un coupe-pâte (ou de deux couteaux entrecroisés), jusqu'à l'obtention de miettes fines. Incorporer le mélange de levure et juste assez de babeurre pour que la pâte se décolle des parois du bol et forme une boule. Sur une surface légèrement enfarinée, pétrir la pâte environ 1 minute où jusqu'à consistance lisse. Couvrir et laisser lever dans un endroit chaud 10 minutes.

2 Chauffer le four à 180 °C (375 °F). Graisser l'extérieur de 6 ramequins de 300 g (10 oz). Mettre 3 ramequins à l'envers dans un moule non graissé de 38 × 26 × 2,5 cm (15 × 10 × 1 po). Diviser la pâte en 6 parties égales. Aplatir ou rouler 3 des morceaux en cercles de 17,5 cm (7 po). Façonner les cercles de pâte sur la partie extérieure des ramequins ; la pâte ne doit pas être repliée sous les bords des ramequins. Faire cuire trois bols en pain à la fois ; aplatir ou rouler la pâte pour façonner les trois autres bols pendant la cuisson des trois premiers. Cuire de 18 à 22 minutes ou jusqu'à ce que ce soit doré. Soulever les bols en pain avec soin, les ramequins et les pains seront très chauds. Laisser refroidir les bols en pain à l'endroit sur une grille pendant 10 minutes.

En altitude (1066 m à 1981 m [3500 à 6500 pi]) : Pas de changement.

1 portion : 615 calories (lipides 155) ; gras 17 g (saturés 8 g) ; cholestérol 90 mg ; sodium 1870 mg ; glucides 85 g (fibres 9 g) ; protéines 39 g
Équivalents : 5 féculents, 2 légumes, 2 viandes faibles en gras
Choix de glucides : 5 1/2

ASTUCE DU JOUR

Lorsqu'ils sont remplis de chili, ces savoureux petits bols en pain sont si mignons que les enfants vont adorer les façonner et les manger encore et encore. Demandez-leur de vous donner un coup de main en mélangeant la pâte, en l'abaissant en cercles et en la façonnant sur les ramequins.

Pâté au cheeseburger facile

Classique

À partir de 1942, les fabricants américains ont enrichi la farine afin qu'elle corresponde aux exigences gouvernementales. En temps de guerre, de nombreuses publicités mettaient l'accent sur l'importance de manger des aliments nutritifs tout en évitant le gaspillage. C'est toujours une bonne idée, de nos jours, et le principe s'applique très bien dans ce pâté qui fera la joie de toute la famille.

Temps de préparation : 25 min – Du début à la fin : 1 h   **6 portions**

Pâte facile (ci-dessous)

455 g (1 lb) de bœuf haché maigre

125 à 175 ml (1/2 à 3/4 tasse) d'oignon haché finement

1 gousse d'ail, hachée finement

50 ml (1/4 tasse) de farine tout-usage

2 ml (1/2 c. à thé) de sel

75 ml (1/3 tasse) de liquide à marinade (pris dans un bocal de cornichons)

75 ml (1/3 tasse) de lait

125 ml (1/2 tasse) de cornichons marinés hachés

500 ml (2 tasses) de fromage cheddar ou suisse râpé

1 Chauffer le four à 220 °C (425 °F). Préparer la pâte facile. Étendre la pâte dans le fond et sur les côtés d'un plat à quiche non graissé de 20,5 cm (8 po) ou d'un poêlon rond allant au four. Cuire 15 minutes.

2 Dans une poêle, faire cuire le bœuf, l'oignon et l'ail à feu moyen de 8 à 10 minutes, en brassant de temps en temps, jusqu'à ce que le bœuf soit brun ; égoutter. Saupoudrer de farine et de sel. Incorporer le liquide à marinade et le lait ; ajouter les cornichons et 250 ml (1 tasse) de fromage. Verser à la cuillère dans le plat à quiche garni de pâte.

3 Cuire à découvert 15 minutes. Saupoudrer avec le reste du fromage (250 ml [1 tasse]). Cuire environ 5 minutes de plus où jusqu'à ce que la croûte soit d'une belle couleur dorée.

Pâte facile

330 ml (1 1/3 tasse) de farine tout-usage

2 ml (1/2 c. à thé) de sel

125 ml (1/2 tasse) de saindoux

45 à 50 ml (3 à 4 c. à soupe) d'eau froide

Dans un bol moyen, mélanger la farine et le sel. Incorporer le saindoux à l'aide d'un coupe-pâte (ou de deux couteaux entrecroisés), jusqu'à ce que le mélange ait pris la forme de petits pois. Ajouter de l'eau, 15 ml (1 c. à soupe) à la fois, en mélangeant à la fourchette après chaque addition. Mélanger délicatement jusqu'à ce que toute la farine soit humidifiée et que la pâte se détache presque des parois du bol ; ajouter 5 à 10 ml (1 à 2 c. à thé) d'eau si nécessaire.

En altitude (1066 m à 1981 m [3500 à 6500 pi]) : Pas de changement.

1 portion : 580 calories (lipides 350) ; gras 39 g (saturés 15 g) ; cholestérol 80 mg ; sodium 790 mg ; glucides 29 g (fibres 1 g) ; protéines 29 g
Équivalents : 2 féculents, 2 viandes mi-grasses, 4 1/2 gras
Choix de glucides : 2

ASTUCE DU JOUR

Demandez l'aide des vôtres pour préparer les pâtés individuels au cheeseburger. Préparez la pâte et divisez-la en 4 parts égales. Étendre chaque part dans le fond et les cotés de 4 ramequins de 300 g (10 oz). Cuire 10 minutes. Mettre environ 175 ml (3/4 tasse) du mélange de bœuf dans chaque ramequin. Continuer tel qu'indiqué.

Pâté de boulettes et croûte fromagée

Temps de préparation : 20 min – Du début à la fin : 1 h 15 min   **6 portions**

455 g (1 lb) de bœuf haché maigre

50 ml (1/4 tasse) de chapelure
de pain sec

125 ml (1/2 tasse) d'oignon haché

1 ml (1/4 c. à thé) de sel

125 ml (1/2 tasse) de lait

1 grosse boîte de sauce tomate (735 g
[26 oz]), au choix

125 ml (1/2 tasse) d'olives farcies aux
piments, tranchées

Pâte fromagée (ci-dessous)

1 grosse boîte de sauce tomate, au choix
(735 g [26 oz])

125 ml (1/2 tasse) d'olives farcies aux
piments, tranchées

1 Chauffer le four à 220 °C (425 °F). Dans un bol moyen, mélanger le bœuf, la chapelure, l'oignon, le sel et le lait. Façonner 18 boulettes de viande. Mettre celles-ci dans un moule de 38 × 26 × 2,5 cm (15 × 10 × 1 po). Cuire de 15 à 18 minutes où jusqu'à ce qu'un thermomètre à viande inséré au centre des boulettes indique au moins 75 °C (160 °F) et que le centre des boulettes ne soit plus rose.

2 Entre-temps, dans une casserole de 1 L (4 tasses), porter à ébullition la sauce et les olives, en brassant de temps en temps. Réduire le feu à moyen-faible ; garder au chaud.

3 Préparer la pâte au fromage. Mettre les boulettes dans un moule en verre carré de 20,5 cm (8 po) allant au four. Étendre la sauce chaude par-dessus. Pratiquer des fentes dans la pâte avant de la mettre par-dessus le mélange et de la rabattre sur les côtés intérieurs. Cuire de 25 à 30 minutes où jusqu'à ce que la pâte prenne une belle couleur dorée.

Pâte fromagée

250 ml (1 tasse) de farine tout-usage

2 ml (1/2 c. à thé) de sel

125 ml (1/2 tasse) de fromage cheddar râpé

75 ml (1/3 tasse) + 15 ml (1 c. à soupe) de beurre ou de saindoux

30 à 45 ml (2 à 3 c. à soupe) d'eau froide

Dans un bol moyen, mélanger la farine, le sel et le fromage. Incorporer le beurre à l'aide d'un coupe-pâte (ou de deux couteaux entrecroisés), jusqu'à ce que le mélange soit grumeleux. Ajouter de l'eau, 15 ml (1 c. à soupe) à la fois, en mélangeant à la fourchette après chaque addition jusqu'à ce que toute la farine soit humidifiée et que la pâte se détache presque des parois du bol. Ajouter 5 à 10 ml (1 à 2 c. à thé) d'eau si nécessaire. Sur une surface légèrement enfarinée, façonner la pâte en boule, l'abaisser et la rouler en carré de 25,5 cm (10 po).

En altitude (1066 m à 1981 m
[3500 à 6500 pi]) : À l'étape 3,
cuire 28 à 33 minutes.

1 portion : 555 calories
(lipides 290) ; gras 32 g (saturés
15 g) ; cholestérol 85 mg ; sodium
1390 mg ; glucides 44 g (fibres 3 g) ;
protéines 22 g
Équivalents : 3 féculents, 2 viandes
mi-grasses, 3 1/2 gras
Choix de glucides : 3

ASTUCE DU JOUR

La croûte qui recouvre ce pâté à la viande est très tendre. Quel en est le secret ? Le fait de réchauffer la sauce constitue une étape importante pour garder son feuilleté à la pâte.

PÂTÉ DE BOULETTES ET CROÛTE FROMAGÉE

Ragoût de bœuf convivial

Classique

Temps de préparation : 30 min – Du début à la fin : 3 h 20 min   **6 à 8 portions**

30 ml (2 c. à soupe) d'huile végétale

1 kg (2 lb) de cubes de paleron de bœuf
de 4 cm (1 1/2 po)

1 gros oignon, tranché

1 l (4 tasses) d'eau chaude

15 ml (1 c. à soupe) de sel

15 ml (1 c. à soupe) de jus de citron

5 ml (1 c. à thé) de sucre

5 ml (1 c. à thé) de sauce Worcestershire

2 ml (1/2 c. à thé) de paprika

1 feuille de laurier séchée

1 gousse d'ail

1 pincée de clous de girofle moulus

6 carottes, coupées en morceaux de
2,5 cm (1 po)

6 pommes de terre, coupées en
morceaux de 2,5 cm (1 po)

455 g (1 lb) de petits oignons perlés,
facultatif

Dumplings (ci-contre)

Persil frais haché, facultatif

1 Dans une poêle, chauffer l'huile à feu vif. Faire cuire le bœuf dans l'huile en brassant de temps en temps, jusqu'à ce qu'il ait pris une couleur brune. Ajouter les oignons, l'eau, le sel, le jus de citron, le sucre, la sauce Worcestershire, le paprika, la feuille de laurier, l'ail et le clou de girofle. Porter à ébullition et réduire le feu. Couvrir et laisser mijoter 2 heures ; ajouter jusqu'à 125 ml (1/2 tasse) d'eau si le mélange devient trop sec.

2 Incorporer les carottes, les pommes de terre et les petits oignons entiers. Couvrir et laisser cuire 30 minutes de plus.

3 Préparer les dumplings. Laisser tomber la pâte à dumplings dans le ragoût chaud, 6 à 8 cuillerées à la fois (ne pas jeter directement dans le liquide). Cuire à découvert pendant 10 minutes. Couvrir et cuire 10 minutes de plus. Garnir de persil haché.

Dumplings

425 ml (1 3/4 tasse) de farine tout-usage

10 ml (2 c. à thé) de poudre à pâte

2 ml (1/2 c. à thé) de sel

45 ml (3 c. à soupe) de beurre ou de margarine ferme

175 ml (3/4 tasse) d'eau froide

Dans un bol moyen, mélanger la farine, la poudre à pâte et le sel. Incorporer le beurre à l'aide d'un coupe-pâte (ou de deux couteaux entrecroisés), jusqu'à ce que le mélange soit grumeleux. Ajouter le lait et mélanger jusqu'à ce que la pâte se forme.

En altitude (1066 m à 1981 m
[3500 à 6500 pi]) : À l'étape 3,
cuire les boulettes de pâte à
découvert 12 minutes. Couvrir et
cuire 12 minutes de plus.

ASTUCE DU JOUR

Ce ragoût est encore plus savoureux lorsque vous le préparez à l'avance. Préparer le ragoût, couvrir et réfrigérer. Le lendemain, réchauffer le ragoût, préparer les dumplings et continuer tel qu'indiqué dans la recette.

1 portion : 520 calories
(lipides 260) ; gras 29 g (saturés
11 g) ; cholestérol 110 mg ; sodium
1700 mg ; glucides 64 g (fibres 7 g) ;
protéines 39 g
Équivalents : 4 féculents, 1 légume,
2 viandes maigres
Choix de glucides : 4

Casserole aux trois haricots et au maïs

Classique

Qu'est-ce qui fait un classique ? Quand la société Washburn Crosby a décidé, en 1921, de créer la signature Betty Crocker, elle a lancé un concours auprès de toutes les femmes qui travaillaient pour elle. On a choisi l'écriture la plus singulière et la mieux appropriée à la marque, et cette signature est demeurée sensiblement la même au fil des années.

Temps de préparation : 15 min – Du début à la fin : 45 min   **8 portions**

2 boîtes de 630 g (21 oz) de haricots cuits

2 boîtes de 450 g (15 oz) de haricots rouges, égouttés

1 boîte de 240 g (8 oz) de fèves de lima égouttés

1 boîte de 240 ml (8 oz) de sauce tomate

50 ml (1/4 tasse) de ketchup

30 ml (2 c. à soupe) de cassonade tassée

30 ml (2 c. à soupe) d'oignon émincé

2 ml (1/2 c. à thé) de moutarde en poudre

2 ml (1/2 c. à thé) de sel

1 ml (1/4 c. à thé) de poivre

Garniture de pain de maïs (ci-contre)

1 Chauffer le four à 220 °C (425 °F). Dans un grand bol, mélanger tous les ingrédients sauf la garniture de pain de maïs. Verser dans un plat en verre non graissé de 33 × 23 cm (13 × 9 po).

2 Préparer la garniture de pain de maïs ; verser uniformément à la cuillère sur le mélange de haricots, jusqu'à 2,5 cm (1 po) des bords.

3 Cuire à découvert de 25 à 30 minutes ou jusqu'à ce que la garniture soit d'un beau brun doré.

Garniture de pain de maïs

150 ml (2/3 tasse) de farine tout-usage

75 ml (1/3 tasse) de semoule de maïs

125 ml (1/2 tasse) de lait

15 ml (1 c. à soupe) de sucre

30 ml (2 c. à soupe) de beurre ou de margarine, ramolli

5 ml (1 c. à thé) de poudre à pâte

2 ml (1/2 c. à thé) de sel

1 œuf

Dans un petit bol, battre tous les ingrédients à l'aide d'un batteur à main, jusqu'à consistance lisse.

En altitude (1066 m à 1981 m [3500 à 6500 pi]) : Dans un grand chaudron, cuire tous les ingrédients, sauf la garniture de pain de maïs, à feu moyen vif, jusqu'à ce que ce soit très chaud. Verser dans un plat en verre non graissé de 33 × 23 cm (13 × 9 po) allant au four et continuer tel qu'indiqué à l'étape 2.

1 portion : 410 calories (lipides 55) ; gras 6 g (saturés 3 g) ; cholestérol 45 mg ; sodium 1640 mg ; glucides 83 g (fibres 17 g) ; protéines 23 g
Équivalents : 5 féculents, 1 viande très maigre
Choix de glucides : 5 1/2

ASTUCE DU JOUR

Le ketchup et la cassonade cuisent ensemble pour donner un goût de barbecue que tout le monde apprécie, en particulier les enfants. C'est un excellent de choix de repas sans viande. Les haricots blancs cuits s'imposent, à cause de leur saveur et de leur sauce, mais vous pouvez aussi utiliser des haricots romains ou noirs à la place des haricots rouges ou des fèves de lima.

Soupe au porc et spätzles

Temps de préparation : 35 min – Du début à la fin : 45 min   **6 portions**

455 g (1 lb) de porc haché

1 œuf

125 ml (1/2 tasse) de chapelure
de pain sec

2 ml (1/2 c. à thé) de sauge moulue

1 ml (1/4 c. à thé) de sel

1 ml (1/4 c. à thé) de poivre

15 ml (1 c. à soupe) d'huile végétale

2 boîtes de 420 ml (14 oz) de bouillon de
bœuf

500 ml (2 tasses) d'eau

175 ml (3/4 tasse) de cidre de pomme ou
de jus de pomme

1 grosse pomme non pelée, hachée

2 ml (1/2 c. à thé) de sel

Pâte à spätzles (ci-contre)

50 ml (1/4 tasse) de persil frais haché

1 Dans un bol moyen, mélanger le porc, l'œuf, la chapelure, la sauge, le sel et le poivre. Façonner le mélange en boules de 2,5 cm (1 po). Dans une cocotte de 2 L (8 tasses), faire chauffer l'huile à feu moyen. Faire cuire les boulettes de viande de 6 à 8 minutes, en tournant fréquemment, jusqu'à ce qu'elles brunissent ; égoutter.

2 Ajouter le bouillon, l'eau, le cidre de pomme, la pomme et le sel aux boulettes. Porter à ébullition et réduire le feu. Couvrir et laisser mijoter 10 minutes.

3 Porter le mélange des boulettes à ébullition. Préparer la pâte à spätzles. Presser la pâte, quelques cuillerées à la fois, à travers une passoire — de préférence munie de grands trous — dans la soupe. Brasser une ou deux fois pour empêcher que la pâte ne colle. Cuire de 3 à 5 minutes ou jusqu'à ce que les spätzles remontent à la surface et soient tendres. Saupoudrer de persil.

Pâte à spätzles

2 œufs

250 ml (1 tasse) de farine tout-usage

50 ml (1/4 tasse) de lait ou d'eau

1 ml (1/4 c. à thé) de sel

Pincée de poivre

Dans un petit bol moyen, battre les œufs à la fourchette ou au fouet. Mélanger le reste des ingrédients (le mélange sera épais).

ASTUCE DU JOUR

Les spätzles, ces minuscules dumplings faits de farine, viennent des premiers colons allemands qui se sont installés dans le Midwest américain. Comme les spätzles sont très petits, ils prennent peu de temps à cuire ; toutefois, essayez de ne pas trop les cuire, car ils pourraient se briser.

En altitude (1066 m à 1981 m
[3500 à 6500 pi]) : Pas de
changement.

1 portion : 370 calories
(lipides 155) ; gras 17 g (saturés
5 g) ; cholestérol 155 mg ; sodium
1140 mg ; glucides 32 g (fibres 2 g) ;
protéines 22 g
Équivalents : 2 féculents, 2 viandes
mi-maigres
Choix de glucides : 2

SOUPE AU PORC ET SPÄTZLES

Ragoût de légumes avec dumplings au fromage cheddar

Temps de préparation : 20 min – Du début à la fin : 1 h 5 min   **6 portions**

30 ml (2 c. à soupe) d'huile végétale

2 gros oignons, hachés grossièrement

2 branches de céleri grossièrement hachées

500 ml (2 tasses) de haricots verts italiens congelés

840 ml (28 oz) de tomates en dés, avec le jus

420 ml (14 oz) de bouillon de poulet

5 ml (1 c. à thé) de basilic séché

1 ml (1/4 c. à thé) de poivre

Dumplings au fromage cheddar (ci-contre)

1 Dans une cocotte de 2 à 3 L (8 à 12 tasses), faire chauffer l'huile à feu moyen vif. Faire cuire les oignons et le céleri dans l'huile, en brassant fréquemment, jusqu'à tendreté.

2 Ajouter le reste des ingrédients, sauf les dumplings. Porter à ébullition ; réduire le feu. Laisser mijoter, à découvert, de 15 à 20 minutes, ou jusqu'à ce que les haricots soient tendres.

3 Entre-temps, préparer les dumplings au fromage. Laisser tomber la pâte par cuillerées à soupe combles, dans le ragoût qui mijote. Couvrir et cuire à feu moyen-faible de 20 à 25 minutes où jusqu'à ce que les dumplings soient fermes.

Dumplings au fromage cheddar

375 ml (1 1/2 tasse) de farine tout-usage

10 ml (2 c. à thé) de poudre à pâte

2 ml (1/2 c. à thé) de sel

2 ml (1/2 c. à thé) de moutarde en poudre

50 ml (1/4 tasse) de beurre ferme ou de margarine

125 ml (1/2 tasse) de fromage cheddar fort râpé

150 ml (2/3 tasse) de lait

Dans un petit bol moyen, mélanger farine, poudre à pâte, sel et moutarde. Incorporer le beurre à l'aide d'un coupe-pâte ou à la fourchette, jusqu'à ce que le mélange soit grumeleux. Incorporer le fromage. Ajouter le lait ; mélanger juste assez pour humidifier tous les ingrédients.

En altitude (1066 m à 1981 m [3500 à 6500 pi]) : Utilisez le double de bouillon de poulet. À l'étape 2, laisser mijoter 20 à 25 minutes. À l'étape 3, cuire de 25 à 30 minutes.

1 portion : 350 calories (lipides 155) ; gras 17 g (saturés 8 g) ; cholestérol 35 mg ; sodium 990 mg ; glucides 39 g (fibres 4 g) ; protéines 10 g
Équivalents : 2 féculents, 1 légume, 3 1/2 gras
Choix de glucides : 2 1/2

ASTUCE DU JOUR

Pour que vos dumplings soient plus légers, mélangez la pâte jusqu'à ce que les ingrédients secs soient humidifiés, mais résistez à l'envie de trop battre. Servez une belle salade avec ce repas de style familial, en ajoutant des graines de tournesol et des bâtonnets de carottes à votre laitue préférée et arrosez de vinaigrette française.

RAGOÛT AUX LÉGUMES AVEC DUMPLINGS AU FROMAGE CHEDDAR

GÂTEAU *TRES LECHES*

Chapitre 5

Le melting-pot

Muffins bleus à la semoule de maïs

Classique

Temps de préparation : 15 min – Du début à la fin : 40 min   **14 muffins**

300 ml (1 1/4 tasse) de semoule de maïs
bleue ou jaune

250 ml (1 tasse) de farine tout-usage

50 ml (1/4 tasse) d'huile végétale

10 ml (2 c. à thé) de poudre à pâte

5 ml (1 c. à thé) de sucre

5 ml (1 c. à thé) de sel

2 ml (1/2 c. à thé) de bicarbonate
de soude

375 ml (1 1/2 tasse) de babeurre

2 œufs

1 Chauffer le four à 230 °C (450 °F) . Graisser les fonds seulement de 14 moules à muffin moyens. Dans un grand bol, mélanger tous les ingrédients à la cuillère ; battre énergiquement pendant 30 secondes. Remplir les moules aux 7/8.

2 Cuire de 20 à 25 minutes jusqu'à l'obtention d'une coloration d'un brun légèrement doré. Démouler immédiatement. Servir chaud.

ASTUCE DU JOUR

Il existe de nombreuses recettes de pain et de muffins à la semoule de maïs, et certaines sont plus sucrées. Cette recette authentique, qui nous vient du Sud-est des États-Unis, n'est pas très sucrée. Si vous désirez un muffin plus sucré, il suffit d'ajouter plus de sucre, jusqu'à 75 ml (1/3 tasse), pour obtenir la saveur que vous cherchez.

En altitude (1066 m à 1981 m [3500 à 6500 pi]) : Chauffer le four à 220 °C (425 °F) . Graisser des moules à muffins. Utiliser 7 ml (1 1/2 c. à thé) de poudre à pâte. Cuire de 16 à 21 minutes.

1 muffin : 135 calories (lipides 45) ; gras 5 g (saturés 1 g) ; cholestérol 30 mg ; sodium 320 mg ; glucides 18 g (fibres 1 g) ; protéines 4 g
Équivalents : 1 féculent, 1 gras
Choix de glucides : 1

MUFFINS BLEUS À LA SEMOULE DE MAÏS

Pizza à la saucisse piquante et au chou

Temps de préparation : 35 min – Du début à la fin : 1 h 5 min	4 portions

4 grandes feuilles de chou frisé

250 ml (1 tasse) d'eau

340 g (3/4 lb) de saucisse de porc piquante

250 ml (1 tasse) de sauce à pizza

2 ml (1/2 c. à thé) d'origan séché

425 ml (1 3/4 tasse) de farine tout-usage

1 à 2 ml (1/4 à 1/2 c. à thé) de piment rouge écrasé

125 ml (1/2 tasse) de sauce au fromage (à température ambiante)

50 ml (1/4 tasse) d'eau

8 rondelles minces de poivron rouge ou vert (ou les deux)

250 ml (1 tasse) de mozzarella râpée

1 Laver les feuilles de chou frisé. Couper la tige à la base de chaque feuille et enlever les tiges trop dures. Hacher les feuilles. Dans une casserole de 2 L (8 tasses), porter à ébullition 250 ml (1 tasse) d'eau. Ajouter les feuilles de chou. Laisser bouillir de 15 à 18 minutes ou jusqu'à tendreté et égoutter. Assécher sur du papier absorbant.

2 Entre-temps, chauffer le four à 190 °C (375 °F). Graisser une grande plaque à cuisson. Dans une poêle, faire cuire la saucisse à feu moyen de 8 à 10 minutes, en brassant de temps en temps, jusqu'à ce que ce soit cuit (on ne voit plus de rose au centre) ; égoutter. Verser la sauce à pizza, le chou et l'origan dans la poêle et réserver.

3 Dans un bol moyen, mélanger farine, piment séché, sauce au fromage et 50 ml (1/4 tasse) d'eau, jusqu'à formation d'une pâte molle. Si la pâte est sèche, ajouter de 15 à 30 ml (1 à 2 c. à soupe) d'eau. Façonner en boule. Sur une surface légèrement enfarinée, abaisser la pâte en un cercle de 35 cm (14 po). Mettre la pâte sur la plaque à biscuits. Étendre le mélange de saucisse sur la pâte en arrêtant à 5 cm (2 po) du bord. Replier les bords de la pâte sur le mélange de saucisse. Garnir de rondelles de poivrons ; saupoudrer de fromage.

4 Cuire de 25 à 30 minutes ou jusqu'à ce que la croûte prenne une belle coloration dorée et que le fromage soit fondu.

ASTUCE DU JOUR

Voici un plat italien auquel nous avons combiné des ingrédients afro-américains : saucisse piquante, chou et piments broyés, sur une belle pâte au fromage. Si vous préférez votre pizza moins épicée, il suffit d'utiliser de la saucisse douce et d'omettre les piments.

En altitude (1066 m à 1981 m [3500 à 6500 pi]) : Cuire de 30 à 35 minutes.

1 portion : 520 calories (lipides 215) ; gras 24 g (saturés 10 g) ; cholestérol 60 mg ; sodium 1120 mg ; glucides 52 g (fibres 4 g) ; protéines 25 g
Équivalents : 3 féculents, 1 légume, 2 viandes riches en gras, 1 gras
Choix de glucides : 3 1/2

PIZZA À LA SAUCISSE PIQUANTE ET AU CHOU

Croquettes de saumon au maïs

Temps de préparation : 30 min – Du début à la fin : 45 min　　　　**8 portions**

1 boîte de 450 g (15 oz) de saumon rose, égoutté

1 boîte de 180 à 225 g (6 à 7 1/2 oz) de saumon rose, égoutté

250 ml (1 tasse) de maïs en grains congelé (décongelé)

75 ml (1/3 tasse) de poivron haché

75 ml (1/3 tasse) d'oignon haché

3 gousses d'ail, hachées finement

2 œufs, battus

50 ml (1/4 tasse) de marinade teriyaki

45 ml (3 c. à soupe) de jus de citron

15 ml (1 c. à soupe) de chapelure de pain

5 ml (1 c. à thé) d'assaisonnement à fruits de mer

5 ml (1 c. à thé) de poivre

2 ml (1/2 c. à thé) de graines de céleri

1 pincée de sucre

125 ml (1/2 tasse) de farine tout-usage

50 ml (1/4 tasse) d'huile végétale

1 Dans un grand bol, mélanger le saumon, le maïs, le poivron, l'oignon et l'ail ; incorporer les œufs. Ajouter le reste des ingrédients, sauf la farine et l'huile ; incorporer graduellement la farine. Façonner 8 croquettes de 7,5 cm (3 po), soit environ 75 ml (1/3 tasse) du mélange pour chaque croquette.

2 Dans un poêlon, faire chauffer l'huile à feu moyen. Cuire les croquettes dans l'huile environ 8 minutes, en les retournant une seule fois, jusqu'à une belle coloration dorée. Égoutter sur du papier absorbant.

ASTUCE DU JOUR

Ces délicieuses croquettes au saumon éclatent littéralement de saveur et de couleur. Si vous préférez, vous pouvez utiliser du maïs congelé ou en conserve et du saumon rouge à la place du saumon rose.

En altitude (1066 m à 1981 m [3500 à 6500 pi]) : Utiliser les 175 ml (3/4 tasse) de la farine. Cuire les croquettes de 8 à 10 minutes.

1 portion : 225 calories (lipides 100) ; gras 11 g (saturés 2 g) ; cholestérol 95 mg ; sodium 780 mg ; glucides 14 g (fibres 1 g) ; protéines 18 g
Équivalents : 1 féculent, 1 légume, 2 viandes mi-grasses
Choix de glucides : 1

CROQUETTES DE SAUMON AU MAÏS

Poulet cache-cache

30 ml (2 c. à soupe) d'huile végétale

1 1/2 à 1 3/4 kg (3 à 3 1/2 lb) de poulet en morceaux

2 ml (1/2 c. à thé) de sel

2 ml (1/2 c. à thé) de poivre

1/2 oignon jaune moyen, en tranches fines

3 oignons verts, en morceaux de 2,5 cm (1 po)

175 ml (3/4 tasse) de farine tout-usage

75 ml (1/3 tasse) de sauce soya

875 ml (3 1/2 tasses) d'eau chaude

5 ml (1 c. à thé) de poudre d'oignon

1 Dans une poêle profonde, faire chauffer l'huile 5 minutes à feu bas. Saler et poivrer le poulet et mettre dans l'huile chaude. Couvrir le poulet d'oignons verts et jaunes.

2 Cuire le poulet 10 minutes à feu moyen. Retourner le poulet et cuire encore 10 minutes ou jusqu'à coloration dorée. Réduire la chaleur au plus bas ; cuire encore 5 minutes. Retourner le poulet et cuire 5 minutes de plus. Mettre le poulet dans une grande casserole ou dans une cocotte et réserver.

3 Laisser chauffer la poêle à feu bas. Dans un bol moyen, mélanger farine, sauce soya, 500 ml (2 tasse) d'eau chaude et la poudre d'oignon à l'aide d'un fouet ou d'une fourchette, jusqu'à consistance lisse.

4 Faire cuire le mélange de farine dans la poêle chaude à feu moyen, en brassant continuellement au fouet ou à la fourchette, jusqu'à ce que le mélange fasse des bulles et épaississe. Incorporer graduellement le reste de l'eau 375 ml (1 1/2 tasse), jusqu'à consistance lisse.

5 Verser la sauce sur le poulet dans la casserole. Porter à ébullition ; réduire le feu. Couvrir et laisser mijoter 60 minutes, en brassant de temps en temps. (La sauce pourrait coller au fond de la casserole.)

ASTUCE DU JOUR

Le poulet cache-cache est une spécialité *authentique* du sud des États-Unis. Servez-le avec des biscuits à la crème faciles (page 68), avec un beurre au miel, et faites circuler le plat de service une seconde fois autour de la table pour le bonheur des plus gourmands.

En altitude (1066 m à 1981 m [3500 à 6500 pi]) : Pas de changement.

1 portion : 245 calories (lipides 115) ; gras 13 g (saturés 3 g) ; cholestérol 65 mg ; sodium 820 mg ; glucides 11 g (fibres 1 g) ; protéines 22 g
Équivalents : 1 féculent, 2 viandes maigres
Choix de glucides : 1

POULET CACHE-CACHE

Poulet rôti au citron
Classique

Temps de préparation : 30 min – Du début à la fin : 55 min   **4 portions**

1 blanc d'œuf

5 ml (1 c. à thé) d'eau

4 demi poitrines de poulet, désossées et sans la peau

125 ml (1/2 tasse) de farine tout-usage

5 ml (1 c. à thé) de bicarbonate de soude

1 à 2 ml (1/4 à 1/2 c. à thé) de poivre de Cayenne, facultatif

Sauce chinoise au citron (ci-dessous)

1/2 citron, tranché mince

1 oignon vert moyen haché (15 ml [1 c. à soupe]), facultatif

1 Dans un bol en verre ou en plastique, mélanger le blanc d'œuf et l'eau. Y plonger le poulet pour bien l'enduire du mélange.

2 Chauffer le four à 220 °C (425 °F). Vaporiser de gras un plat allant au four. Dans un sac de plastique refermable, mélanger farine, bicarbonate de soude et poivre de Cayenne. Sortir le poulet du mélange d'œuf et jeter le reste du mélange. Mettre une poitrine à la fois dans le sac contenant le mélange de farine, sceller le sac et remuer pour bien enrober le poulet. Déposer le poulet dans le plat et vaporiser d'enduit antiadhésif pendant environ 5 secondes ou jusqu'à ce que le poulet ait l'air humide à la surface.

3 Cuire à découvert de 20 à 25 minutes ou jusqu'à ce que le jus du poulet ait perdu sa couleur rosée lorsque vous faites une incision dans la partie la plus épaisse.

4 Entre-temps, préparer la sauce chinoise au citron. Laisser le poulet reposer 5 minutes, découper chaque poitrine en 5 morceaux environ, en diagonale. Verser la sauce chaude sur le poulet. Garnir de tranches de citron et d'oignon vert.

Sauce chinoise au citron

50 ml (1/4 tasse) de sucre

75 ml (1/3 tasse) de bouillon de poulet

5 ml (1 c. à thé) de zeste de citron

45 ml (3 c. à soupe) de jus de citron

30 ml (2 c. à soupe) de sirop de maïs léger

30 ml (2 c. à soupe) de vinaigre de riz

1 ml (1/4 c. à thé) de sel

1 gousse d'ail, hachée finement

10 ml (2 c. à thé) de fécule de maïs

10 ml (2 c. à thé) d'eau froide

Dans une casserole de 1 L (4 tasses), porter à ébullition tous les ingrédients sauf la fécule et l'eau, en brassant de temps en temps. Dans un petit bol, mélanger la fécule et l'eau froide et verser dans la sauce. Cuire en brassant, environ 30 secondes, ou jusqu'à épaississement. Servir chaud.

En altitude (1066 m à 1981 m [3500 à 6500 pi]) : Pas de changement.

1 portion : 295 calories (lipides 35) ; gras 4 g (saturés 1 g) ; cholestérol 75 mg ; sodium 640 mg ; glucides 35 g (fibres 1 g) ; protéines 30 g
Équivalents : 1 féculent, 1 autre glucide, 4 viandes très maigres
Choix de glucides : 2

ASTUCE DU JOUR

Cette recette est beaucoup plus simple que le poulet au citron traditionnel, qui est frit deux fois. Cuit au four, ce poulet conserve les saveurs très prononcées de citron et d'ail de la recette originale, tout en éliminant la moitié du gras. Servir avec du riz au jasmin ou du riz frit.

Petits pains frits des Navajos

Temps de préparation : 40 min – Du début à la fin : 1 h | **12 pains**

500 ml (2 tasses) de farine tout-usage

10 ml (2 c. à thé) de poudre à pâte

5 ml (1 c. à thé) de sel

30 ml (2 c. à soupe) de beurre ferme, de margarine ou de saindoux

150 ml (2/3 tasse) d'eau chaude

Huile végétale

1 Dans un bol moyen, mélanger farine, poudre à pâte et sel. Incorporer le beurre à l'aide d'un coupe-pâte (ou de deux couteaux entrecroisés), jusqu'à ce que le mélange soit grumeleux. Asperger d'eau, 15 ml (1 c. à soupe) à la fois, en mélangeant à la fourchette jusqu'à ce que toute la farine soit humidifiée et que la pâte se détache presque des parois du bol. Façonner en boule, couvrir et réfrigérer 30 minutes.

2 Dans une cocotte de 4 L (16 tasses), faire chauffer 2,5 cm (1 po) d'huile à 200 °C (400 °F). Diviser la pâte en 12 parts égales. Sur une surface légèrement enfarinée, rouler chaque part en rondelle de 15 cm (6 po). Laisser reposer quelques minutes.

3 Pratiquer un trou d'environ 1,5 cm (1/2 po) de diamètre au centre de chaque rondelle. Faire frire les rondelles dans l'huile environ 60 secondes de chaque côté, en retournant une seule fois, jusqu'à ce qu'elles soient bien gonflées et dorées ; égoutter sur du papier absorbant. Servir chaud.

ASTUCE DU JOUR

Chaque cuisine a sa propre recette de petits pains frits. Celle-ci nous vient directement des autochtones d'Amérique. Soyez international, essayez les pains plats aux oignons verts et au sésame (p. 142) pour un pain frit de style asiatique, ou les beignets gâteaux (p. 53) pour ceux qui ont la dent sucrée.

En altitude (1066 m à 1981 m [3500 à 6500 pi]) : Pas de changement.

1 petit pain : 100 calories (lipides 25) ; gras 3 g (saturés 1 g) ; cholestérol 5 mg ; sodium 290 mg ; glucides 16 g (fibres 1 g) ; protéines 2 g
Équivalents : 1 féculent, 1/2 gras
Choix de glucides : 1

Pains plats aux oignons verts et au sésame

Temps de préparation : 20 min – Du début à la fin : 40 min　　　**6 pains plats (24 portions)**

750 ml (3 tasses) de farine tout-usage

30 ml (2 c. à soupe) de graines de sésame

7 ml (1 1/2 c. à thé) de poudre à pâte

5 ml (1 c. à thé) de sel

15 ml (1 c. à soupe) d'huile de sésame

250 ml + 15 à 30 ml (1 tasse + 1 à 2 c. à soupe) d'eau froide

75 ml (1/3 tasse) d'oignons verts hachés (environ 4 moyens)

125 ml (1/2 tasse) d'huile végétale

1 Dans un bol moyen, mélanger farine, graines de sésame, poudre à pâte et sel. Incorporer l'huile de sésame et assez d'eau pour obtenir une pâte lisse et légère. Sur une surface enfarinée, pétrir la pâte 3 minutes. Diviser en 6 parts égales et couvrir. Rouler chaque part en rondelle de 17,5 cm (7 po).

2 Garnir chaque rondelle d'environ 15 ml (1 c. à soupe) d'oignons verts. Rouler chaque rondelle fermement, en pinçant les côtés et les bouts pour bien sceller. Former en ficelle de 30,5 cm (12 po). Torsader chaque ficelle, plier les bouts sous la pâte et rouler en cercle de 17,5 cm (7po).

3 Dans une casserole moyenne, faire chauffer l'huile végétale à feu moyen, jusqu'à une température de 190 °C (375 °F). Cuire chaque cercle dans l'huile de 1 à 3 minutes, en retournant une seule fois, jusqu'à coloration dorée. Égoutter sur du papier absorbant. Répéter avec les autres cercles. Tailler chaque cercle en 4 pointes. Servir chaud.

ASTUCE DU JOUR

Vous pouvez préparer ce pain asiatique à l'avance. Il suffit de le rouler le matin, de le couvrir et de le réfrigérer jusqu'à ce que vous soyez prêt à le faire cuire. Traditionnellement, on le trempait dans les ragoûts, les soupes, les sauces ou d'autres liquides. Servez-le avec les bouillis, les curry ou les viandes cuites au barbecue.

En altitude (1066 m à 1981 m [3500 à 6500 pi]) : Pas de changement.

1 **petit pain** : 75 calories (lipides 20) ; gras 2 g (saturés 0 g) ; cholestérol 0 mg ; sodium 130 mg ; glucides 12 g (fibres 1 g) ; protéines 2 g
Équivalents : 1 féculent
Choix de glucides : 1

PAINS PLATS AUX OIGNONS VERTS ET AU SÉSAME

Sopaipillas au miel à la citrouille

Temps de préparation : 25 min – Du début à la fin : 50 min   **20 sopaipillas**

500 ml (2 tasses) de farine tout-usage

30 ml (2 c. à soupe) de saindoux

15 ml (1 c. à soupe) de sucre granulé

10 ml (2 c. à thé) de poudre à pâte

2 ml (1/2 c. à thé) de sel

150 à 175 ml (2/3 à 3/4 tasse) d'eau

Miel à la citrouille (ci-dessous) ou miel ordinaire, facultatif

Huile végétale

Sucre glace

1 Dans un bol moyen, mélanger à la cuillère farine, saindoux, sucre granulé, poudre à pâte et sel. Incorporer assez d'eau pour donner une pâte ferme et laisser reposer 15 minutes. Préparer le miel à la citrouille ; réserver.

2 Dans une casserole de 3 L (12 tasses), faire chauffer 5 cm (2 po) d'huile à 190 °C (375 °F). Sur une surface légèrement enfarinée, rouler la pâte en rectangle de 38 × 30,5 cm (15 × 12 po). Découper en carrés de 5 cm (2 po).

3 Faire frire quelques carrés à la fois dans l'huile, en tournant de temps en temps, jusqu'à coloration dorée. Sortir de l'huile avec une cuillère trouée et égoutter sur du papier absorbant. Saupoudrer de sucre glace. Servir chaud avec du miel à la citrouille.

Miel à la citrouille

1/2 boîte de citrouille en conserve (pas la garniture pour tarte à la citrouille)

50 ml (1/4 tasse) de miel

1 ml (1/4 c. à thé) de cannelle moulue

0,5 ml (1/8 c. à thé) de muscade moulue

Dans un petit bol, mélanger ensemble tous les ingrédients.

ASTUCE DU JOUR

Les sopaipillas sont des petites pâtisseries cuites à grande friture et le miel à la citrouille leur donne une exquise saveur sucrée épicée. On peut aussi se contenter de tremper les sopaipillas dans le miel ordinaire. Ils seront tout aussi délicieux !

En altitude (1066 m à 1981 m [3500 à 6500 pi]) : Pas de changement.

1 **sopaipilla** : 100 calories (lipides 35) ; gras 4 g (saturés 1 g) ; cholestérol 0 mg ; sodium 110 mg ; glucides 15 g (fibres 1 g) ; protéines 1 g
Équivalents : 1 autre glucide, 1 gras
Choix de glucides : 1

SOPAIPILLAS AU MIEL À LA CITROUILLE ET BISCUITS MANGUE ET LIME (P. 149)

Empanadas aux patates douces et bananes

Temps de préparation : 30 min – Du début à la fin : 1 h 50 min   16 empanadas

625 ml (2 1/2 tasses) de farine tout-usage

2 ml (1/2 c. à thé) de sel

150 ml (2/3 tasse) de beurre ou de margarine ferme, en dés

75 ml (1/3 tasse) d'eau froide

175 ml (3/4 tasse) de patate douce cuite, en purée

50 ml (1/4 tasse) de pacanes hachées

30 ml (2 c. à soupe) de sucre

5 ml (1 c. à thé) de cannelle moulue

1 ml (1/4 c. à thé) de muscade moulue

0,5 ml (1/8 c. à thé) de clous de girofle moulus

1 banane moyenne, coupée en morceaux de 1 cm (175 ml [3/4 tasse])

30 ml (2 c. à soupe) de sucre

3 ml (3/4 c. à thé) de cannelle moulue

1 Dans un bol moyen, mélanger la farine et le sel. Incorporer le beurre à l'aide d'un coupe-pâte (ou de deux couteaux entrecroisés), jusqu'à ce que les particules soient de la taille de petits pois. Asperger d'eau froide, 15 ml (1 c. à soupe) à la fois, en écrasant à la fourchette jusqu'à ce que toute la farine soit humidifiée et que la pâte se détache des parois du bol.

2 Diviser la pâte en deux ; abaisser chaque moitié en rondelle et envelopper chaque rondelle dans une pellicule plastique. Couvrir et réfrigérer 1 heure ou jusqu'à ce que la pâte se travaille facilement.

3 Entre-temps, dans un petit bol, mélanger la patate douce, les pacanes, 30 ml (2 c. à soupe) de sucre, la cannelle, muscade, les clous de girofle et les bananes ; réserver. Dans un autre petit bol, mélanger 30 ml (2 c. à soupe) de sucre et 3,5 ml (3/4 c. à thé) de cannelle ; réserver.

4 Chauffer le four à 200 °C (400 °F). Sur une surface légèrement enfarinée, rouler chaque moitié de pâte en rectangle de 40 × 20,5 cm (16 × 8 po). Découper chaque rectangle en 8 carrés. Mettre environ 15 ml (1 c. à soupe) du mélange de patate douce et bananes au centre de chaque carré. Badigeonner les bords des carrés avec de l'eau et les replier pour en faire des triangles. Presser les contours pour sceller ou les écraser à l'aide d'une fourchette enfarinée. Badigeonner légèrement les dessus avec de l'eau. Saupoudrer de sucre cannelle.

5 Sur une plaque à biscuits non graissée, déposer les empanadas en les espaçant d'environ 2,5 cm (1 po). Cuire de 15 à 20 minutes ou jusqu'à coloration dorée. Servir chaud.

ASTUCE DU JOUR

Si vous n'avez pas de reste de patate douce déjà cuite, vous pouvez en mettre une grosse (225 à 300 g [8 à 10 oz]) au four micro-ondes, sans la peler. Piquer la patate plusieurs fois avec les dents d'une fourchette, puis cuire de 8 à 12 minutes à température élevée ou jusqu'à tendreté. Laisser refroidir environ 5 minutes ; peler et écraser.

En altitude (1066 m à 1981 m [3500 à 6500 pi]) : Pas de changement.

1 empanada : 185 calories (lipides 80) ; gras 9 g (saturés 5 g) ; cholestérol 20 mg ; sodium 125 mg ; glucides 23 g (fibres 1 g) ; protéines 3 g
Équivalents : 1 féculent, 1/2 fruit, 1 1/2 gras
Choix de glucides : 1 1/2

EMPANADAS AUX PATATES DOUCES ET BANANES

Crêpes à la crème caramel facile

Crème caramel facile (ci-dessous)
250 ml (1 tasse) de farine tout-usage
15 ml (1 c. à soupe) de sucre glace
5 ml (1 c. à thé) de poudre à pâte
2 ml (1/2 c. à thé) de sel
250 ml (1 tasse) de lait
2 ml (1/2 c. à thé) de vanille
2 œufs, légèrement battus
50 ml (1/4 tasse) de brandy, facultatif
30 ml (2 c. à soupe) de poudre à pâte
2 ml (1/2 c. à thé) de cannelle moulue
Fraises tranchées, facultatif

1 Préparer la crème caramel.

2 Dans un bol moyen, mélanger la farine, le sucre glace, la poudre à pâte et le sel. Incorporer le lait, la vanille et les œufs. Battre au batteur à main jusqu'à consistance lisse.

3 Beurrer légèrement une poêle de 15 à 20,5 cm (6 à 8 po) et la réchauffer sur feu moyen jusqu'à ce que des bulles se forment à la surface. Pour chaque crêpe, verser 50 ml (1/4 tasse) environ de mélange dans la poêle ; faire pivoter la poêle sans attendre, jusqu'à ce qu'un mince film en recouvre le fond.

4 Cuire jusqu'à l'obtention d'une coloration légèrement brune. Décoller les bords à l'aide d'une grande spatule ; retourner et cuire l'autre côté jusqu'à coloration brune. Empiler en mettant une feuille de papier ciré entre chaque crêpe. Couvrir.

5 Étendre environ 30 ml (2 c. à soupe) de crème caramel sur chaque crêpe chaude et rouler. Verser sur chaque crêpe un filet de brandy (environ 5 ml [1 c. à thé]) ; saupoudrer de sucre glace et de cannelle. Servir avec des tranches de fraises, si désiré.

Crème caramel facile

Chauffer le four à 220 °C (425 °F). Dans un moule carré graissé de 20,5 cm (8 po), verser une boîte de 420 ml (14 oz) de lait condensé sucré. Couvrir hermétiquement avec du papier aluminium. Déposer le moule dans une lèchefrite de 33 × 23 cm (13 × 9 po) et mettre sur la grille du four. Verser de l'eau très chaude dans la lèchefrite, jusqu'à 1,5 cm (1/2 po) du bord du moule. Cuire environ 60 minutes ou jusqu'à épaississement et coloration dorée. Sortir avec soin le moule de l'eau chaude. Enlever le papier aluminium ; laisser tiédir ou refroidir complètement.

En altitude (1066 m à 1981 m [3500 à 6500 pi]) : Pas de changement.

ASTUCE DU JOUR

La crème caramel qui sert à garnir ces crêpes est si riche et savoureuse que personne ne voudra croire qu'elle est aussi facile à préparer. La fabrication du caramel à partir d'une boîte de lait condensé est un truc aussi vieux que le lait condensé lui-même. Il faut savoir mettre les bonnes idées à profit. Des tranches de fraises fraîches ou d'autres fruits frais et une boule de crème glacée feront de ce dessert une réussite incontestée.

1 portion : 210 calories (lipides 45) ; gras 5 g (saturés 3 g) ; cholestérol 50 mg ; sodium 220 mg ; glucides 35 g (fibres 0 g) ; protéines 6 g
Équivalents : 2 féculents, 1 gras
Choix de glucides : 2

Biscuits mangue et lime

Garniture à la mangue (ci-dessous)

250 ml (1 tasse) de sucre granulé

125 ml (1/2 tasse) de beurre ou margarine, ramolli

5 ml (1 c. à thé) de vanille

1 œuf

400 ml (1 2/3 tasse) de farine tout-usage

5 ml (1 c. à thé) de zeste de lime râpé

5 ml (1 c. à thé) de poudre à pâte

1 ml (1/4 c. à thé) de sel

250 ml (1 tasse) de sucre glace

15 ml (1 c. à soupe) de jus de lime

1 Préparer la garniture à la mangue.

2 Dans un grand bol, mélanger le sucre granulé, le beurre, la vanille et l'œuf à la cuillère. Incorporer la farine, le zeste de lime, la poudre à pâte et le sel. Diviser la pâte en deux ; aplatir chaque moitié et les envelopper dans une pellicule de plastique ; réfrigérer environ 30 minutes ou jusqu'à ce que la pâte soit facile à rouler.

3 Chauffer le four à 190 °C (375 °F). Sur une surface légèrement enfarinée, abaisser chaque morceau de pâte à 2 mm (1/8 po) d'épaisseur. Découper des rondelles de 7,5 cm (3 po) à l'aide d'un emporte-pièce. Déposer les rondelles sur une plaque non graissée, en les espaçant d'environ 2,5 cm (1 po). Mettre environ 5 ml (1 c. à thé) de garniture au centre de chaque biscuit ; plier en deux en pressant les bords pour sceller.

4 Cuire de 12 à 15 minutes ou jusqu'à coloration dorée. Enlever les biscuits de la plaque et mettre sur une grille. Refroidir complètement, environ 30 minutes. Dans un petit bol, mélanger le sucre glace, le jus de lime et assez d'eau pour faire une glace facile à étendre. Tartiner sur les biscuits.

Garniture à la mangue

175 ml (3/4 tasse) de mangues séchées, finement hachés

125 ml (1/2 tasse) d'eau

45 ml (3 c. à soupe) de sucre granulé

5 ml (1 c. à thé) de jus de lime

Dans une casserole de 2 L (8 tasses), mélanger les mangues, l'eau et le sucre. Porter à ébullition à feu vif, en brassant de temps en temps. Réduire le feu à moyen. Couvrir et laisser mijoter environ 10 minutes ou jusqu'à ce que les mangues soient tendres et que le mélange ait légèrement épaissi. Ajouter le jus de lime. Laisser refroidir 30 minutes.

Biscuits à l'abricot et à la lime : Omettre la garniture à la mangue. Dans un petit bol, mélanger 150 ml (2/3 tasse) d'abricots en conserve et 5 ml (1 c. à thé) de jus de lime. Garnir les biscuits.

En altitude (1066 m à 1981 m [3500 à 6500 pi]) : Utiliser 500 ml (2 tasses) de farine.

1 biscuit : 130 calories (lipides 26) ; gras 4 g (saturés 2 g) ; cholestérol 20 mg ; sodium 75 mg ; glucides 23 g (fibres 0 g) ; protéines 1 g
Équivalents : 1/2 féculent, 1 fruit, 1/2 gras
Choix de glucides : 1 1/2

ASTUCE DU JOUR

Vous cherchez une manière facile de hacher les mangues séchées ? Saupoudrer un peu de sucre sur la planche à découper ; le sucre facilite le hachage. Mettre les fruits et le sucre avec l'eau dans la casserole, et continuer tel qu'indiqué.

Barres coco pacanes

Classique

Nous avons publié une version de ces barres populaires en 1978, dans un livre de recettes commémoratif. Cette version a provoqué l'enthousiasme de milliers d'amateurs et nous avons créé un mélange spécial pour le commerce, sur le modèle de ces barres au coco. Elles vous raviront !

Temps de préparation : 20 min – Du début à la fin : 2 h 15 min　　　　　　　**16 barres**

90 ml (6 c. à soupe) de beurre ou margarine, ramolli

50 ml (1/4 tasse) de sucre granulé

1 ml (1/4 c. à thé) de sel

250 ml (1 tasse) de farine tout-usage

2 œufs

5 ml (1 c. à thé) de vanille

250 ml (1 tasse) de cassonade tassée

30 ml (2 c. à soupe) de farine tout-usage

2 ml (1/2 c. à thé) de sel

250 ml (1 tasse) de noix de coco en flocons

125 ml (1/2 tasse) de pacanes hachées

1 Chauffer le four à 180 °C (350 °F). Dans un petit bol, battre le beurre, le sucre granulé et 1 ml (1/4 c. à thé) de sel au batteur électrique à vitesse moyenne, jusqu'à consistance légère et mousseuse. Incorporer 250 ml (1 tasse) de farine. Presser le mélange uniformément au fond d'un moule carré de 23 cm (9 po), non graissé. Cuire de 12 à 17 minutes ou jusqu'à coloration brun clair.

2 Entre-temps, dans un bol moyen, battre les œufs légèrement à l'aide d'un fouet. Ajouter la vanille. Incorporer graduellement la cassonade et bien mélanger. Ajouter 30 ml (2 c. à soupe) de farine et 2 ml (1/2 c. à thé) de sel. Incorporer la noix de coco et les pacanes. Verser délicatement, à la cuillère, le mélange de coco sur le mélange déjà cuit.

3 Cuire de 20 à 25 minutes ou jusqu'à l'obtention d'une belle couleur dorée et jusqu'à ce que la garniture soit prise. Refroidir 10 minutes. Passer un couteau tout le tour intérieur du moule pour détacher. Refroidir complètement, environ 1 heure. Découper 4 rangs dans un sens, puis 4 rangs dans l'autre.

ASTUCE DU JOUR

Ajoutez un peu de fantaisie à vos barres coco pacanes. Découpez-les dans le sens de la diagonale et faites 32 triangles. En les enveloppant hermétiquement, vous pourrez conserver ces barres vedettes jusqu'à deux jours à la température ambiante. Faites-les congeler si vous souhaitez les garder plus longtemps.

En altitude (1066 m à 1981 m [3500 à 6500 pi]) : À l'étape 1, cuire de 15 à 19 minutes. À l'étape 3, cuire de 23 à 27 minutes.

1 barre : 205 calories (lipides 90) ; gras 10 g (saturés 5 g) ; cholestérol 50 mg ; sodium 170 mg ; glucides 26 g (fibres 1 g) ; protéines 3 g
Équivalents : 1 féculent, 1 autre glucide, 1 1/2 gras
Choix de glucides : 2

Gâteau *tres leches*

4 œufs

175 ml (3/4 tasse) de sucre

50 ml (1/4 tasse) d'eau froide

5 ml (1 c. à thé) de vanille

250 ml (1 tasse) de farine tout-usage

5 ml (1 c. à thé) de poudre à pâte

1 ml (1/4 c. à thé) de sel

Sauce *tres leches* (ci-dessous)

Crème fouettée sucrée (page 232)

250 ml (1 tasse) de noix de coco en
flocons, rôtis*

455 g (1 lb) de fraises tranchées

5 kiwis, pelés et hachés

* Pour faire rôtir la noix de coco, l'étaler sans couvrir dans un moule peu profond non graissé, dans un four à 180 °C (350 °F), de 5 à 7 minutes, en brassant de temps en temps, jusqu'à coloration brun doré.

1 Chauffer le four à 180 °C (350 °F). Graisser le fond et les côtés d'un moule en verre de 28 × 17,5 cm (11 × 7 po). Dans un grand bol, battre les œufs au batteur électrique à grande vitesse jusqu'à consistance vaporeuse. Incorporer graduellement le sucre ; battre à grande vitesse environ 5 minutes ou jusqu'à ce que le mélange soit épais et couleur citron. Ajouter l'eau et la vanille à basse vitesse. Incorporer graduellement la farine, la poudre à pâte et le sel, en battant juste assez pour que le mélange soit lisse. Verser dans le moule.

2 Cuire de 20 à 25 minutes ou jusqu'à ce qu'un cure-dent inséré au centre en ressorte propre. Refroidir 60 minutes sur une grille à gâteau.

3 Préparer la sauce *tres leches*. Trouer le dessus du gâteau tout le tour à l'aide d'un cure-dent ou d'une fourchette ; verser lentement la sauce sur le gâteau en lui laissant le temps de bien pénétrer. Couvrir et réfrigérer au moins 2 heures, jusqu'à ce que presque toute la sauce ait été absorbée. Servir garni de crème fouettée sucrée, de noix de coco, de fraises et de morceaux de kiwi.

Sauce *tres leches*

400 ml (14 oz) de lait condensé sucré

250 ml (1 tasse) de crème à fouetter (épaisse)

125 ml (1/2 tasse) de crème de coco en conserve (pas de lait de coco)

45 ml (3 c. à soupe) de rhum léger ou 15 ml (1 c. à soupe) de vanille

Dans un bol moyen, mélanger tous les ingrédients. Réfrigérer jusqu'au moment de vous en servir.

En altitude (1066 m à 1981 m [3500 à 6500 pi]) : Utiliser un moule en verre de 33 × 23 cm (13 × 9 po).

1 portion : 330 calories (lipides 155) ; gras 17 g (saturés 11 g) ; cholestérol 90 mg ; sodium 135 mg ; glucides 38 g (fibres 2 g) ; protéines 6 g
Équivalents : 2 féculents, 1/2 fruit, 3 gras
Choix de glucides : 2 1/2

✳ ASTUCE DU JOUR

Le gâteau *tres leches* est une recette classique du Nicaragua. Le gâteau est gorgé de trois sortes de *leches* ou « laits » : lait condensé sucré, crème à fouetter et crème de coco. C'est un gâteau très humide qui prend toute sa saveur avec le temps. Il se conserve au réfrigérateur, bien enveloppé, jusqu'à trois jours.

PAIN TORTUE

Chapitre 6

Cuisiner avec les enfants

Pain tortue
Classique

Temps de préparation : 20 min – Du début à la fin : 1 h 10 min   1 pain tortue (16 portions)

625 ml (2 1/2 tasses) de farine
  tout-usage

1 sachet de levure sèche à action rapide*

15 ml (1 c. à soupe) de sucre

5 ml (1 c. à thé) de sel

125 ml (1/2 tasse) d'eau

75 ml (1/3 tasse) de lait

15 ml (1 c. à soupe) de beurre ou de
  margarine

1 œuf

2 raisins secs

* La levure active ordinaire peut se substituer à la levure à action rapide. Dissoudre la levure dans 125 ml (1/2 tasse) d'eau chaude 41 à 45 °C (105 à 115 °F). Incorporer le sucre, le sel, le lait chaud, le beurre fondu et 375 ml (1 1/2 tasse) de farine. Incorporer l'œuf. Ajouter assez du reste de farine pour former une pâte facile à travailler. Continuer tel qu'indiqué.

1 Dans un grand bol, mélanger 375 ml (1 1/2 tasse) de farine, la levure, le sucre et le sel ; réserver.

2 Dans une casserole de 1 L (4 tasses), faire chauffer l'eau, le lait et le beurre à feu moyen, en brassant de temps en temps, jusqu'à une température de 45 à 50 °C (125 à 130 °F) ; incorporer au mélange de levure. Incorporer l'œuf. Ajouter assez du reste de farine pour faire une pâte facile à travailler. Sur une surface légèrement enfarinée, pétrir la pâte environ 5 minutes, ou jusqu'à consistance lisse et élastique. Couvrir et laisser reposer 10 minutes.

3 Graisser légèrement une plaque à biscuits. Rouler une boule de pâte de 5 cm (2 po) pour la tête de la tortue, 4 boules de la grosseur d'une noix de Grenoble pour les pieds et 1 boule de la grosseur d'une noix pour la queue. Avec le reste de la pâte, faire une grosse boule qui sera le corps de la tortue. Aplatir légèrement sur une plaque à biscuits. Attacher la tête, les pieds et la queue en glissant un bout de chaque morceau sous le corps et en pressant pour qu'il tienne bien en place. Presser les raisins secs pour faire les yeux. Couvrir et laisser lever dans un endroit chaud environ 20 minutes.

4 Chauffer le four à 200 °C (400 °F). Faire une entaille d'environ 5 mm (1/4 po) de profondeur sur tout le contour du corps de la tortue, puis pratiquer des entailles croisées en diagonale au centre, pour imiter la carapace d'une tortue. Cuire de 20 à 25 minutes ou jusqu'à coloration dorée.

Pains en forme d'animaux : Façonner la pâte en forme d'alligator, d'ours, de vache, de chien, de coccinelle ou de n'importe quel animal. Couvrir et laisser lever dans un endroit chaud, 20 minutes environ. À l'aide de ciseaux de cuisine, découper un X dans la pâte pour les yeux, le nez, les dents, etc. Cuire tel qu'indiqué. Pour obtenir une surface luisante, badigeonner le pain, une fois cuit, avec du beurre fondu. Laisser refroidir le pain ; décorer avec des raisins secs, des canneberges, des pépites de chocolat, etc., en les faisant tenir avec une goutte de miel.

En altitude (1066 m à 1981 m [3500 à 6500 pi]) : Pas de changement. Il est déconseillé de réfrigérer la pâte.

ASTUCE DU JOUR

Vous pouvez réfrigérer cette pâte jusqu'à 24 heures. Voici comment : graisser un grand bol et y déposer la pâte en la retournant pour bien enduire toute la surface. Couvrir hermétiquement avec une pellicule de plastique ; réfrigérer. Pour faciliter le façonnage de la pâte, la sortir du frigo au moins 20 minutes avant de la travailler.

1 portion : 85 calories (lipides 10) ; gras 1 g (saturés 0 g) ; cholestérol 15 mg ; sodium 160 mg ; glucides 16 g (fibres 1 g) ; protéines 3 g
Équivalents : 1 féculent
Choix de glucides : 1

Pâte à sel à modeler
(Place à la créativité !)

Temps de préparation : 20 min – Du début à la fin : I h 20 min   **4 tasses de pâte**

I kg (4 tasses) de farine tout-usage

250 ml (I tasse) de sel

375 ml (I 1/2 tasse) d'eau chaude

Colorant alimentaire ou gouache, facultatif

Scellant clair en vaporisateur, facultatif

1 Chauffer le four à 150 °C (300 °F). Dans un grand bol, bien mélanger la farine et le sel. Ajouter l'eau et un colorant alimentaire. Sur une surface légèrement enfarinée, former une boule avec la pâte après avoir passé vos mains dans la farine. Pétrir de 5 à 10 minutes ou jusqu'à ce que la pâte soit lisse et élastique. Bien envelopper la pâte dans une pellicule de plastique ; comme elle sèche rapidement, sortir seulement la quantité dont vous avez besoin.

2 Utilisez cette pâte pour créer des formes amusantes. Voir ci-dessous, la méthode pour réaliser vos créations : main et collier. Cuire environ 60 minutes, ou jusqu'à ce que la pâte soit sèche et qu'elle commence à brunir (le temps de cuisson dépendra de la grosseur des formes). Si le temps de cuisson est plus long, retourner les formes et continuer la cuisson jusqu'à ce que la pâte soit bien sèche. Enlever les formes de la plaque à biscuits et les déposer sur une grille à gâteau. Refroidir complètement.

3 Si désiré, peindre les formes avec de la gouache ou de la peinture à l'eau. Vaporiser un scellant sur les formes pour les conserver plus longtemps. Bien enveloppée, la pâte non cuite se conserve jusqu'à 30 jours au réfrigérateur.

Attention, cette pâte est faite pour s'amuser, pas pour manger !

ASTUCE DU JOUR

Laissez les enfants jouer avec leur nourriture en préparant de la pâte faite exprès pour cela ! Ils peuvent dessiner leur main, fabriquer un collier ou créer n'importe quelle forme. Cette pâte contient une grande quantité de sel, aussi est-elle recommandée pour jouer et non pour manger.

Comment façonner une main

1 Faire une boule avec le tiers de la pâte.

2 Sur une surface légèrement enfarinée, rouler ou aplatir la pâte à la main pour former un cercle de 2 cm (3/4 po) d'épaisseur.

3 Presser sa main dans la pâte, puis écrire son nom et la date sur les contours de la pâte, à l'aide d'un cure-dent. Enfourner.

Comment fabriquer un collier

1 Pour fabriquer des perles, façonnez des petites boules de pâte de 2,5 cm (I po).

2 Enfoncer un cure-dent dans chaque boule pour la trouer. Faire cuire les perles et les laisser refroidir.

3 Peindre les perles et les enfiler sur une ficelle.

En altitude (1066 m à 1981 m [3500 à 6500 pi]) : Pas de changement.

Bonhomme de neige givré

Temps de préparation : 15 min – Du début à la fin : 3 h 10 min   **Donne 24 portions**

250 ml (1 tasse) d'eau

30 ml (2 c. à soupe) de beurre ou de margarine, ramolli

750 ml (3 tasses) de farine tout-usage ou de farine à pain

45 ml (3 c. à soupe) de sucre granulé

5 ml (1 c. à thé) de cannelle moulue

7 ml (1 1/2 c. à thé) de sel

11 ml (2 1/4 c. à thé) de levure à machine à pain

500 ml (2 tasses) de sucre glace

Environ 45 ml (3 c. à soupe) de lait

Bâtonnets de bretzels, facultatif

2 biscuits ronds, facultatif

Bonbons assortis, facultatif

Pâtes de fruits en rouleau, facultatif

Confettis blancs à gâteau, facultatif

1 En mesurant avec soin, mettre l'eau, le beurre, la farine, le sucre granulé, la cannelle, le sel et la levure dans la machine à pain, dans l'ordre recommandé par le fabricant.

2 Sélectionner le cycle « pâte/manuel ». Ne pas utiliser le cycle « départ différé ». Les mains légèrement enfarinées, sortir la pâte du bol.

3 Chauffer le four à 190 °C (375 °F). Graisser une plaque à biscuits. Diviser la pâte en deux, une part un peu plus petite que l'autre. Avec la plus petite part de pâte, faire une boule de 10 cm (4 po) ; déposer sur la plaque. Rouler une autre boule de 15 cm (6 po) avec le reste de la pâte ; la mettre près de la première boule en faisant en sorte que les côtés se touchent. Couvrir et laisser lever 15 minutes dans un endroit chaud.

4 Cuire de 25 à 28 minutes ou jusqu'à ce que le pain soit doré et sonne creux en le tapotant. Refroidir 10 minutes. Retirer délicatement de la plaque à biscuits et mettre sur une grille à gâteau. Laisser refroidir complètement, environ 2 heures.

5 Déposer le pain sur une assiette de service. Dans un petit bol, mélanger le sucre glace et le lait jusqu'à consistance lisse et assez claire pour couler en filet ; verser à la cuillère sur le pain, en laissant la glace couler sur les côtés. Planter des bâtons de bretzels de chaque côté en guise de bras et des biscuits en guise de cache-oreilles. Décorer avec des bonbons. Découper un long ruban de pâte de fruits en rouleau rouge en guise de foulard. Saupoudrer de confettis.

ASTUCE DU JOUR

Laissez les enfants s'amuser ! Présentez-leur ce pain déjà cuit mais non décoré, un bol de glace à la vanille et tout ce qu'il faut pour le décorer, et donnez-leur le feu vert. Ils auront un plaisir fou !

En altitude (1066 m à 1981 m [3500 à 6500 pi]) : À l'étape 3, couvrir et laisser lever environ 20 minutes.

1 portion : 115 calories (lipides 10) ; gras 1 g (saturés 1 g) ; cholestérol 5 mg ; sodium 155 mg ; glucides 25 g (fibres 1 g) ; protéines 2 g
Équivalents : 1 féculent, 1/2 autre glucide
Choix de glucides : 1 1/2

BONHOMME DE NEIGE GIVRÉ

Gondoles au pepperoni

400 ml (1 3/4 tasse) de farine tout-usage

1 ml (1/4 c. à thé) de sel

1 sachet de levure sèche à action rapide

15 ml (1 c. à soupe) d'huile végétale

150 ml (2/3 tasse) d'eau très chaude (49 à 54 °C [120 à 125 °F])

100 g (3 1/2 oz) de pepperoni tranché

125 ml (1/2 tasse) de mozzarelle râpée

1 ml (1/4 c. à thé) d'origan séché

Sauce à pizza chaude, facultatif

1 Dans un bol moyen, mélanger la farine, le sel et la levure. Incorporer l'huile et l'eau chaude jusqu'à formation d'une pâte molle. Sur une surface légèrement enfarinée avec les mains enfarinées, façonner la pâte en boule. Pétrir 5 fois. Retourner le bol sur la boule de pâte et laisser reposer 5 minutes.

2 Graisser le fond et les côtés d'un moule rond de 23 cm (9 po). Sur une surface enfarinée, abaisser la pâte à la main ou au rouleau à pâtisserie, pour en faire un carré de 23 cm (9 po). Mettre le pepperoni sur la pâte. Saupoudrer de fromage et d'origan. Rouler fermement la pâte et pincer les bouts pour sceller. Découper le rouleau en tranches de 2,5 cm (1 po) et les déposer dans le moule en les espaçant un peu. Couvrir et laisser lever dans un endroit chaud environ 30 minutes ou jusqu'au double du volume.

3 Chauffer le four à 190 °C (375 °F). Cuire de 25 à 30 minutes ou jusqu'à coloration dorée. Servir chaud avec de la sauce à pizza.

ASTUCE DU JOUR

Lorsque vous devez mesurer la farine et les autres ingrédients secs, demandez aux enfants de remplir avec soin une tasse à mesurer les ingrédients secs, puis de niveler avec le plat d'une spatule ou d'un couteau de cuisine. Il est crucial de bien mesurer les ingrédients lorsqu'on prépare de la pâte ; cette étape peut faire la différence entre une vraie réussite ou une grosse déception.

En altitude (1066 m à 1981 m [3500 à 6500 pi]) : Cuire de 30 à 35 minutes.

1 portion : 145 calories (lipides 45) ; gras 5 g (saturés 2 g) ; cholestérol 5 mg ; sodium 200 mg ; glucides 19 g (fibres 1 g) ; protéines 6 g
Équivalents : 1 féculent, 1/2 viande très grasse
Choix de glucides : 1

Petits pains à trempette

500 ml (2 tasses) de farine tout-usage

15 ml (1 c. à soupe) de sucre

15 ml (1 c. à soupe) de poudre à pâte

5 ml (1 c. à thé) de sel

125 ml (1/2 tasse) de beurre ou de margarine, ramolli

175 ml (3/4 tasse) de lait

75 ml (1/3 tasse) de fromage parmesan râpé

5 ml (1 c. à thé) d'assaisonnements à l'italienne

30 ml (2 c. à soupe) de beurre ou de margarine, fondu

Sauce aux tomates pour pâtes, sauce au fromage ou à pizza réchauffée, facultatif

1 Chauffer le four à 220 °C (425 °F). Dans un bol moyen, bien mélanger la farine, le sucre, la poudre à pâte et le sel. Incorporer le beurre à l'aide d'un coupe-pâte (ou de deux couteaux entrecroisés), jusqu'à consistance grumeleuse. Incorporer le lait jusqu'à l'obtention d'une pâte lisse.

2 Sur une surface légèrement enfarinée avec les mains enfarinées, façonner la pâte en boule. Pétrir 10 fois. Diviser la pâte en 32 morceaux.

3 Dans un petit bol, mélanger le fromage et l'assaisonnement à l'italienne. Rouler les morceaux de pâte dans le mélange de fromage. Dans un moule rond non graissé de 23 cm (9 po), déposer les morceaux de pâte enrobés. Saupoudrer le reste du mélange de fromage sur le tout. Verser 30 ml (2 c. à soupe) de beurre fondu par-dessus.

4 Cuire de 15 à 20 minutes ou jusqu'à coloration dorée. Sortir le pain du moule. Servir chaud avec de la sauce chaude pour faire trempette.

ASTUCE DU JOUR

Les enfants adorent les trempettes ! Ce pain collation interactif est un franc succès à tout coup et constitue une collation parfaite au terme d'une journée d'école. Garder les restes dans un sac hermétique et réchauffer quelques secondes au four micro-ondes au moment de servir.

En altitude (1066 m à 1981 m [3500 à 6500 pi]) : Pas de changement.

1 portion : 275 calories (lipides 145) ; gras 16 g (saturés 10 g) ; cholestérol 45 mg ; sodium 660 mg ; glucides 27 g (fibres 1 g) ; protéines 5 g
Équivalents : 2 féculents, 2 1/2 gras
Choix de glucides : 2

Bretzels au fromage

Classique

Temps de préparation : 20 min – Du début à la fin : 45 min **16 bretzels**

375 ml (1 1/2 tasse) de farine tout-usage

150 ml (2/3 tasse) de lait

125 ml (1/2 tasse) de fromage cheddar râpé (2 oz)

30 ml (2 c. à soupe) de beurre ou de margarine, ramolli

10 ml (2 c. à thé) de poudre à pâte

5 ml (1 c. à thé) de sucre

2 ml (1/2 c. à thé) de sel

1 œuf

Gros sel, facultatif

1 Chauffer le four à 200 °C (400 °F). Graisser une plaque à biscuits.

2 Dans un bol, mélanger à la fourchette tous les ingrédients, excepté l'œuf et le gros sel. Sur une surface légèrement enfarinée, façonner la pâte en boule. Pétrir 10 fois. Diviser la pâte en deux.

3 Rouler la moitié de la pâte en un rectangle de 30,5 × 20,5 cm (12 × 8 po). Découper le rectangle en 8 lanières de 2,5 cm (1 po), dans le sens de la longueur. Rétrécir les lanières en les pliant en deux dans le sens de la longueur. Pincer les bords pour sceller. Tordre toutes les lanières pour leur donner la forme de bretzels, et les mettre côte à côte sur une plaque à biscuits.

4 Dans un petit bol, battre l'œuf à la fourchette et en badigeonner les bretzels ; saupoudrer légèrement de gros sel.

5 Cuire de 20 à 25 minutes ou jusqu'à coloration dorée. Retirer les bretzels de la plaque et les mettre sur une grille. Recommencer avec l'autre moitié de la pâte.

Bretzels aux arachides : Remplacer le beurre par 30 ml (2 c. à soupe) de beurre d'arachides croquant. Omettre le fromage. Remplacer le gros sel par 30 ml (2 c. à soupe) d'arachides salées hachées.

ASTUCE DU JOUR

Vous aurez autant de plaisir à fabriquer ces bretzels au fromage qu'à les manger. Enseignez aux enfants à pétrir la pâte en la pliant et en la repoussant avec la paume des mains, puis en faisant un quart de tour et en répétant le processus dix fois de suite. C'est l'occasion rêvée de leur expliquer l'importance du pétrissage dans la fabrication d'un beau pain, tout en leur communiquant votre amour de la panification.

En altitude (1066 m à 1981 m [3500 à 6500 pi]) : Pas de changement.

1 portion : 80 calories (lipides 25) ; gras 3 g (saturés 2 g) ; cholestérol 20 mg ; sodium 180 mg ; glucides 10 g (fibres 1 g) ; protéines 3 g
Équivalents : 1/2 féculent, 1 gras
Choix de glucides : 1/2

Torsades
Classique

Temps de préparation : 16 min – Du début à la fin : 30 min

6 torsades

300 ml (1 1/4 tasse) de farine
  tout-usage*

5 ml (1 c. à thé) de poudre à pâte

2 ml (1/2 c. à thé) de sel

30 ml (2 c. à soupe) d'huile végétale

125 ml (1/2 tasse) de lait

1 œuf, battu

Garniture (sucre cannelle, avoine,
  graines de sésame ou fromage râpé),
  facultatif

** Si vous utilisez de la farine
instantanée, omettre la poudre à
pâte et le sel.*

1 Dans un bol moyen, mélanger tous les ingrédients excepté l'œuf et la garniture, jusqu'à formation d'une pâte molle. Sur une surface légèrement enfarinée, façonner la pâte en boule. Pétrir 10 fois. Retourner le bol sur la pâte ; laisser reposer 15 minutes.

2 Chauffer le four à 220 °C (425 °F). Diviser la pâte en 6 parts. Rouler chaque part en ficelle de 38 cm (15 po) et déposer sur une plaque à biscuits, non graissée. Plier chaque ficelle en deux, puis tordre les deux moitiés ensemble. Badigeonner d'œuf battu. Saupoudrer de garniture.

3 Cuire de 9 à 11 minutes ou jusqu'à coloration dorée. Enlever de la plaque et mettre sur une grille.

ASTUCE DU JOUR

Vous pouvez ajouter quelques gouttes de colorant alimentaire dans le lait, pour obtenir un joli pain légèrement coloré. Faites de vos torsades une collation originale, en les trempant dans la sauce aux pommes ou dans une sauce chaude au fromage.

En altitude (1066 m à 1981 m
[3500 à 6500 pi]) : Utiliser 2 ml
(1/2 c. à thé) de poudre à pâte.

1 **portion :** 155 calories (lipides 55) ;
gras 6 g (saturés 1 g) ; cholestérol
35 mg ; sodium 300 mg ; glucides
21 g (fibres 1 g) ; protéines 4 g
Équivalents : 1 féculent, 1/2 autre
glucide, 1 gras
Choix de glucides : 1 1/2

Muffins strudels aux bleuets

Classique

Au début des années 1930, les publicités de farine illustraient des recettes qui avaient été primées à l'occasion des foires commerciales qui avaient lieu annuellement dans tous les États américains. Cette recette de muffins aux bleuets (sans le strudel) avait remporté le premier prix à la grande foire de l'Illinois. Attendez-vous à ce qu'elle remporte la palme dans votre cuisine aussi !

Temps de préparation : 20 min – Du début à la fin : 50 min | **12 muffins**

Garniture à strudel (ci-dessous)

175 ml (3/4 tasse) de lait

50 ml (1/4 tasse) d'huile végétale

1 œuf

500 ml (2 tasses) de farine tout-usage

125 ml (1/2 tasse) de sucre

10 ml (2 c. à thé) de poudre à pâte

2 ml (1/2 c. à thé) de sel

250 ml (1 tasse) de bleuets frais, en conserve (égouttés) ou congelés

1 Chauffer le four à 200 °C (400 °F). Seulement graisser les fonds de 12 moules à muffins, ou les tapisser de moules en papier.

2 Préparer la garniture de strudel et réserver.

3 Dans un grand bol, battre le lait, l'huile et l'œuf à la fourchette ou au fouet. Incorporer la farine, le sucre, la poudre à pâte et le sel en une seule fois, et battre juste assez pour humidifier le tout (le mélange sera grumeleux). Ajouter les bleuets. Diviser le mélange dans les moules à muffins. Saupoudrer chaque muffin d'environ 15 ml (1 c. à soupe) de garniture.

4 Cuire de 20 à 25 minutes ou jusqu'à coloration dorée. Si vous utilisez des moules graissés, laisser reposer environ 5 minutes dans le moule avant de démouler et de mettre sur une grille à gâteau. Si vous les avez tapissés de moules en papier, les sortir immédiatement du moule de métal. Servir chaud si désiré.

ASTUCE DU JOUR

Si vous avez des moules à muffins miniatures, sortez-les et faites des mini muffins ; ils seront prêts en 10 à 15 minutes à peine.

En altitude (1066 m à 1981 m [3500 à 6500 pi]) : Utiliser 5 ml (1 c. à thé) de poudre à pâte.

1 muffin : 210 calories (lipides 65) ; gras 7 g (saturés 2 g) ; cholestérol 25 mg ; sodium 210 mg ; glucides 33 g (fibres 1 g) ; protéines 4 g
Équivalents : 1 féculent, 1 fruit, 1 1/2 gras
Choix de glucides : 2

Garniture à strudel

50 ml (1/4 tasse) de farine tout-usage

50 ml (1/4 tasse) de cassonade tassée

1 ml (1/4 c. à thé) de cannelle moulue

30 ml (2 c. à soupe) de beurre ou de margarine, ferme

Dans un bol moyen, mélanger farine, cassonade et cannelle. Incorporer le beurre à l'aide d'un coupe-pâte ou de deux couteaux entrecroisés, jusqu'à consistance grumeleuse.

Muffins pommes et cannelle : Omettre les bleuets. Mélanger 250 ml (1 tasse) de pomme pelée et hachée avec le lait. Incorporer 2 ml (1/2 c. à thé) de cannelle en même temps que la farine. Cuire de 25 à 30 minutes.

Muffins aux bananes : Omettre les bleuets. Diminuer la quantité de lait à 75 ml (1/3 tasse). Incorporer 250 ml (1 tasse) de bananes très mûres écrasées (environ 2 moyennes) avec le lait. Utiliser de la cassonade tassée à la place du sucre.

Muffins canneberges et orange : Omettre les bleuets. Incorporer 15 ml (1 c. à soupe) de zeste d'orange râpé avec le lait. Incorporer dans le mélange 250 ml (1 tasse) de moitiés de canneberges.

MUFFINS STRUDELS AUX BLEUETS

Crêpes à l'avoine

1 œuf

175 ml (3/4 tasse) de babeurre

125 ml (1/2 tasse) d'avoine à l'ancienne
   ou à cuisson rapide

125 ml (1/2 tasse) de farine tout-usage

50 ml (1/4 tasse) de lait

15 ml (1 c. à soupe) de sucre

30 ml (2 c. à soupe) d'huile végétale

5 ml (1 c. à thé) de poudre à pâte

2 ml (1/2 c. à thé) de bicarbonate
   de soude

2 ml (1/2 c. à thé) de sel

1 Dans un bol moyen, battre l'œuf à l'aide d'un batteur à main, jusqu'à consistance mousseuse. Incorporer le reste des ingrédients. (Pour des crêpes plus minces, ajouter de 30 à 60 ml [2 à 4 c. à soupe] de lait additionnel.)

2 Faire chauffer une crêpière ou une poêle à feu moyen ou jusqu'à une température de 190 °C (375 °F). (Pour tester la plaque, y jeter quelques gouttes d'eau. Si des bulles sautillent à la surface, la température est parfaite.) Graisser la crêpière.

3 Pour chaque crêpe, verser environ 45 ml (3 c. à soupe) de mélange à l'aide d'une tasse munie d'un bec, sur la plaque chaude. Cuire les crêpes jusqu'à ce qu'elles soient gonflées et sèches sur les contours. Retourner et cuire de l'autre côté jusqu'à coloration dorée.

ASTUCE DU JOUR

En faisant participer les enfants dans la cuisine, vous leur offrez la chance d'apprendre comment les autres cultures apprêtent et servent la nourriture. En Scandinavie, par exemple, les crêpes à l'avoine sont traditionnellement servies avec des confitures d'airelles rouges et de la crème sure. Regardez bien les variétés de confitures que vous offre votre supermarché. Si vous dénichez des confitures d'airelles, pourquoi ne pas en acheter un pot et faire l'expérience d'un mets typiquement scandinave ?

En altitude (1066 m à 1981 m
[3500 à 6500 pi]) : Pas de
changement.

1 crêpe : 65 calories (lipides 25) ;
gras 3 g (saturés 1 g) ; cholestérol
20 mg ; sodium 210 mg ; glucides 8 g
(fibres 1 g) ; protéines 2 g
Équivalents : 1/2 féculent, 1/2 gras
Choix de glucides : 1/2

Galette renversée aux pommes

Temps de préparation : 10 min – Du début à la fin : 45 min　　　　　　**2 à 4 portions**

30 ml (2 c. à soupe) de beurre ou de margarine

30 ml (2 c. à soupe) de cassonade tassée

1 ml (1/4 c. à thé) de cannelle moulue

1 pomme moyenne, en fines tranches (250 ml [1 tasse])

2 oeufs

125 ml (1/2 tasse) de farine tout-usage

125 ml (1/2 tasse) de lait

1 ml (1/4 c. à thé) de sel

1 Chauffer le four à 200 °C (400 °F). Dans un moule à tarte de 23 cm (9 po) en verre, faire fondre le beurre au four. Saupoudrer la cassonade et la cannelle sur le beurre. Mettre les tranches de pomme sur le mélange de sucre-cannelle.

2 Dans un bol moyen, battre les œufs à l'aide d'un batteur à main ou d'un fouet. Incorporer la farine, le lait et le sel, juste assez pour humidifier (éviter de trop battre). Verser le mélange sur les tranches de pommes.

3 Cuire de 30 à 35 minutes ou jusqu'à ce que ce soit bien gonflé et d'une intense couleur dorée. Décoller immédiatement les contours de la galette. Poser un plat de service à l'envers sur l'assiette à tarte ; retourner le plat de service et l'assiette en même temps pour démouler la galette.

ASTUCE DU JOUR

Il est presque aussi important d'apprendre à nettoyer la cuisine que d'apprendre à cuisiner, alors, quand vous aurez terminé votre recette, faites-en une affaire de famille. Même les jeunes enfants peuvent aider en desservant la table, en nettoyant le comptoir et en lavant la vaisselle. Quand tout le monde s'y met, le nettoyage se fait en un claquement de doigts.

En altitude (1066 m à 1981 m [3500 à 6500 pi]) : Pas de changement.

1 portion : 210 calories (lipides 80) ; gras 9 g (saturés 5 g) ; cholestérol 125 mg ; sodium 240 mg ; glucides 26 g (fibres 1 g) ; protéines 6 g
Équivalents : 2 féculents, 1 gras
Choix de glucides : 2

Gaufres exquises

Classique

250 ml (1 tasse) de farine tout-usage

10 ml (2 c. à thé) de poudre à pâte

5 ml (1 c. à thé) de sucre

1 ml (1/4 c. à thé) de sel

250 ml (1 tasse) de lait

50 ml (1/4 tasse) de margarine ou de beurre, fondu

1 œuf, séparé

1 Chauffer le gaufrier. (Les gaufriers sans enduit antiadhésif doivent être graissés avant chaque ajout de pâte à gaufres.)

2 Dans un petit bol, mélanger la farine, la poudre à pâte, le sucre et le sel. Incorporer le lait, le beurre et le jaune d'œuf jusqu'à consistance homogène. Dans un bol moyen, battre le blanc d'œuf au batteur électrique, à grande vitesse, jusqu'à formation de pics fermes et combiner le mélange de farine au blanc d'œuf.

3 Verser environ 150 ml (2/3 tasse) du mélange au centre du gaufrier chaud, à l'aide d'une tasse. (Suivre les recommandations du fabricant pour la quantité de mélange.) Refermer le couvercle du gaufrier.

4 Cuire environ 5 minutes ou jusqu'à l'arrêt de la vapeur. Sortir la gaufre délicatement. Répéter l'opération avec le reste du mélange.

ASTUCE DU JOUR

Servir ces gaufres avec du sirop d'érable et des fruits frais, ou les présenter avec des garnitures simples comme du beurre d'arachides et du sirop d'érable.

En altitude (1066 m à 1981 m [3500 à 6500 pi]) : Pas de changement.

1 gaufre : 185 calories (lipides 90) ; gras 10 g (saturés 6 g) ; cholestérol 160 mg ; sodium 340 mg ; glucides 19 g (fibres 1 g) ; protéines 5 g
Équivalents : 1 féculent, 2 gras
Choix de glucides : 1

Pizza sauve-qui-peut

Temps de préparation : 25 min – Du début à la fin : 40 min   **6 pizzas de 15 cm (6 po)**

325 ml (1 1/3 tasses) de farine tout-usage

125 ml (1/2 tasse) de fromage cheddar râpé (2 oz)

5 ml (1 c. à thé) de poudre à pâte

2 ml (1/2 c. à thé) de sel

30 ml (2 c. à soupe) d'huile végétale

125 ml (1/2 tasse) de lait

1 boîte de 225 ml (8 oz) de sauce à pizza

Garniture à la viande (pepperoni en tranches, poulet déchiqueté, bœuf haché cuit ou saucisse)

Garniture de légumes (brocoli, carotte, maïs et olives)

375 ml (1 1/2 tasse) de mozzarella râpée (6 oz)

1 Chauffer le four à 220 °C (425 °F). Graisser 2 plaques à biscuits. Dans un bol moyen, mélanger la farine, le fromage cheddar, la poudre à pâte, le sel, l'huile et le lait jusqu'à formation d'une pâte molle. Diviser la pâte en 6 parts. Abaisser chaque part en rondelle de 15 cm (6 po) sur une plaque à biscuits. Pincer les bords pour former une bordure.

2 Étendre la sauce à pizza sur la pâte. Ajouter la garniture de viande et de légumes. Saupoudrer de fromage mozzarella.

3 Cuire de 11 à 15 minutes ou jusqu'à ce que la croûte soit dorée et le fromage fondu.

ASTUCE DU JOUR

Cette recette combine plusieurs de vos saveurs favorites : le fromage, la viande et la tomate… sous forme de pizza, la forme préférée des enfants. Assurez-vous d'avoir une grande variété de légumes et de viandes sous la main, de manière à ce qu'ils puissent choisir ce qu'ils préfèrent.

En altitude (1066 m à 1981 m [3500 à 6500 pi]) : Pas de changement.

1 pizza : 405 calories (lipides 200) ; gras 22 g (saturés 9 g) ; cholestérol 50 mg ; sodium 770 mg ; glucides 29 g (fibres 2 g) ; protéines 23 g
Équivalents : 2 féculents, 2 viandes mi-grasses, 2 gras
Choix de glucides : 2

Bouchées de légumes

8 portions (50 ml [1/4 tasse] chacune)

75 ml (1/3 tasse) de margarine ou beurre, fondu

1 œuf

10 ml (2 c. à thé) d'eau

125 ml (1/2 tasse) de farine tout-usage

2 ml (1/2 c. à thé) de sel ou de sel assaisonné

30 ml (2 c. à soupe) d'huile végétale

500 ml (2 tasses) de légumes frais (bouquets de brocoli, de chou-fleur, carottes en rondelles, tranches de courgettes, poivrons rouges et verts en lanières, etc.)

Fromage parmesan râpé, facultatif

1 Chauffer le four à 240 °C (475 °F). Badigeonner le fond d'un moule de 38 × 25 × 2,5 cm (15 × 10 × 1 po) ou de 33 × 23 cm (13 × 9 po) d'environ 30 ml (2 c. à soupe) de beurre fondu.

2 Dans un plat peu profond, battre l'œuf et l'eau à la fourchette. Dans un autre plat peu profond, mélanger la farine et le sel. Tremper environ le quart des légumes dans le mélange d'œuf. Retirer un morceau à la fois avec une cuillère trouée, une fourchette ou avec les doigts et rouler dans le mélange de farine. Mettre dans le moule. Répéter avec le reste des légumes. Verser le reste du beurre sur chaque morceau de légume dans le moule.

3 Cuire de 10 à 12 minutes, en retournant une fois, jusqu'à ce que les légumes soient tendres et que la panure soit dorée ; égoutter. Saupoudrer avec un peu de fromage.

ASTUCE DU JOUR

L'apprentissage de la cuisine est une merveilleuse occasion d'exprimer sa créativité. En réalisant une recette du début à la fin, les enfants ont une sensation d'accomplissement qui leur permet d'acquérir de la confiance en soi. Ils apprennent que la nourriture maison a bien meilleur goût et qu'elle est meilleure pour leur santé. Des recettes faciles comme ces bouchées de légumes sont parfaites pour les encourager à faire leurs premiers pas dans la cuisine et à faire des choix alimentaires judicieux.

En altitude (1066 m à 1981 m [3500 à 6500 pi]) : Pas de changement.

50 ml (1/4 tasse) : 110 calories (lipides 70) ; gras 8 g (saturés 5 g) ; cholestérol 45 mg ; sodium 210 mg ; glucides 8 g (fibres 1 g) ; protéines 2 g
Équivalents : 1/2 féculent, 1 1/2 gras
Choix de glucides : 1/2

BOUCHÉES DE LÉGUMES

Tourte en croûte

220 g (1/2 lb) de saucisses à hot-dog, tranchées

1 boîte de 450 g (1 lb) de fèves au lard

1 boîte de 225 ml (8 oz) de sauce tomate

45 ml (3 c. à soupe) de cassonade tassée

375 ml (1 1/2 tasse) de farine tout-usage

10 ml (2 c. à thé) de poudre à pâte

2 ml (1/2 c. à thé) de sel

150 ml (2/3 tasse) d'eau

45 ml (3 c. à soupe) de beurre ou de margarine, fondu

1 Chauffer le four à 230 °C (450 °F). Dans un moule carré de 23 cm (9 po), bien mélanger les morceaux de saucisses, les fèves au lard, la sauce tomate et la cassonade. Cuire environ 15 minutes ou jusqu'à la formation de bulles.

2 Entre-temps, dans un bol moyen, mélanger le reste des ingrédients jusqu'à formation d'une pâte molle. Verser 8 cuillerées combles de pâte sur le mélange de saucisses.

3 Cuire de 5 à 20 minutes, ou jusqu'à ce que les dumplings aient pris une belle coloration dorée.

ASTUCE DU JOUR

Si vous avez des enfants d'âge scolaire, voici une recette qu'ils pourront réaliser eux-mêmes. Veillez toutefois à rester près d'eux, au cas où ils auraient des questions à poser ou besoin de conseils. Une fois la recette terminée, ils pourront voir, goûter et partager les résultats de leurs efforts. Encouragez-les à râper leur fromage préféré et à en garnir ce plat avant de le servir.

En altitude (1066 m à 1981 m [3500 à 6500 pi]) : Pas de changement.

1 portion : 300 calories (lipides 115) ; gras 13 g (saturés 6 g) ; cholestérol 30 mg ; sodium 1050 mg ; glucides 37 g (fibres 4 g) ; protéines 9 g
Équivalents : 2 féculents, 1/2 autre glucide, 1 1/2 gras
Choix de glucides : 2 1/2

Fruitzzas

Temps de préparation : 20 min – Du début à la fin : 30 min   **8 pizzas desserts de 10 cm (4 po)**

125 ml (1/2 tasse) de sucre

125 ml (1/2 tasse) de margarine ou beurre ramolli

1 ml (1/4 c. à thé) de vanille

1 œuf

375 ml (1 1/2 tasse) de farine tout-usage

1 paquet (4 portions) de mélange de garniture pour tarte à la vanille (pudding)

425 ml (1 3/4 tasse) de lait

1 boîte de 600 ml (21 oz) de garniture pour tarte aux bleuets, aux cerises ou aux fraises

1 Chauffer le four à 190 °C (375 °F). Dans un grand bol, bien mélanger le sucre, le beurre, la vanille et l'œuf. Incorporer la farine jusqu'à formation d'une pâte molle. Diviser la pâte en 8 parts égales. Sur une plaque à biscuits non graissée, abaisser chaque part en rondelle de 10 cm (4 po).

2 Cuire de 8 à 10 minutes, ou jusqu'à ce que les bords aient pris une belle coloration dorée. Laisser refroidir 1 minute ; enlever de la plaque et mettre sur une grille à gâteau. Refroidir complètement.

3 Préparer le mélange de garniture pour tarte à la vanille avec du lait, en suivant les instructions du fabricant. Étendre environ 30 ml (2 c. à soupe) de garniture à la vanille sur chaque croûte. Napper de 15 ml (1 c. à soupe) de garniture pour tarte aux fruits.

ASTUCE DU JOUR

Les enfants adorent les aliments présentés en portions individuelles ; ils aimeront donc créer leur propre petite fruitzza. Ils peuvent personnaliser cette recette avec leur garniture de fruits favorite ou y ajouter des fruits frais. Au lieu du mélange de pudding à la vanille, vous pouvez utiliser de la costarde ou du yaourt ferme.

En altitude (1066 m à 1981 m [3500 à 6500 pi]) : Pas de changement.

1 pizza : 395 calories (lipides 125) ; gras 14 g (saturés 8 g) ; cholestérol 60 mg ; sodium 290 mg ; glucides 62 g (fibres 2 g) ; protéines 5 g
Équivalents : 2 féculents, 2 autres glucides, 2 gras
Choix de glucides : 4

Biscuits à double saveur d'arachides

Temps de préparation : 10 min – Du début à la fin : 35 min **Environ 4 1/2 douzaines de biscuits**

125 ml (1/2 tasse) de sucre granulé

125 ml (1/2 tasse) de cassonade tassée

125 ml (1/2 tasse) de beurre d'arachides

75 ml (1/3 tasse) d'huile végétale

1 œuf

250 ml (1 tasse) de farine tout-usage

2 ml (1/2 c. à thé) de poudre à pâte

2 ml (1/2 c. à thé) de bicarbonate de soude

1 ml (1/4 c. à thé) de sel

125 ml (1/2 tasse) de pépites au beurre d'arachides

1 Chauffer le four à 190 °C (375 °F). Dans un grand bol, bien mélanger le sucre, la cassonade, le beurre d'arachides, l'huile et l'œuf à la cuillère, jusqu'à consistance lisse. Incorporer la farine, la poudre à pâte, le bicarbonate de soude et le sel.

2 Diviser la pâte en quatre. Sur une plaque à biscuits non graissée, façonner chaque quart en rouleau de 35 cm (14 po). Mettre 2 rouleaux sur la plaque à biscuits et les aplatir à environ 1,5 cm (1/2 po) d'épaisseur. Disperser 30 ml (2 c. à soupe) de pépites de beurre d'arachides sur chaque morceau et presser légèrement.

3 Cuire de 6 à 8 minutes, ou jusqu'à coloration dorée. Laisser refroidir la plaque 2 minutes sur une grille à gâteau. Découper chaque morceau en tranches de 5 cm (2 po), dans le sens de la diagonale, puis dans l'autre sens, pour former des triangles. Enlever de la plaque et mettre sur une grille. Refroidir.

ASTUCE DU JOUR

Non seulement ce biscuit est doublement délicieux parce qu'il contient à la fois du beurre d'arachides et des pépites au beurre d'arachides, mais il est aussi doublement facile à réaliser. La pâte est divisée en quatre rouleaux, puis cuite et tranchée, de sorte que vous n'avez pas à façonner les biscuits un à un. Pour vous sauver de précieuses minutes, essayez d'enfourner deux plaques à la fois.

En altitude (1066 m à 1981 m [3500 à 6500 pi]) : Utiliser 250 ml + 30 ml (1 tasse + 2 c. à soupe) de farine. Cuire de 7 à 9 minutes.

1 biscuit : 65 calories (lipides 25) ; gras 3 g (saturés 1 g) ; cholestérol 5 mg ; sodium 45 mg ; glucides 7 g (fibres 0 g) ; protéines 1 g
Équivalents : 1/2 féculent, 1/2 gras
Choix de glucides : 1/2

BISCUITS À DOUBLE SAVEUR D'ARACHIDES

Biscuits décorés
Classique

Cette recette a été publiée pour la première fois en 1957. La première version était sucrée avec du miel, mais nous l'avons remplacé par du sucre glace, qui donne au biscuit une texture légère et savoureuse de biscuit au beurre. Dans le livre de 1957, on peut lire : « Si vous avez de jolis emporte-pièces, vous pouvez bien sûr les utiliser. Passez-les toujours dans la farine, afin d'éviter que la pâte ne colle. »

Temps de préparation : 15 min – Du début à la fin : 3 h 30 min	Environ 5 douzaines de biscuits de 6 cm (2 1/2 po) ou 3 1/2 douzaines de biscuits de 7,5 cm (3 po)

375 ml (1 1/2 tasse) de sucre glace

250 (1 tasse) de beurre ou de margarine, ramolli

5 ml (1 c. à thé) de vanille

2 ml (1/2 c. à thé) d'extrait d'amande

1 œuf

625 ml (2 1/2 tasses) de farine tout-usage

5 ml (1 c. à thé) de bicarbonate de soude

5 ml (1 c. à thé) de crème de tartre

Colorant au jaune d'œuf (ci-contre)

1 Dans un grand bol, mélanger le sucre, le beurre, la vanille, l'extrait d'amande et l'œuf. Incorporer la farine, le bicarbonate de soude et la crème de tartre. Couvrir et réfrigérer de 2 à 3 heures.

2 Chauffer le four à 190 °C (375 °F). Graisser légèrement une plaque à biscuits. Diviser la pâte en deux. Sur une surface légèrement enfarinée, rouler chaque moitié à 2 mm (3/16 po) d'épaisseur. Découper la forme désirée à l'emporte-pièce. Placer les biscuits sur une plaque en les espaçant de 5 cm (2 po).

3 Préparer le colorant au jaune d'œuf et peindre les biscuits à l'aide d'un petit pinceau. Cuire de 7 à 8 minutes ou jusqu'à ce que les bords aient pris une coloration dorée. Enlever de la plaque et mettre sur une grille à gâteau. Refroidir.

Colorant au jaune d'œuf : Dans un petit bol, mélanger le jaune d'un œuf et 1 ml (1/4 c. à thé) d'eau. Verser un peu de ce mélange dans des petits ramequins et les teinter avec différentes couleurs de colorant alimentaire. Si le colorant épaissit pendant que vous décorez vos biscuits, ajoutez-y quelques gouttes d'eau.

ASTUCE DU JOUR

Les enfants auront beaucoup de plaisir à mélanger la pâte puis à la façonner à l'emporte-pièce, pour ensuite peindre les biscuits. Même si leurs dessins ne sont pas parfaits, vous serez ravi de constater à quel point leurs biscuits sont mignons lorsqu'ils sont cuits. Une fois refroidis, les biscuits au sucre peuvent se conserver jusqu'à 9 mois au congélateur. Faire décongeler, à découvert, à la température ambiante.

En altitude (1066 m à 1981 m [3500 à 6500 pi]) : Cuire de 8 à 9 minutes.

1 biscuit : 60 calories (lipides 25) ; gras 3 g (saturés 2 g) ; cholestérol 15 mg ; sodium 45 mg ; glucides 7 g (fibres 0 g) ; protéines 1 g
Équivalents : 1/2 féculent, 1/2 gras
Choix de glucides : 1/2

BISCUITS DÉCORÉS

Biscuits passe-partout

250 ml (1 tasse) de sucre granulé

250 ml (1 tasse) de cassonade tassée

250 ml (1 tasse) de beurre d'arachides

125 ml (1/2 tasse) de beurre ou de margarine, ramolli

125 ml (1/2 tasse) de saindoux

10 ml (2 c. à thé) de vanille

2 œufs

500 ml (2 tasses) de farine tout-usage

375 ml (1 1/2 tasse) d'avoine à l'ancienne ou à cuisson rapide

5 ml (1 c. à thé) de bicarbonate de soude

5 ml (1 c. à thé) de poudre à pâte

500 ml (2 tasses) pastilles de chocolat enrobées de sucre

250 ml (1 tasse) d'arachides

175 ml (3/4 tasse) de raisins secs

1 Chauffer le four à 190 °C (375 °F). Dans un grand bol, battre le sucre, la cassonade, le beurre d'arachides, le beurre, le saindoux, la vanille et les œufs au batteur électrique, à vitesse moyenne, ou à la cuillère, jusqu'à consistance crémeuse. Incorporer la farine, l'avoine, la poudre à pâte et le bicarbonate de soude et bien mélanger. Ajouter les pastilles de chocolat, les arachides et les raisins secs.

2 Sur une plaque à biscuits non graissée, laisser tomber la pâte par cuillerées combles en espaçant d'environ 5 cm (2 po) ; aplatir légèrement à la fourchette.

3 Cuire de 9 à 10 minutes ou jusqu'à coloration dorée. Refroidir 1 minute. Enlever de la plaque et mettre sur une grille à gâteau. Refroidir.

ASTUCE DU JOUR

Ces biscuits savoureux feront la joie des enfants en toute circonstance. Emportez-les lors de votre prochaine sortie avec eux, que ce soit pour une balade au parc, un pique-nique, une randonnée en vélo, ou encore à l'occasion d'événements sportifs.

En altitude (1066 m à 1981 m [3500 à 6500 pi]) : Pas de changement.

1 biscuit : 160 calories (lipides 70) ; gras 8 g (saturés 3 g) ; cholestérol 10 mg ; sodium 80 mg ; glucides 19 g (fibres 1 g) ; protéines 3 g
Équivalents : 1 féculent, 2 gras
Choix de glucides : 1

BISCUITS PASSE-PARTOUT

Sucettes oursons
en chocolat

Temps de préparation : 15 min – Du début à la fin : 2 h 30 min   **20 biscuits**

250 ml (1 tasse) de sucre

250 (1 tasse) de beurre ou de margarine, ramolli

2 ml (1/2 c. à thé) de vanille

1 œuf

500 ml (2 tasses) de farine tout-usage

50 ml (1/4 tasse) de cacao

20 bâtonnets en bois avec bouts arrondis

1 paquet de 455 g (16 oz) d'enrobage à saveur de chocolat pour bonbons (aux amandes)

Confettis au chocolat, facultatif

40 petits jujubes, facultatif

1 paquet de 250 g (9 oz) de bonbons au chocolat enrobés, facultatif

60 bonbons à la cannelle rouge, ou morceaux de céréales prêtes à manger, facultatif

1 tube de glace à décorer (de n'importe quelle couleur), facultatif

1 Dans un grand bol, mélanger le sucre, le beurre, la vanille et l'œuf jusqu'à consistance lisse. Incorporer la farine et le cacao. Couvrir et réfrigérer au moins 1 heure.

2 Chauffer le four à 190 °C (375 °F). Façonner 20 boules de pâte de 2,5 cm (1 po) et 20 boules de 2 cm (3/4 po). Sur une plaque à biscuits non graissée, disposer une grosse boule et une petite boule côte à côte de manière à ce qu'elles se touchent. Insérer un bâtonnet de bois à environ 4 cm (1 1/2 po) de profondeur, au centre de la boule de 2,5 cm (1 po) et un peu dans la plus petite boule. Presser le fond d'un verre enfariné sur la pâte jusqu'à 5 mm (1/4 po) d'épaisseur. Répéter avec le reste des boules de pâte, en les espaçant d'environ 5 cm (2 po) sur la plaque à biscuits.

3 Enfourner de 10 à 12 minutes ou jusqu'à ce que ce soit cuit. Refroidir 1 minute ; enlever de la plaque et mettre sur une grille à gâteau. Refroidir complètement, environ 30 minutes.

4 Tapisser un plateau de papier ciré. Faire fondre l'enrobage à saveur de chocolat pour bonbons tel qu'indiqué sur l'emballage. Verser l'enrobage à la cuillère sur les biscuits ; déposer sur le papier ciré. Saupoudrer de confettis au chocolat. Utiliser les jujubes pour faire des oreilles, et les pastilles de chocolat enrobées pour les mains et les pieds. Avec les bonbons rouges à la cannelle, faire les yeux et le nez. Personnaliser les oursons en écrivant des noms avec du glaçage décoratif.

ASTUCE DU JOUR

Cuisiner avec vos enfants n'est pas seulement un moment agréable à passer en famille : les enfants apprennent un tas de choses en cuisinant avec vous. Le fait de mesurer les ingrédients et de faire cuire les aliments encourage la lecture et la pratique des mathématiques, en plus d'aider à la coordination entre les mains et les yeux. Sans compter que cuisiner est un talent qui leur servira leur vie durant.

En altitude (1066 m à 1981 m [3500 à 6500 pi]) : Utiliser 175 ml (3/4 tasse) de beurre ou de margarine.

1 biscuit : 410 calories (lipides 180) ; gras 20 g (saturés 13 g) ; cholestérol 40 mg ; sodium 95 mg ; glucides 54 g (fibres 2 g) ; protéines 4 g
Équivalents : 1 1/2 féculent, 2 autres glucides, 3 1/2 gras
Choix de glucides : 3 1/2

SUCETTES OURSONS EN CHOCOLAT

GÂTEAU AU CHOCOLAT ET AUX FRAMBOISES ET TARTE AUX CERISES

Chapitre

7

Gâteaux et tartes maison

Gâteau quatre-quarts

Classique

Le gâteau quatre-quarts existe depuis les années 1800. En 1895, une entreprise américaine de farine (qui a fusionné avec General Mills), publiait un livre de recettes intitulé *Easy Cooking for Little Cooks*, où l'on trouvait une recette de gâteau quatre-quarts, ainsi surnommé parce que ses principaux ingrédients : le beurre, les œufs, le sucre et la farine y étaient incorporés à parts égales.

Temps de préparation : 15 min – Du début à la fin : 3 h 55 min	**16 portions**

750 ml (3 tasses) de farine tout-usage

5 ml (1 c. à thé) de poudre à pâte

1 ml (1/4 c. à thé) de sel

675 ml (2 3/4 tasses) de sucre

300 ml (1 1/4 tasse) de beurre ou de margarine, ramolli

5 ml (1 c. à thé) de vanille

5 œufs

250 ml (1 tasse) de lait évaporé

1 Chauffer le four à 180 °C (350 °F). Graisser et enfariner le fond et les côtés d'un moule tubulaire cannelé de 4 L (8 tasses) ou d'un moule à gâteau des anges 25,5 cm x 10 cm (10 x 4 po).

2 Dans un bol moyen, mélanger farine, poudre à pâte et sel ; réserver. Dans un grand bol, battre le sucre, le beurre, la vanille et les œufs 30 secondes au batteur électrique à basse vitesse, en raclant le bol continuellement. Battre à grande vitesse pendant 5 minutes, en raclant le bol de temps en temps. Incorporer à basse vitesse le mélange de farine, alternativement avec le lait. Verser dans le moule.

3 Cuire de 70 à 80 minutes ou jusqu'à ce qu'un cure-dent inséré au centre en ressorte propre. Laisser refroidir 20 minutes ; démouler et mettre sur une grille à gâteau. Refroidir complètement, environ 2 heures.

Quatre-quarts aux amandes : Remplacer la vanille par de l'extrait d'amande.

Quatre-quarts au citron : Remplacer la vanille par de l'extrait de citron ; incorporer au mélange de 10 à 15 ml (2 à 3 c. à thé) de zeste de citron.

Quatre-quarts à l'orange et noix de coco : Incorporer au mélange 325 ml (1 1/3 tasse) de flocons de noix de coco et de 30 à 45 ml (2 à 3 c. à soupe) de zeste d'orange râpé.

En altitude (1066 m à 1981 m [3500 à 6500 pi]) : Utiliser 550 ml (2 1/4 tasses) de sucre et 175 ml (3/4 tasse) de beurre ou de margarine. Cuire de 65 à 70 minutes.

ASTUCE DU JOUR

Ce délectable gâteau est un classique très polyvalent. Vous pouvez le saupoudrer de cacao ou de sucre glace pour lui donner une allure givrée, le garnir d'un glaçage à la vanille ou au chocolat (page 53) pour une authentique saveur maison, ou encore le servir avec vos fruits frais préférés. Les gâteaux quatre-quarts se conservent très bien et sont souvent plus savoureux une journée ou deux après la cuisson.

1 portion : 395 calories (lipides 155) ; gras 17 g (saturés 10 g) ; cholestérol 105 mg ; sodium 200 mg ; glucides 54 g (fibres 1 g) ; protéines 6 g
Équivalents : 2 féculents, 1 1/2 autre glucide, 3 gras
Choix de glucides : 3 1/2

Gâteau au cacao avec glaçage au fudge

Classique

En 1943, General Mills passait à l'histoire en inventant une nouvelle méthode de cuisson à la vapeur pour les gâteaux, qui réduisait de moitié le temps de préparation du mélange. La méthode, qui exigeait un seul bol, éliminait l'étape consistant à mettre le beurre et le sucre en crème et celle consistant à battre les œufs séparément. On tamisait d'abord les ingrédients secs ensemble, puis on y ajoutait le saindoux et le liquide.

Temps de préparation : 15 min – Du début à la fin : 1 h 55 min | **12 portions**

400 ml (1 2/3 tasse) de farine tout-usage

375 ml (1 1/2 tasse) de sucre

150 ml (2/3 tasse) de cacao à cuisson

125 ml (1/2 tasse) de beurre ou de margarine, ramolli

375 ml (1 1/2 tasse) de babeurre

7 ml (1 1/2 c. à thé) de bicarbonate de soude

5 ml (1 c. à thé) de sel

5 ml (1 c. à thé) de vanille

2 œufs

Glaçage au fudge (ci-dessous)

1 Chauffer le four à 180 °C (350 °F). Graisser et enfariner le fond et les côtés d'un moule de 33 × 23 cm (13 × 9 po), ou deux moules ronds de 20,5 cm (8 po) ou de 23 cm (9 po), ou d'un moule tubulaire de 4 L (16 tasses).

2 Dans un grand bol, battre tous les ingrédients, excepté le glaçage au fudge, 30 secondes au batteur électrique à basse vitesse, en raclant le bol continuellement. Battre 3 autres minutes à grande vitesse, en raclant le bol de temps en temps. Verser dans les moules.

3 Cuire de 35 à 40 minutes dans le moule de 33 × 23 cm (13 × 9 po) ; de 30 à 35 minutes dans les moules ronds ; de 40 à 45 minutes dans le moule tubulaire, ou jusqu'à ce qu'un cure-dent inséré au centre en ressorte propre. Laisser refroidir le gâteau dans le moule rectangulaire sur une grille. Laisser refroidir 10 minutes dans les moules ronds ; démouler et mettre sur une grille. Laisser refroidir dans le moule tubulaire 20 minutes ; démouler et mettre sur une grille à gâteau. Refroidir complètement, environ 1 heure.

4 Garnir le gâteau rectangulaire ou tubulaire de glaçage au fudge. Glacer le milieu et le dessus du gâteau rond étagé.

En altitude (1066 m à 1981 m [3500 à 6500 pi]) : Chauffer le four à 190 °C (375 °F). Ne pas utiliser de moule rond de 20,5 cm (8 po) ou de moule tubulaire. Diminuer le sucre à 325 ml (1 1/3 tasse) et le bicarbonate de soude à 6 ml (1 1/4 c. à thé). Augmenter le babeurre à 400 ml (1 2/3 tasse). Ajouter 1 œuf pour un total de 3. Cuire de 33 à 37 minutes dans un moule de 23 cm (9 po), et de 15 à 20 minutes dans des moules à muffins.

Glaçage au fudge

500 ml (2 tasses) de sucre

50 ml (1/4 tasse) de sirop de maïs léger

125 ml (1/2 tasse) de lait

125 ml (1/2 tasse) de beurre ou de margarine

55 g (2 oz) de chocolat non sucré

1 ml (1/4 c. à thé) de sel

5 ml (1 c. à thé) de vanille

Dans une casserole de 2 L (8 tasses), mélanger le sucre, le sirop de maïs, le lait, le beurre, le chocolat et le sel. Faire cuire à feu moyen, en brassant continuellement, jusqu'à ce que le chocolat soit fondu et le sucre dissous. Porter à ébullition en brassant continuellement. Laisser bouillir 1 minute en brassant, jusqu'à ce qu'un thermomètre à bonbons indique 125 °C (220 °F). Retirer du feu et ajouter la vanille. Mettre dans un plat contenant de l'eau et de la glace ; laisser reposer 5 minutes. Battre au batteur électrique à vitesse moyenne, environ 10 minutes, ou jusqu'à que le mélange soit facile à étendre et de couleur neutre.

1 portion : 535 calories (lipides 180) ; gras 20 g (saturés 12 g) ; cholestérol 80 mg ; sodium 560 mg ; glucides 82 g (fibres 3 g) ; protéines 6 g
Équivalents : 2 féculents, 3 1/2 autres glucides, 3 1/2 gras
Choix de glucides : 5 1/2

ASTUCE DU JOUR

Si vous avez des mini moules à muffins, faites des mini gâteaux glacés. Les enfants seront enchantés de pouvoir les garnir avec ce succulent glaçage. Vous pourrez ensuite sortir le gel décoratif et les confettis à gâteau, et les encourager à exprimer leur créativité !

Gâteau « dînette »

Classique

Ce gâteau à un œuf est devenu très populaire dans les années 1890. Durant les années 1920 et 1930, il fut désigné « gâteau de dépannage » et baptisé *Lazy Daizy*. Une publicité de Betty Crocker l'avait surnommé « gâteau pour les journées occupées ». Toujours aussi populaire en 1955, il a eu reçu de nombreux surnoms, dont « gâteau kitchenette » et « gâteau dînette ».

Temps de préparation : 15 min – Du début à la fin : 1 h	9 portions

300 ml (1 1/4 tasse) de farine tout-usage

250 ml (1 tasse) de sucre granulé

75 ml (1/3 tasse) de beurre ou de margarine, ramolli

175 ml (3/4 tasse) de lait

7 ml (1 1/2 c. à soupe) de poudre à pâte

5 ml (1 c. à thé) de vanille

2 ml (1/2 c. à thé) de sel

1 œuf

Glaçage à la noix de coco (ci-dessous)

1 Chauffer le four à 180 °C (350 °F). Graisser et enfariner le fond et les côtés d'un moule carré de 20,5 cm ou de 23 cm (8 ou 9 po).

2 Dans un bol moyen, battre tous les ingrédients, excepté le glaçage à la noix de coco, 30 secondes au batteur électrique à basse vitesse, en raclant le bol continuellement. Battre à grande vitesse pendant 3 minutes, en raclant le bol de temps en temps. Verser dans le moule.

3 Cuire de 35 à 40 minutes, ou jusqu'à ce qu'un cure-dent inséré au centre en ressorte propre.

4 Entre-temps, préparer le glaçage à la noix de coco. Mettre le four à gril. Saupoudrer délicatement le glaçage sur le gâteau chaud. Il faut que le dessus du gâteau soit à environ 10 cm (4 po) du gril ; faire griller environ 2 minutes ou jusqu'à ce que le glaçage ait pris une belle coloration dorée.

Glaçage à la noix de coco

250 ml (1 tasse) de noix de coco en flocons

75 ml (1/3 tasse) de cassonade tassée

50 ml (1/4 tasse) de beurre ou de margarine, ramolli

30 ml (2 c. à soupe) de crème moitié-moitié

Dans un petit bol, battre tous les ingrédients et bien mélanger.

En altitude (1066 m à 1981 m [3500 à 6500 pi]) : Utiliser 5 ml (1 c. à thé) de poudre à pâte.

1 portion : 355 calories (lipides 145) ; gras 16 g (saturés 11 g) ; cholestérol 60 mg ; sodium 340 mg ; glucides 49 g (fibres 1 g) ; protéines 4 g
Équivalents : 1 1/2 féculents, 1 1/2 autre glucide, 3 gras
Choix de glucides : 3

ASTUCE DU JOUR

Lorsque vous choisissez un moule pour votre gâteau, prenez la mesure à l'intérieur du moule. Les gâteaux cuits dans des moules de couleur foncée sans fini antiadhésif cuisent souvent plus rapidement et leur croûte est souvent plus foncée. Pour compenser, abaisser la température du four d'environ 10 °C (25 °F).

GÂTEAU « DÎNETTE » AVEC GLAÇAGE À LA NOIX DE COCO GRILLÉ

Gâteau blanc argenté

Classique

550 ml (2 1/4 tasses) de farine
tout-usage

400 ml (1 2/3 tasse) de sucre granulé

150 ml (2/3 tasse) de saindoux

300 ml (1 1/4 tasse) de lait

17 ml (3 1/2 c. à soupe) de poudre à pâte

5 ml (1 c. à thé) de sel

5 ml (1 c. à thé) de vanille

5 blancs d'œufs

Garniture au citron (ci-dessous)

Glaçage neiges éternelles (page 187)

1 Chauffer le four à 180 °C (350 °F). Graisser et enfariner légèrement le fond et les côtés de deux moules ronds de 23 cm (9 po), de trois moules ronds de 20,5 cm (8 po), ou d'un moule rectangulaire de 33 × 23 cm (13 × 9 po).

2 Dans un grand bol, mélanger farine, sucre, saindoux, lait, poudre à pâte, sel et vanille, 30 secondes au batteur électrique à basse vitesse, en raclant le bol continuellement. Battre 2 minutes à grande vitesse, en raclant le bol de temps en temps. Incorporer les blancs d'œufs, battre encore 2 minutes à grande vitesse, en raclant le bol de temps en temps. Verser dans les moules.

3 Cuire de 30 à 35 minutes dans les moules de 23 cm (9 po) ; de 23 à 28 minutes dans les moules de 20,5 cm (8 po) et de 40 à 45 minutes dans le moule rectangulaire, ou jusqu'à ce qu'un cure-dent inséré au centre en ressorte propre. Laisser refroidir les gâteaux ronds 10 minutes ; démouler et mettre sur une grille à gâteau. Laisser refroidir le gâteau rectangulaire dans le moule sur une grille. Refroidir complètement, environ 1 heure.

4 Napper le milieu des gâteaux étagés de garniture au citron. Étendre la garniture au citron sur le gâteau rectangulaire. Recouvrir le gâteau avec le glaçage neiges éternelles.

Garniture au citron

175 ml (3/4 tasse) de sucre

45 ml (3 c. à soupe) de fécule de maïs

1 ml (1/4 c. à thé) de sel

175 ml (3/4 tasse) d'eau

5 ml (1 c. à thé) de zeste de citron râpé

15 ml (1 c. à soupe) de beurre ou de margarine

75 ml (1/3 tasse) de jus de citron

4 gouttes de colorant alimentaire jaune, facultatif

Dans une casserole de 1 L (4 tasses), mélanger le sucre, la fécule de maïs et le sel. Incorporer l'eau graduellement. Cuire sur feu moyen, en brassant continuellement, jusqu'à ce que le mélange commence à épaissir et à bouillonner. Laisser bouillir en brassant, 5 minutes. Retirer du feu. Incorporer le zeste de citron et le beurre. Ajouter le jus de citron et le colorant alimentaire ; refroidir. Si la garniture est trop molle, réfrigérer jusqu'à fermeté.

En altitude (1066 m à 1981 m [3500 à 6500 pi]) : Diminuer le sucre à 375 ml (1 1/2 tasse) et la poudre à pâte à 11 ml (2 1/4 c. à thé). Augmenter le lait à 325 ml (1 1/3 tasse). Cuire un gâteau rond de 20,5 cm (8 po) de 20 à 25 minutes ; un gâteau rond de 23 cm (9 po), de 25 à 30 minutes et un gâteau rectangulaire de 35 à 40 minutes.

1 portion : 405 calories (lipides 115) ; gras 13 g (saturés 4 g) ; cholestérol 5 mg ; sodium 450 mg ; glucides 67 g (fibres 1 g) ; protéines 5 g
Équivalents : 2 féculents, 2 1/2 autres glucides, 2 gras
Choix de glucides : 4 1/2

Glaçage neiges éternelles

125 ml (1/2 tasse) de sucre

50 ml (1/4 tasse) de sirop de maïs léger

30 ml (2 c. à soupe) d'eau

2 blancs d'œufs

5 ml (1 c. à thé) de vanille

Dans une casserole de 1 L (4 tasses), mélanger le sucre, le sirop de maïs et l'eau jusqu'à consistance homogène. Couvrir et porter à ébullition à feu moyen. Découvrir et laisser bouillir de 4 à 8 minutes, sans brasser, jusqu'à ce qu'un thermomètre à bonbons indique 117 °C (242 °F), ou jusqu'à ce qu'une petite quantité du mélange versée dans une tasse d'eau très froide forme une boule ferme. Tandis que le mélange bout, dans un bol moyen, battre les blancs d'œufs à grande vitesse au batteur électrique, jusqu'à formation de pics fermes. Verser le sirop chaud très lentement, en mince filet, dans les blancs d'œufs, en battant continuellement à vitesse moyenne. Ajouter la vanille. Battre environ 10 minutes à grande vitesse, ou jusqu'à formation de pics fermes.

Petits gâteaux blancs argentés : Remplir à moitié des moules à muffins en papier. Cuire de 20 à 25 minutes. Donne 2 1/2 douzaines de petits gâteaux.

Gâteau blanc argenté rectangulaire : Verser le mélange à gâteau dans un grand moule de 38 x 25,5 x 2,5 cm (15 x 10 x 1 po), graissé et enfariné. Cuire 25 minutes.

Gâteau carré blanc argenté : Réduire la farine à 250 ml + 30 ml (1 tasse + 2 c. à soupe), le sucre à 175 ml (3/4 tasse), le saindoux à 75 ml (1/3 tasse), le lait à 150 ml (2/3 tasse), la poudre à pâte à 8 ml (1 3/4 c. à thé), le sel à 2 ml (1/2 c. à thé), la vanille à 2 ml (1/2 c. à thé) et mettre seulement 3 blancs d'œufs. Verser le mélange dans un moule carré, graissé en enfariné de 20,5 cm (8 po) ou de 23 cm (9 po). Cuire de 35 à 40 minutes.

ASTUCE DU JOUR

Cet élégant gâteau classique se réalise en plusieurs étapes, mais le résultat vaut tous les efforts que vous y mettez ! N'oubliez pas de garder le reste de ce gâteau fourré et glacé au réfrigérateur.

Gâteau aux dattes et aux pépites de chocolat

Temps de préparation : 20 min – Du début à la fin : 3 h 20 min **12 portions**

300 ml (1 1/4 tasse) d'eau bouillante

250 ml (1 tasse) de dattes hachées

5 ml (1 c. à thé) de bicarbonate de soude

Garniture aux pépites de chocolat (ci-dessous)

425 ml (1 3/4 tasse) de farine tout-usage

125 ml (1/2 tasse) de sucre granulé

125 ml (1/2 tasse) de cassonade tassée

150 ml (2/3 tasse) d'huile végétale

5 ml (1 c. à thé) de bicarbonate de soude

5 ml (1 c. à thé) de vanille

2 ml (1/2 c. à thé) de sel

2 œufs

1 Dans un grand bol, verser l'eau bouillante sur les dattes. Ajouter le bicarbonate de soude. Laisser refroidir environ 15 minutes ou jusqu'à ce que ce soit tiède.

2 Préparer la garniture aux pépites de chocolat et réserver.

3 Chauffer le four à 180 °C (350 °F). Incorporer le reste des ingrédients au mélange de dattes. Verser dans un moule carré non graissé de 23 cm (9 po). Étendre la garniture aux pépites de chocolat.

4 Cuire de 50 à 55 minutes, ou jusqu'à ce qu'un cure-dent inséré au centre en ressorte propre. Refroidir complètement, environ 2 heures.

Garniture aux pépites de chocolat

125 ml (1/2 tasse) de pépites de chocolat mi-sucré

50 ml (1/4 tasse) de cassonade tassée

50 ml (1/4 tasse) de farine tout-usage

15 ml (1 c. à soupe) de beurre ou de margarine, ramolli

Dans un petit bol, mélanger tous les ingrédients.

ASTUCE DU JOUR

Ce gâteau constitue un dessert très spécial à cause de sa garniture aux pépites de chocolats et aux dattes. Pourtant, il est réellement très facile à réaliser et encore plus délectable servi avec de la crème glacée ou de la crème fouettée. Vous obtiendrez de beaux copeaux de chocolat en passant un économe ou un couteau mince et bien affûté sur un bloc de chocolat blanc ou noir. Parsemez les copeaux de chocolat sur la crème glacée (ou fouettée) et sur le gâteau.

En altitude (1066 m à 1981 m [3500 à 6500 pi]) : Pas de changement.

1 portion : 385 calories (lipides 155) ; gras 17 g (saturés 5 g) ; cholestérol 40 mg ; sodium 340 mg ; glucides 53 g (fibres 2 g) ; protéines 4 g
Équivalents : 1 1/2 féculents, 2 autres glucides, 3 gras
Choix de glucides : 3 1/2

GÂTEAU AUX DATTES ET AUX PÉPITES DE CHOCOLAT

Gâteau à la compote de pommes

Classique

La recette de gâteau à la compote de pommes a été l'une des contributions des chefs les plus renommés du monde au superbe livre de recettes : *Betty Crocker's $ 25,000 Recipe Set*. Imprimé en France, ce livre de recettes a été expédié aux États-Unis lors du voyage inaugural du *Normandie*.

Temps de préparation : 20 min – Du début à la fin : 3 h 20 min	16 portions

15 ml (1 c. à soupe) de farine tout-usage

250 ml (1 tasse) de canneberges séchées

625 ml (2 1/2 tasses) de farine tout-usage

7 ml (1 1/2 c. à thé) de sel

15 ml (1 c. à soupe) d'épices pour tarte à la citrouille

5 ml (1 c. à thé) de poudre à pâte

2 ml (1/2 c. à thé) de bicarbonate de soude

375 ml (1 1/2 tasse) de sucre granulé

125 ml (1/2 tasse) de beurre ou de margarine, ramolli

2 œufs

375 ml (1 1/2 tasse) de compote de pommes

125 ml (1/2 tasse) de pacanes ou noix, hachées

30 ml (2 c. à soupe) de sucre glace

1 Chauffer le four à 180 °C (350 °F). Graisser et enfariner légèrement le fond et les côtés d'un moule tubulaire de 3 L (12 tasses). Dans un petit bol, mélanger 15 ml (1 c. à soupe) de farine avec les canneberges pour les enrober ; réserver. Dans un bol moyen, mélanger 625 ml (2 1/2 tasses) de farine, le sel, les épices pour tarte à la citrouille, la poudre à pâte et le bicarbonate de soude ; réserver.

2 Dans un grand bol, battre le sucre granulé et le beurre 30 secondes au batteur électrique, à basse vitesse, en raclant le bol continuellement. Battre à grande vitesse, en raclant le bol de temps en temps, jusqu'à consistance légère et mousseuse. Incorporer les œufs, un à la fois, jusqu'à consistance lisse. Réduire à vitesse moyenne. Incorporer graduellement le mélange de farine, en alternance avec la compote de pommes, jusqu'à consistance lisse. Ajouter en pliant les canneberges enrobées de farine et les noix. Verser dans le moule.

3 Cuire de 50 à 60 minutes, ou jusqu'à ce qu'un cure-dent inséré au centre en ressorte propre. Refroidir 10 minutes, démouler et mettre sur une grille à gâteau. Refroidir complètement, environ 2 heures. Saupoudrer le dessus du gâteau de sucre glace.

ASTUCE DU JOUR

La compote de pommes est l'ingrédient qui ajoute de l'humidité et de la densité à cette recette classique, servie au goût du jour, et les canneberges lui confèrent une note de jeunesse et une saveur unique. Si vous n'avez pas d'épices pour tarte à la citrouille sous la main, vous pouvez les remplacer par 7 ml (1 1/2 c. à thé) de cannelle moulue, 5 ml (1 c. à thé) de muscade moulue et 1 ml (1/4 c. à thé) de quatre-épices.

En altitude (1066 m à 1981 m [3500 à 6500 pi]) : Pas de changement.

1 portion : 280 calories (lipides 80) ; gras 9 g (saturés 4 g) ; cholestérol 40 mg ; sodium 340 mg ; glucides 46 g (fibres 2 g) ; protéines 4 g
Équivalents : 1 féculent, 1 fruit, 1 autre glucide, 2 gras
Choix de glucides : 3

Gâteau au chocolat et aux framboises

Donne 16 portions

750 ml (3 tasses) de farine tout-usage

500 ml (2 tasses) de sucre granulé

125 ml (1/2 tasse) de cacao

10 ml (2 c. à thé) de bicarbonate de soude

5 ml (1 c. à thé) de sel

150 ml (2/3 tasse) d'huile végétale

10 ml (2 c. à thé) de vinaigre blanc

5 ml (1 c. à thé) de vanille

500 ml (2 tasses) d'eau froide

50 ml (1/4 tasse) de confiture de framboises

Environ 15 ml (1 c. à soupe) de sucre glace, facultatif

Framboises fraîches, facultatif

1 Chauffer le four à 180 °C (350 °F). Graisser et enfariner légèrement le fond et les côtés de deux moules ronds de 23 cm (9 po).

2 Dans un grand bol, mélanger farine, sucre granulé, cacao, bicarbonate de soude et sel. Dans un petit bol, mélanger l'huile, le vinaigre et la vanille. Incorporer l'huile et l'eau dans la farine en battant énergiquement à la cuillère, environ 1 minute, ou jusqu'à consistance homogène. Verser immédiatement dans les moules.

3 Cuire de 30 à 35 minutes, ou jusqu'à ce qu'un cure-dent inséré au centre en ressorte propre. Refroidir 10 minutes, démouler et mettre sur une grille à gâteau. Refroidir complètement, environ 1 heure.

4 Mettre un étage de gâteau à l'envers sur une assiette de service et napper de confiture. Mettre l'autre étage par-dessus, à l'endroit. Saupoudrer de sucre glace. Garnir de framboises fraîches.

ASTUCE DU JOUR

Délectez-vous de cette merveille réalisée en un tournemain. Si vous aimez le glaçage, n'hésitez pas à napper le milieu et le dessus de ce gâteau au chocolat hyper moelleux de votre glaçage au chocolat favori, et laissez votre famille se régaler !

En altitude (1066 m à 1981 m [3500 à 6500 pi]) : Utiliser 5 ml (1 c. à thé) de bicarbonate de soude. Cuire de 35 à 40 minutes.

1 portion : 295 calories (lipides 90) ; gras 10 g (saturés 2 g) ; cholestérol 0 mg ; sodium 310 mg ; glucides 48 g (fibres 2 g) ; protéines 3 g
Équivalents : 1 féculent, 1 fruit, 2 autres glucides, 2 gras
Choix de glucides : 3

Gâteau épicé au sucre

300 ml (1 1/4 tasse) de farine
　　tout-usage

250 ml (1 tasse) de sucre

45 ml (3 c. à soupe) de cannelle moulue

1 ml (1/4 c. à thé) de sel

125 ml (1/2 tasse) de saindoux

175 ml (3/4 tasse) de crème sure

5 ml (1 c. à thé) de bicarbonate de soude

5 ml (1 c. à thé) de poudre à pâte

2 œufs

1 Chauffer le four à 180 °C (350 °F). Graisser et enfariner légèrement le fond et les côtés d'un moule rond de 23 cm (9 po) ou d'un moule carré de 20,5 cm (8 po).

2 Dans un grand bol, mélanger farine, sucre, cannelle et sel. Incorporer le saindoux à l'aide d'un coupe-pâte (ou de deux couteaux entrecroisés), jusqu'à ce que les particules soient de la grosseur de petits pois et réserver 75 ml (1/3 tasse).

3 Incorporer le reste des ingrédients au mélange de farine à la cuillère jusqu'à consistance homogène. Verser dans le moule. Saupoudrer le mélange de farine réservé par-dessus.

4 Cuire de 30 à 35 minutes, ou jusqu'à ce qu'un cure-dent inséré au centre en ressorte propre. Servir chaud ou froid.

ASTUCE DU JOUR

Pour une saveur un peu plus épicée, servez ce gâteau aussi facile à réaliser que sensationnel au sortir du four, avec une grosse cuillerée de crème glacée à la cannelle.

En altitude (1066 m à 1981 m [3500 à 6500 pi]) : Utiliser 175 ml (3/4 tasse) de sucre, 50 ml (1/4 tasse) de saindoux, 2 ml (1/2 c. à thé) de bicarbonate de soude et 2 ml (1/2 c. à thé) de poudre à pâte.

1 portion : 310 calories (lipides 145) ; gras 16 g (saturés 6 g) ; cholestérol 60 mg ; sodium 280 mg ; glucides 37 g (fibres 1 g) ; protéines 4 g
Équivalents : 1 1/2 féculents, 1 autre glucide, 3 gras
Choix de glucides : 2 1/2

GÂTEAU ÉPICÉ AU SUCRE

Gâteaux fondants au chocolat

Temps de préparation : 20 min – Du début à la fin : 40 min   **6 portions**

Cacao à cuisson

180 g (6 oz) de chocolat mi-sucré, en copeaux

125 ml + 30 ml (1/2 tasse + 2 c. à soupe) de beurre ou de margarine

3 œufs entiers

3 jaunes d'œufs

375 ml (1 1/2 tasse) de sucre glace

125 ml (1/2 tasse) de farine tout-usage

Sucre glace, facultatif

1 Chauffer le four à 230 °C (450 °F). Graisser et saupoudrer de cacao le fond et les côtés de six ramequins de 180 ml (6 oz).

2 Dans une casserole de 2 L (8 tasses), faire fondre le chocolat et le beurre à feu bas, en brassant fréquemment. Laisser tiédir.

3 Dans grand bol, battre les œufs entiers et les jaunes d'œufs à l'aide d'un fouet ou d'un batteur à main, jusqu'à consistance homogène. Incorporer le sucre glace. Combiner le mélange de chocolat fondu et la farine. Diviser le mélange à parts égales dans les ramequins. Déposer les ramequins sur une plaque à biscuits avec rebord.

4 Cuire de 12 à 14 minutes, ou jusqu'à ce que les côtés soient pris et que les centres soient encore mous (les dessus seront gonflés et craquelés). Laisser reposer 3 minutes. Passer un petit couteau ou une spatule de métal autour des gâteaux pour les détacher. Mettre immédiatement une petite assiette de service à l'envers sur chaque ramequin ; retourner l'assiette avec le ramequin et démouler. Saupoudrer de sucre glace. Servir chaud.

Note : N'oubliez pas de bien graisser les ramequins, de les saupoudrer de cacao et de régler le four à la bonne température pour la durée prévue. Ces étapes sont cruciales pour la réussite de cette recette. Si le centre des gâteaux est trop ferme, vous réduirez le temps de cuisson la prochaine fois. Si le centre est trop mou, cuire une ou deux minutes de plus.

ASTUCE DU JOUR

Ces petits gâteaux ont un centre fondant qui se répand dans l'assiette lorsque vous les coupez. Vous pouvez préparer le mélange jusqu'à 24 heures à l'avance. Quand vous aurez versé le mélange dans les ramequins, couvrez-les d'une pellicule plastique et réfrigérez-les jusqu'à 24 heures. Il faudra peut-être les laisser au four une ou deux minutes de plus.

En altitude (1066 m à 1981 m [3500 à 6500 pi]) : Cuire de 14 à 16 minutes.

1 portion : 475 calories (lipides 225) ; gras 25 g (saturés 14 g) ; cholestérol 245 mg ; sodium 115 mg ; glucides 56 g (fibres 2 g) ; protéines 7 g
Équivalents : 2 féculents, 2 autres glucides, 4 1/2 gras
Choix de glucides : 4

Gâteau aux carottes

Classique

300 ml (1 1/4 tasse) de farine
   tout-usage

175 ml (3/4 tasse) de sucre granulé

175 ml (3/4 tasse) d'huile végétale

10 ml (2 c. à thé) de cannelle moulue

5 ml (1 c. à thé) de bicarbonate de soude

10 ml (2 c. à thé) de vanille

2 ml (1/2 c. à thé) de sel

1 ml (1/4 c. à thé) de muscade moulue

2 œufs

375 ml (1 1/2 tasse) de carottes râpées
   (environ 3 moyennes)

Glaçage au fromage à la crème
   (ci-contre)

1 Chauffer le four à 180 °C (350 °F). Graisser le fond et les côtés d'un moule carré de 20,5 cm (8 po) ou de 23 cm (9 po).

2 Dans un grand bol, battre tous les ingrédients, sauf les carottes et le glaçage pendant 30 secondes au batteur électrique, à basse vitesse. Battre encore 3 minutes à vitesse moyenne. Incorporer les carottes. Verser dans le moule.

3 Cuire de 30 à 35 minutes, ou jusqu'à ce qu'un cure-dent inséré au centre en ressorte propre. Laisser refroidir complètement, environ 1 heure. Décorer avec le glaçage au fromage à la crème. Garder au réfrigérateur.

Glaçage au fromage à la crème

1 paquet de 60 g (3 oz) de fromage à la crème, ramolli

50 ml (1/4 tasse) de beurre ou de margarine, ramolli

500 ml (2 tasses) de sucre glace

5 ml (1 c. à thé) de vanille

Dans un bol moyen, battre le fromage à la crème et le beurre à vitesse moyenne, jusqu'à ce que la consistance soit lisse. Incorporer graduellement le sucre glace et la vanille, jusqu'à l'obtention d'une consistance lisse et facile à étendre.

ASTUCE DU JOUR

Si vous aimez le gingembre, vous pouvez ajouter du gingembre cristallisé à cette recette classique de gâteau aux carottes, pour lui conférer une saveur tout à fait originale. Mélanger 50 ml (1/4 tasse) de gingembre cristallisé haché finement avec 15 ml (1 c. à soupe) de farine tout-usage, et incorporer au mélange à gâteau.

En altitude (1066 m à 1981 m [3500 à 6500 pi]) : Cuire environ 40 minutes.

1 portion : 505 calories (lipides 250) ; gras 28 g (saturés 8 g) ; cholestérol 70 mg ; sodium 350 mg ; glucides 59 g (fibres 1 g) ; protéines 4 g
Équivalents : 1 féculent, 3 autres glucides, 5 1/2 gras
Choix de glucides : 4

Tarte soyeuse au chocolat

Classique

Temps de préparation : 30 min – Du début à la fin : 3 h   **10 portions**

Pâte pour 1 croûte à tarte de 23 cm (9 po) (page 197) ou pâte facile au babeurre (page 204)

250 ml (1 tasse) de sucre

175 ml (3/4 tasse) de beurre, ramolli (ne pas utiliser de margarine)

7 ml (1 1/2 c. à thé) de vanille

90 g (3 oz) de chocolat à cuisson non sucré, fondu et tiédi

175 ml (3/4 tasse) de succédané d'œufs sans gras et sans cholestérol

375 ml (1 1/2 tasse) de crème fouettée sucrée (page 232)

Copeaux de chocolat, facultatif

1 Chauffer le four à 240 °C (475 °F). Préparer la pâte. Sur une surface légèrement enfarinée, abaisser la pâte au rouleau, en un cercle dépassant de 5 cm (2 po) le fond d'une assiette à tarte ronde de 23 cm (9 po) à l'envers. Plier la pâte en quatre et la déposer sur l'assiette. Déplier et presser fermement dans le fond et sur les côtés de l'assiette. Couper l'excès de pâte à 2,5 cm (1 po) du bord extérieur de l'assiette. Plier et rouler les dessous de la pâte, à égalité avec l'assiette ; presser avec les dents d'une fourchette ou festonner si désiré. Piquer le fond et les côtés de la pâte partout avec la fourchette. Cuire de 8 à 10 minutes ou jusqu'à coloration dorée. Laisser refroidir complètement, environ 30 minutes.

2 Dans un bol moyen, battre le sucre et le beurre au batteur électrique, à vitesse moyenne, jusqu'à ce que la consistance soit lisse et mousseuse. Incorporer la vanille et le chocolat. Combiner graduellement le succédané d'œufs à grande vitesse jusqu'à l'obtention d'une consistance lisse et mousseuse (environ 3 minutes). Verser dans la croûte à tarte. Réfrigérer jusqu'à ce que le mélange soit pris, au moins 2 heures, mais sans excéder 24 heures.

3 Décorer de crème fouettée sucrée. Garnir de copeaux de chocolat. Couvrir et conserver au réfrigérateur.

Tarte moka à la française : Incorporer 7 ml (1 1/2 c. à thé) de café instantané (sec) en même temps que le chocolat.

ASTUCE DU JOUR

Cette tarte soyeuse au chocolat est un *classique* que les adultes apprécient autant que les enfants. Vous pouvez utiliser les succédanés d'œufs en toute quiétude, car ils sont pasteurisés, ce qui élimine tout risque de contracter la salmonellose (que l'on associe à l'utilisation d'œufs crus).

En altitude (1066 m à 1981 m [3500 à 6500 pi]) : Pas de changement.

1 portion : 460 calories (lipides 295) ; gras 33 g (saturés 17 g) ; cholestérol 55 mg ; sodium 260 mg ; glucides 37 g (fibres 1 g) ; protéines 5 g
Équivalents : 2 féculents, 1/2 autre glucide, 6 gras
Choix de glucides : 2 1/2

Tarte aux pommes en corbeille

Classique

Parue dans un livre de recettes de la société Washburn Corsby en 1894, cette recette de tarte aux pommes ronde à une croûte est un classique américain typique. Ce sont des colons américains qui, par souci d'économie, ont inventé cette tarte généreuse, dans l'espoir de combler la faim d'une famille entière avec ce qui était à peine « un petit peu ». La recette originale de tarte aux pommes, héritée de la vieille Angleterre, était préparée dans une grande rôtissoire profonde que l'on appelait « corbeille ».

Temps de préparation : 45 min – Du début à la fin : 3 h 30 min — **12 portions**

Pâte pour 1 croûte à tarte de 23 cm (9 po) (ci-dessous) ou pâte facile au babeurre (p. 204)

375 ml (1 1/2 tasse) de sucre

125 ml (1/2 tasse) de farine tout-usage

5 ml (1 c. à thé) de cannelle moulue

5 ml (1 c. à thé) de muscade moulue

1 ml (1/4 c. à thé) de sel

3 kg (12 tasses) de pommes à cuire pelées et tranchées finement (environ 11 pommes moyennes)

30 ml (2 c. à soupe) de beurre ou de margarine

Crème glacée, facultatif

1 Chauffer le four à 190 °C (375 °F). Préparer la pâte. Sur une surface légèrement enfarinée, abaisser la pâte au rouleau, en un carré de 25,5 cm (10 po). Plier la pâte en deux et découper des fentes près du centre afin que la vapeur puisse s'en échapper à la cuisson.

2 Dans un grand bol, mélanger sucre, farine, muscade, cannelle et sel. Incorporer les pommes. Étendre ce mélange dans un moule non graissé de 23 cm (9 po). Parsemer des dés de beurre sur le mélange.

3 Couvrir avec la pâte et replier les bords vers l'intérieur tout le long des contours du moule. Tapisser une plaque à biscuits avec rebords de 38 × 25,5 × 2,5 cm (15 × 10 × 1 po) de papier aluminium et la mettre dans le four, sur la grille du bas, directement sous la tarte, pour recueillir les débordements. Cuire de 60 à 70 minutes où jusqu'à ce que le jus commence à faire des bulles à travers les fentes de la croûte. Laisser refroidir 1 heure avant de servir. Servir avec de la crème glacée.

Pâte pour 1 croûte à tarte de 23 cm (9 po)

250 ml (1 tasse) de farine tout-usage	75 ml + 15 ml (1/3 tasse + 1 c. à soupe) de saindoux
2 ml (1/2 c. à thé) de sel	30 à 45 ml (2 à 3 c. à soupe) d'eau froide

Dans un bol moyen, mélanger la farine et le sel. Incorporer le saindoux à l'aide d'un coupe-pâte ou de deux couteaux entrecroisés, jusqu'à ce que les particules aient la taille de petits pois. Asperger d'eau froide, 15 ml (1 c. à soupe) à la fois, en mélangeant à la fourchette jusqu'à ce que toute la farine soit humidifiée et que la pâte se détache presque du bol (ajouter de 15 à 30 ml [1 à 2 c. à soupe] d'eau additionnelle, si nécessaire). Façonner la pâte en boule et l'aplatir sur une surface légèrement enfarinée. Envelopper la boule dans une pellicule plastique et réfrigérer environ 45 minutes ou jusqu'à ce que la pâte soit ferme mais encore malléable. Ceci permet au saindoux de se raffermir légèrement, ce qui contribue à rendre la pâte cuite plus feuilletée. Si vous la laissez plus longtemps au réfrigérateur, la laisser ramollir un peu avant de la rouler.

En altitude (1066 m à 1981 m [3500 à 6500 pi]) : Pas de changement.

1 portion : 305 calories (lipides 80) ; gras 9 g (saturés 3 g) ; cholestérol 5 mg ; sodium 160 mg ; glucides 54 g (fibres 3 g) ; protéines 2 g
Équivalents : 1 féculent, 1 1/2 fruits, 1 autre glucide, 1 1/2 gras
Choix de glucides : 3 1/2

ASTUCE DU JOUR

Comme elles contiennent une plus grande quantité de fruits que les tartes ordinaires, les tartes profondes sont aussi plus faciles à réaliser, parce qu'elles n'ont qu'une abaisse qui épousent la forme des fruits. Si le cœur vous en dit, vous pouvez servir cette tarte au petit-déjeuner, avec une tranche de fromage fondant, comme le faisaient nos grands-parents dans les années 20.

Tarte aux framboises
Classique

Il existe des preuves que les tartes aux petits fruits étaient déjà à la mode il y a 375 ans. Les colons de Nouvelle-Angleterre étaient friands de tartes aux bleuets et de tartes aux fraises. Les Hollandais, venus s'installer en Pennsylvanie, utilisaient des mûres, des baies de sureau et des groseilles à maquereau.

Temps de préparation : 25 min – Du début à la fin : 1 h 55 min	8 portions

Pâte pour 2 croûtes à tarte de 23 cm (9 po) (ci-dessous)

250 ml (1 tasse) de sucre

75 ml (1/3 tasse) de farine tout-usage

1 kg (4 tasses) de framboises fraîches

30 ml (2 c. à soupe) de beurre ou de margarine

1 Chauffer le four à 220 °C (425 °F). Préparer la pâte. Sur une surface légèrement enfarinée, abaisser la pâte au rouleau, en un cercle dépassant de 2,5 cm (1 po) la circonférence d'une assiette à tarte en verre de 23 cm (9 po). Plier la pâte en quatre et la déposer sur l'assiette. Déplier et presser fermement dans le fond et sur les côtés. Découper l'excès de pâte à 1,5 cm (1/2 po) du contour de l'assiette (si vous faites un dessus tressé, découpez la pâte du fond à 2,5 cm (1 po) du bord de l'assiette).

2 Dans un grand bol, mélanger le sucre et la farine. Ajouter les framboises délicatement. Déposer à la cuillère dans l'assiette tapissée de pâte. Parsemer des dés de beurre sur les framboises.

3 Rouler la deuxième abaisse (si vous voulez tresser la pâte du dessus, voir page 199). Plier la pâte du dessus en quatre et entailler afin que la vapeur puisse s'échapper. Mettre la pâte sur la garniture et déplier. Coupez le bord qui dépasse à 2,5 cm (1 po) du contour de l'assiette. Plier et rouler le bord supérieur sous le bord inférieur, et presser pour sceller ; festonner.

4 Couvrir le contour avec une lanière d'aluminium de 2,5 à 7,5 cm (1 à 3 po), pour empêcher que la pâte brunisse trop. Retirer le papier alu 15 minutes avant la fin de la cuisson. Cuire de 35 à 40 minutes ou jusqu'à ce que la croûte soit d'un beau brun doré et que le jus bouillonne à travers les fentes. Servir tiède.

Pâte pour 2 croûtes à tarte de 23 cm (9 po)

500 ml (2 tasses) de farine tout-usage

5 ml (1 c. à thé) de sel

150 ml + 30 ml (2/3 tasse + 2 c. à soupe) de saindoux

60 à 75 ml (4 à 5 c. à soupe) d'eau froide

Dans un bol moyen, mélanger la farine et le sel. Incorporer le saindoux à l'aide d'un coupe-pâte ou de deux couteaux entrecroisés, jusqu'à ce que les particules aient la taille de petits pois. Asperger d'eau froide, 15 ml (1 c. à soupe) à la fois, en mélangeant à la fourchette jusqu'à ce que toute la farine soit humidifiée et que la pâte se détache presque du bol (ajouter de 15 à 30 ml [1 à 2 c. à soupe] d'eau additionnelle, si nécessaire). Façonner la pâte en boule et l'aplatir sur une surface légèrement enfarinée. Envelopper la boule dans une pellicule plastique et réfrigérer environ 45 minutes ou jusqu'à ce que la pâte soit ferme mais encore malléable. Cela permet au saindoux de se raffermir légèrement, ce qui contribue à rendre la pâte cuite plus feuilletée. Si vous la laissez plus longtemps au réfrigérateur, la laisser ramollir un peu avant de la rouler.

En altitude (1066 m à 1981 m [3500 à 6500 pi]) : Chauffer le four à 230 °C (450 °F).

1 portion : 470 calories (lipides 215) ; gras 24 g (saturés 7 g) ; cholestérol 10 mg ; sodium 320 mg ; glucides 60 g (fibres 5 g) ; protéines 4 g

Équivalents : 1 1/2 féculent, 1 1/2 fruits, 1 autre glucide, 4 1/2 gras

Choix de glucides : 4

Tarte aux cerises

Classique

Temps de préparation : 40 min – Du début à la fin : 3 h 20 min   **8 portions**

Pâte pour 2 croûtes à tarte de 23 cm
   (9 po) (page 198)

320 ml (1 1/3 tasse) de sucre

125 ml (1/2 tasse) de farine tout-usage

1,5 kg (6 tasses) de cerises ou griottes
fraîches, dénoyautées

30 ml (2 c. à soupe) de beurre ou de
margarine, facultatif

1 Chauffer le four à 220 °C (425 °F). Préparer la pâte. Sur une surface légèrement enfarinée, abaisser la pâte en un cercle dépassant de 5 cm (2 po) la circonférence d'une assiette à tarte en verre de 23 cm (9 po), à l'aide d'un rouleau enfariné. Plier la pâte en quatre et la déposer sur l'assiette. Déplier et presser fermement dans le fond et sur les côtés. Découper l'excès de pâte à 1,5 cm (1/2 po) du contour de l'assiette (si vous faites un dessus tressé, découpez la pâte du fond à 2,5 cm [1 po] du bord de l'assiette).

2 Dans un grand bol, mélanger le sucre et la farine. Ajouter les cerises. Déposer à la cuillère dans l'assiette tapissée de pâte. Parsemer les cerises de dés de beurre.

3 Rouler la deuxième abaisse (si vous voulez tresser la pâte du dessus, voir ci-dessous). Plier la pâte du dessus en quatre et entailler afin que la vapeur puisse s'échapper. Mettre la pâte sur la garniture et déplier. Tailler l'excès de pâte à 2,5 cm (1 po) du contour de l'assiette. Plier et rouler le bord supérieur sous le bord inférieur, et presser pour sceller ; festonner.

4 Couvrir le contour avec une lanière d'aluminium de 2,5 à 7,5 cm (1 à 3 po), pour empêcher que la pâte brunisse trop. Retirer le papier alu 15 minutes avant la fin de la cuisson. Cuire de 35 à 45 minutes ou jusqu'à ce que la croûte soit d'un beau brun doré et que le jus fasse des bulles à travers les fentes. Laisser refroidir sur une grille au moins 2 heures.

Tarte aux cerises rapide : Remplacer les cerises fraîches par 1,5 kg (6 tasses) de cerises congelées non sucrées, dénoyautées, décongelées et égouttées, ou 3 boîtes de 350 g (14,5 oz) de cerises pour tartes, égouttées.

Pâte tressée : Rouler la deuxième abaisse. Découper en 10 lanières d'environ 1,5 cm (1/2 po) de largeur. Mettre les 5 premières lanières de pâtes sur la garniture. Tresser les autres lanières à partir du centre. Terminer le tressage d'une lanière avant d'en tresser une autre. Tailler les extrémités des lanières. Replier la pâte inférieure sur les extrémités des lanières, de manière à former un contour surélevé. Sceller et festonner. Badigeonner la pâte de lait et saupoudrer de sucre si désiré.

En altitude (1066 m à 1981 m
[3500 à 6500 pi]) : Mettre une
plaque à biscuits sur la grille du
bas dans le four, juste au-dessous
de la tarte, afin de recueillir tout
débordement. Couvrir le contour
de la croûte pendant les
40 premières minutes ; découvrir
10 minutes avant la fin de la
cuisson. Cuire de 40 à 50 minutes.

1 portion : 570 calories
(lipides 225) ; gras 25 g (saturés
7 g) ; cholestérol 10 mg ; sodium
320 mg ; glucides 81 g (fibres 4 g) ;
protéines 5 g
Équivalents : 2 féculents, 2 fruits,
1 1/2 autre glucide, 4 1/2 gras
Choix de glucides : 5 1/2

ASTUCE DU JOUR

Il existe deux types de cerises : les cerises sucrées et les griottes. Les griottes sont celles que l'on surnomme cerises acidulées ou amères, ou encore cerises rouges à tarte. Les griottes font des tartes savoureuses qui se transforment en œuvre d'art lorsqu'on les garnit d'une croûte tressée.

Tarte aux poires et aux canneberges

Temps de préparation : 35 min – Du début à la fin : 2 h 10 min　　　　　**8 portions**

Pâte pour 2 croûtes à tarte de 23 cm
(9 po) (page 198)

1 kg (4 tasses) de poires pelées et
tranchées (5 moyennes)

375 ml (1 1/2 tasse) de canneberges
fraîches ou congelées (décongelées)

250 ml (1 tasse) de sucre

50 ml (1/4 tasse) de fécule de maïs

5 ml (1 c. à thé) de cannelle moulue

30 ml (2 c. à soupe) de beurre ou de
margarine

1 œuf, battu

1 Chauffer le four à 220 °C (425 °F). Préparer la pâte. Sur une surface légèrement enfarinée, abaisser la pâte en un cercle dépassant de 5 cm (2 po) la circonférence d'une assiette à tarte en verre de 23 cm (9 po), à l'aide d'un rouleau enfariné. Plier la pâte en quatre et la déposer sur l'assiette. Déplier et presser fermement dans le fond et sur les côtés. Tailler le contour de la pâte du fond à 1,5 cm (1/2 po) du bord de l'assiette.

2 Dans un grand bol, mettre les poires, les canneberges, le sucre, la fécule et la cannelle ; brasser pour bien enrober. Déposer à la cuillère dans l'assiette garnie de pâte. Couper le beurre en dés et en parsemer le mélange.

3 Rouler la deuxième abaisse. Découper des appliques en forme de feuilles dans le centre de la pâte, à l'aide d'un emporte-pièce en forme de feuille, en laissant un bon 7,5 cm (3 po) de bordure tout autour. Mettre la pâte sur la garniture. Tailler le bord de l'abaisse du dessus à 2,5 cm (1 po) du contour de l'assiette. Plier et rouler le bord supérieur sous le bord inférieur, en pressant pour sceller. Disposer les appliques en forme de feuille tout autour de l'abaisse du dessus, en badigeonnant d'œuf battu pour une meilleure adhérence. Badigeonner la pâte et les feuilles avec le reste de l'œuf battu.

4 Couvrir le contour avec une lanière d'aluminium de 2,5 à 7,5 cm (1 à 3 po), pour empêcher que la pâte brunisse trop. Retirer le papier alu 15 minutes avant la fin de la cuisson. Cuire de 40 à 50 minutes ou jusqu'à ce que la croûte soit dorée et que le jus fasse des bulles à travers les fentes. Servir chaud.

En altitude (1066 m à 1981 m
[3500 à 6500 pi]) : Utiliser 125 ml
(1/2 tasse) de fécule de maïs.
Cuire de 45 à 55 minutes ; enlever
le papier alu 10 minutes avant la
fin de la cuisson.

1 portion : 515 calories
(lipides 225) ; gras 25 g (saturés
7 g) ; cholestérol 35 mg ; sodium
320 mg ; glucides 68 g (fibres 4 g) ;
protéines 4 g
Équivalents : 1 1/2 féculents,
2 fruits, 1 autre glucide, 5 gras
Choix de glucides : 4 1/2

ASTUCE DU JOUR

La riche saveur et la magnifique couleur des canneberges en ont fait l'accompagnement par excellence des tartes aux pommes et aux poires, mais aussi d'autres tartes aux fruits. Si vous préférez les pommes ou les poires sans canneberges, utilisez 1,5 kg (6 tasses) de pommes ou de poires pelées et tranchées.

TARTE AUX POIRES ET AUX CANNEBERGES

Tarte exquise au citron meringuée

Classique

Pâte facile au babeurre (p. 204) ou pâte pour 1 croûte à tarte de 23 cm (9 po) (page 197)

125 ml (1/2 tasse) de sucre

20 ml (4 c. à thé) de fécule de maïs

125 ml (1/2 tasse) d'eau froide

3 jaunes d'œufs

375 ml (1 1/2 tasse) de sucre

75 ml + 15 ml (1/3 tasse + 1 c. à soupe) de fécule de maïs

375 ml (1 1/2 tasse) d'eau

45 ml (3 c. à soupe) de beurre ou de margarine

10 ml (2 c. à thé) de zeste de citron râpé

125 ml (1/2 tasse) de jus de citron

2 gouttes de colorant alimentaire jaune, facultatif

4 blancs d'œufs

1 pincée de sel

En altitude (1066 m à 1981 m [3500 à 6500 pi]) : À l'étape 1, cuire de 10 à 12 minutes. À l'étape 6, cuire 20 minutes.

1 Chauffer le four à 240 °C (475 °F). Préparer la pâte. Sur une surface légèrement enfarinée, abaisser la pâte en un cercle dépassant de 5 cm (2 po) la circonférence d'une assiette à tarte en verre de 23 cm (9 po), à l'aide d'un rouleau enfariné. Plier la pâte en quatre et la déposer sur l'assiette. Déplier et presser fermement dans le fond et sur les côtés. Tailler le bord pour qu'il dépasse du contour de l'assiette de 2,5 cm (1 po). Plier et rouler la pâte en dessous, de la même grandeur que l'assiette ; presser avec les dents d'une fourchette ou festonner, au goût. Piquer le fond et les côtés de la pâte partout à l'aide de la fourchette. Cuire de 8 à 10 minutes ou jusqu'à coloration brun clair. Laisser refroidir complètement, environ 30 minutes.

2 Chauffer le four à 180 °C (350 °F). Dans une casserole de 1 L (4 tasses), mélanger 125 ml (1/2 tasse) de sucre et 20 ml (4 c. à thé) de fécule de maïs. Ajouter 125 ml (1/2 tasse) d'eau froide. Cuire à feu moyen, en brassant continuellement, jusqu'à ce que le mélange épaississe et fasse des bulles. Laisser bouillir 1 minute en brassant et retirer du feu. Laisser refroidir complètement. (Pour que le mélange refroidisse plus rapidement, le mettre au congélateur environ 10 minutes.) Réserver pour l'étape 4.

3 Pendant que le mélange à meringue refroidit, battre les jaunes d'œufs à la fourchette dans un petit bol. Dans une casserole de 2 L (8 tasses), mélanger 375 ml (1 1/2 tasse) de sucre et 75 ml + 15 ml (1/3 tasse + 1 c. à soupe) de fécule de maïs. Incorporer graduellement 375 ml (1 1/2 tasse) d'eau. Cuire à feu moyen, en brassant continuellement, jusqu'à ce que le mélange épaississe et bouillonne. Laisser bouillir 1 minute en brassant. Incorporer immédiatement au moins la moitié du mélange chaud dans les jaunes d'œufs, puis remettre dans le mélange chaud dans la casserole. Laisser bouillir 2 minutes en brassant, ou jusqu'à consistance très épaisse ; retirer du feu. Ajouter le beurre, le zeste de citron, le jus de citron et le colorant. Presser une pellicule de plastique sur la garniture pour empêcher la formation d'une croûte sèche.

4 Dans un grand bol, battre les blancs d'œufs et le sel au batteur électrique, à grande vitesse, jusqu'à la formation de pics mous. Très graduellement, incorporer le mélange de sucre de l'étape 2, jusqu'à la formation de pics fermes.

5 Verser la garniture au citron chaude dans la croûte à tarte. Déposer la meringue à la cuillère sur la garniture chaude. Étendre partout sur la garniture, en prenant bien soin de sceller la meringue sur les bords de la croûte pour l'empêcher de rétrécir et de suinter.

6 Cuire environ 15 minutes ou jusqu'à ce que la meringue ait pris une belle coloration brun clair. Refroidir à l'abri des courants d'air, pendant 2 heures. Couvrir la tarte refroidie et la garder au réfrigérateur jusqu'au moment de servir. (Cette tarte est à son meilleur le jour même. Si vous la réfrigérez plus d'une journée, la garniture pourrait ramollir.)

ASTUCE DU JOUR

Lorsque vous séparez les œufs de la garniture de citron, servez-vous des blancs d'œufs pour faire la meringue (il vous faudra un blanc d'œuf additionnel). Les blancs d'œufs à la température ambiante montent plus rapidement que lorsqu'ils sont froids ; ils doivent rester 30 minutes hors du frigo pour atteindre la température ambiante.

1 portion : 460 calories (lipides 160) ; gras 18 g (saturés 7 g) ; cholestérol 95 mg ; sodium 230 mg ; glucides 70 g (fibres 1 g) ; protéines 5 g
Équivalents : 2 féculents, 1 fruit, 1 1/2 autre glucide, 3 1/2 gras
Choix de glucides : 4 1/2

TARTE EXQUISE AU CITRON MERINGUÉE

Tarte à la lime

Temps de préparation : 25 min – Du début à la fin : 3 h

8 portions

Pâte facile au babeurre (ci-dessous) ou pâte pour 1 croûte à tarte de 23 cm (9 po) (page 197)

4 jaunes d'œufs

1 boîte de 400 g (14 oz) de lait condensé sucré

125 ml (1/2 tasse) de jus de lime

1 ou 2 gouttes de colorant alimentaire vert, facultatif

375 ml (1 1/2 tasse) de crème fouettée sucrée (page 232)

1 Chauffer le four à 240 °C (475 °F). Préparer la pâte. Sur une surface légèrement enfarinée, abaisser la pâte en un cercle dépassant de 5 cm (2 po) la circonférence d'une assiette à tarte en verre de 23 cm (9 po), à l'aide d'un rouleau enfariné. Plier la pâte en quatre et la déposer sur l'assiette. Déplier et presser fermement dans le fond et sur les côtés de l'assiette. Tailler le bord pour qu'il dépasse du contour de l'assiette de 2,5 cm (1 po). Plier et rouler la pâte en dessous, de la même grandeur que l'assiette ; presser avec les dents d'une fourchette ou festonner, au goût. Piquer le fond et les côtés de la pâte partout à l'aide de la fourchette. Cuire de 8 à 10 minutes ou jusqu'à coloration brun clair. Laisser refroidir complètement, environ 30 minutes.

2 Chauffer le four à 190 °C (375 °F). Mettre les jaunes d'œuf, le lait condensé, le jus de lime et le colorant dans un bol moyen et battre au batteur électrique à vitesse moyenne, environ 1 minute, ou jusqu'à ce que bien mélangé. Verser dans l'assiette tapissée de croûte.

3 Cuire de 14 à 16 minutes ou jusqu'à ce que le centre soit pris.

4 Laisser refroidir 15 minutes sur une grille à gâteau. Couvrir et réfrigérer jusqu'à ce que ce soit bien froid, au moins 2 heures, mais sans excéder 3 jours. Napper de crème fouettée sucrée. Couvrir et garder au réfrigérateur.

Pâte facile au babeurre

250 ml (1 tasse) de farine tout-usage

2 ml (1/2 c. à thé) de sel

75 ml (1/3 tasse) de saindoux

15 ml + 7 ml (1 c. à soupe + 1 1/2 c. à thé) de beurre ou de margarine

5 ml (1 c. à thé) d'huile végétale

35 ml à 45 ml (2 1/2 à 3 c. à soupe) de babeurre

Dans un bol moyen, mélanger la farine et le sel. Incorporer le beurre à l'aide d'un coupe-pâte (ou de deux couteaux entrecroisés), jusqu'à ce que les particules aient la grosseur de petits pois. Combiner l'huile et le babeurre à la fourchette, jusqu'à ce que toute la farine soit humidifiée et que la pâte se détache des parois du bol.

En altitude (1066 m à 1981 m [3500 à 6500 pi]) : À l'étape 1, cuire de 10 à 12 minutes. À l'étape 3, cuire de 15 à 17 minutes.

1 portion : 470 calories (lipides 225) ; gras 25 g (saturés 11 g) ; cholestérol 150 mg ; sodium 250 mg ; glucides 52 g (fibres 0 g) ; protéines 9 g
Équivalents : 3 féculents, 1/2 fruit, 4 1/2 gras
Choix de glucides : 3 1/2

ASTUCE DU JOUR

Les limes provenant de la Floride sont plus petites et plus rondes que les limes perses. Hélas, elles sont parfois difficiles à trouver. La bonne nouvelle, c'est qu'on trouve du jus de lime en bouteille dans la plupart des supermarchés.

Tarte aux pacanes du Kentucky

Classique

Le livre de recettes illustré de Betty Crocker, publié en 1950, a connu un tel succès populaire dès la première année, que cela lui a permis d'établir un record de tous les temps parmi les best-sellers de non-fiction. Cette recette irrésistible fait partie de cette réussite. Si vous en doutez, essayez-la !

Temps de préparation : 30 min – Du début à la fin : 3 h 30 min — **8 portions**

Pâte facile au babeurre (p. 204) ou pâte pour 1 croûte à tarte de 23 cm (9 po) (page 197)

150 ml (2/3 tasse) de sucre

75 ml (1/3 tasse) de beurre ou de margarine, fondu

250 ml (1 tasse) de sirop de maïs

30 ml (2 c. à soupe) de bourbon, facultatif

2 ml (1/2 c. à thé) de sel

3 œufs

250 ml (1 tasse) de pacanes en moitiés ou écrasées

250 ml (1 tasse) de pépites de chocolat mi-sucré

1 Chauffer le four à 190 °C (375 °F). Préparer la pâte. Sur une surface légèrement enfarinée, abaisser la pâte en un cercle dépassant de 5 cm (2 po) la circonférence d'une assiette à tarte en verre de 23 cm (9 po), à l'aide d'un rouleau enfariné. Plier la pâte en quatre et la déposer sur l'assiette. Déplier et presser fermement dans le fond et sur les côtés de l'assiette. Tailler le bord pour qu'il dépasse du contour de l'assiette de 2,5 cm (1 po). Plier et rouler la pâte en dessous, de la même grandeur que l'assiette ; presser avec les dents d'une fourchette ou festonner, au goût.

2 Dans un grand bol, battre le sucre, le beurre, le sirop de maïs, le bourbon, le sel et les œufs au batteur à main. Incorporer les pacanes et les pépites de chocolat. Verser dans l'assiette tapissée de pâte.

3 Couvrir les contours de la pâte à l'aide de papier aluminium de 5 à 7,5 cm (2 à 3 po) de largeur, pour empêcher qu'elle ne brunisse trop. Enlever le papier aluminium 15 minutes avant la fin de la cuisson. Cuire de 40 à 50 minutes ou jusqu'à ce que ce soit cuit. Réfrigérer au moins 2 heures, jusqu'à ce que ce soit bien froid. Couvrir et garder au réfrigérateur.

Tarte aux pacanes au brandy : Diminuer la quantité de sirop de maïs à 175 ml (3/4 tasse). Remplacer le bourbon par 50 ml (1/4 tasse) de brandy. Omettre les pépites de chocolat.

Tarte aux pacanes au chocolat : Faire fondre 60 g (2 oz) de chocolat non sucré avec le beurre. Omettre le bourbon et les pépites de chocolat.

Tarte aux pacanes : Omettre le bourbon et les pépites de chocolat.

En altitude (1066 m à 1981 m [3500 à 6500 pi]) : Cuire de 50 à 55 minutes.

1 portion : 650 calories (lipides 325) ; gras 36 g (saturés 13 g) ; cholestérol 100 mg ; sodium 420 mg ; glucides 75 g (fibres 3 g) ; protéines 6 g
Équivalents : 2 féculents, 3 autres glucides, 6 gras
Choix de glucides : 5

ASTUCE DU JOUR

La tarte aux pacanes n'a pas sa pareille ! Quand vient le temps du Derby du Kentucky, les habitants de la région préparent leur spécialité avec du bourbon et des pépites de chocolat. Les pacanes indigènes, combinées à la canne à sucre du sud, en font une création unique, jamais égalée !

Tarte à la citrouille

Classique

Pâte facile au babeurre (p. 204) ou pâte
    pour 1 croûte à tarte de 23 cm (9 po)
    (page 197)

2 œufs

125 ml (1/2 tasse) de sucre

5 ml (1 c. à thé) de cannelle moulue

2 ml (1/2 c. à thé) de sel

2 ml (1/2 c. à thé) de gingembre moulu

1 pincée de clous de girofle moulus

1 boîte de 430 ml (15 oz) de chair de
    citrouille (pas de garniture à tarte à la
    citrouille)

1 boîte de 340 ml (12 oz) de lait évaporé

Nuages à la crème épicés (ci-dessous)

1 Chauffer le four à 220 °C (425 °F). Préparer la pâte. Sur une surface légèrement enfarinée, abaisser la pâte en un cercle dépassant de 5 cm (2 po) la circonférence d'une assiette à tarte en verre de 23 cm (9 po), à l'aide d'un rouleau enfariné. Plier la pâte en quatre et la déposer sur l'assiette. Déplier et presser fermement dans le fond et sur les côtés de l'assiette. Tailler le bord pour qu'il dépasse du contour de l'assiette de 2,5 cm (1 po). Plier et rouler la pâte en dessous, de la même grandeur que l'assiette ; presser avec les dents d'une fourchette ou festonner, au goût.

2 Dans un bol moyen, battre les œufs légèrement à l'aide d'un fouet ou d'un batteur à main. Incorporer le reste des ingrédients, sauf les nuages à la crème épicés.

3 Mettre l'assiette tapissée de pâte sur une plaque allant au four pour prévenir les débordements. Verser la garniture sur la pâte. Couvrir les contours de la pâte à l'aide de papier aluminium de 5 à 7,5 cm (2 à 3 po) de largeur, pour empêcher qu'elle ne brunisse trop. Enlever le papier alu 15 minutes avant la fin de la cuisson. Cuire 15 minutes à 220° C.

4 Réduire la température du four à 180 °C (350 °F). Cuire environ 45 minutes de plus ou jusqu'à ce qu'un couteau inséré au centre en ressorte propre. Laisser refroidir 30 minutes. Réfrigérer environ 4 heures ou jusqu'à ce que ce soit froid. Entre-temps, préparer les nuages à la crème épicés.

5 Garnir les pointes de tarte de la garniture à la crème épicée ; laisser reposer 5 minutes avant de servir. Couvrir la tarte et garder au réfrigérateur.

Nuages à la crème épicés

125 ml (1/2 tasse) de crème à fouetter (épaisse)

15 ml (1 c. à soupe) de cassonade tassée

1 ml (1/4 c. à thé) d'épices à la tarte à la citrouille ou de cannelle moulue

Dans un petit bol très froid, battre tous les ingrédients au batteur électrique, à grande vitesse, jusqu'à fermeté. Tapisser une plaque à biscuits avec une feuille de papier ciré. Laisser tomber 8 grosses cuillerées de crème fouettée sur le papier ciré. Congeler sans couvrir au moins 2 heures. Mettre dans un contenant allant au congélateur ; fermer hermétiquement. Ne pas excéder 2 mois au congélateur.

En altitude (1066 m à 1981 m
[3500 à 6500 pi]) : Pas de
changement.

1 portion : 340 calories
(lipides 160) ; gras 18 g (saturés
7 g) ; cholestérol 75 mg ; sodium
370 mg ; glucides 37 g (fibres 2 g) ;
protéines 8 g
Équivalents : 2 féculents, 1 légume,
3 1/2 gras
Choix de glucides : 2 1/2

ASTUCE DU JOUR

Vous pouvez décorer vos tartes avec de jolies formes découpées dans les restants d'abaisse. Utiliser un emporte-pièce ou un autre outil à découper, saupoudrer de sucre granulé et de cannelle, et cuire sur une plaque à biscuits non graissée à 220 °C (425 °F), de 8 à 10 minutes, ou jusqu'à coloration dorée.

Tourte aux bleuets frais

Temps de préparation : 20 min – Du début à la fin : 1 h 50 min

8 portions

250 ml (1 tasse) de farine tout-usage

30 ml (2 c. à soupe) de sucre granulé

0,5 ml (1/8 c. à thé) de sel

125 ml (1/2 tasse) de beurre ou de margarine

15 ml (1 c. à soupe) de vinaigre blanc

250 ml (1 tasse) de sucre granulé

30 ml (2 c. à soupe) de farine tout-usage

1 ml (1/4 c. à thé) de cannelle moulue

750 ml (3 tasses) de bleuets frais

30 ml (2 c. à soupe) de sucre glace

1 Dans un petit bol, mélanger 250 ml (1 tasse) de farine, 30 ml (2 c. à soupe) de sucre granulé et le sel. Incorporer le beurre à l'aide d'un coupe-pâte (ou de deux couteaux entrecroisés), jusqu'à ce que les particules soient de la grosseur de petits pois. Ajouter le vinaigre et mélanger jusqu'à la formation d'une pâte. Presser la pâte uniformément sur le fond et les côtés d'un moule à charnière non graissé de 23 cm (9 po) ou d'un moule carré de 20,5 cm (8 po). Veillez à ce que la pâte ne soit pas trop mince dans le fond du moule. Réfrigérer 15 minutes.

2 Chauffer le four à 200 °C (400 °F). Dans un bol moyen, mélanger 250 ml (1 tasse) de sucre granulé, 30 ml (2 c. à soupe) de farine et la cannelle. Réserver 250 ml (1 tasse) des bleuets les plus gros. Incorporer délicatement le reste des bleuets dans le mélange de sucre. Verser uniformément dans le moule tapissé de pâte.

3 Cuire de 50 à 60 minutes ou jusqu'à ce que la croûte ait pris une belle coloration dorée. Garnir avec les 250 ml (1 tasse) de bleuets réservés et du sucre glace ; laisser refroidir. Détacher la tarte des bords du moule ; enlever les côtés du moule.

ASTUCE DU JOUR

Tarte ou tourte ? Quelle est la différence ? Une tourte est cuite dans un moule à charnière ou un moule carré et la croûte est souvent plus sucrée et plus tendre que la croûte à tarte. Certaines tourte sont cuites dans des petits moules individuels. Si vous ne possédez pas de moule à charnière, vous pouvez quand même réussir une tourte magnifique ; il suffit d'utiliser un moule carré de 20,5 cm (8 po).

En altitude (1066 m à 1981 m [3500 à 6500 pi]) : Pas de changement.

1 portion : 320 calories (lipides 110) ; gras 12 g (saturés 7 g) ; cholestérol 30 mg ; sodium 115 mg ; glucides 51 g (fibres 2 g) ; protéines 2 g
Équivalents : 1 féculent, 1 fruit, 1 1/2 autre glucide, 2 gras
Choix de glucides : 3 1/2

Tarte brownie au fudge

Classique

Cette superbe recette a été créée à partir d'un classique. En 1953, une annonce de farine présentait la nouvelle tarte brownie au chocolat, qui était un amalgame entre la tarte aux pacanes et une recette de brownies.

Temps de préparation : 20 min – Du début à la fin : 1 h 15 min — **8 portions**

Croûte biscuit aux noix (ci-dessous)

90 ml (6 c. à soupe) de beurre ou de margarine

55 g (2 oz) de chocolat non sucré

250 ml (1 tasse) de sucre

30 ml (2 c. à soupe) de farine tout-usage

30 ml (2 c. à soupe) de lait

30 ml (2 c. à soupe) de sirop de maïs léger

5 ml (1 c. à thé) de vanille

1 ml (1/4 c. à thé) de sel

3 œufs

1 l (4 tasses) de crème glacée à la vanille

1 Chauffer le four à 180 °C (350 °F). Préparer la croûte biscuit aux noix.

2 Dans une casserole de 2 L (8 tasses), faire fondre le beurre et le chocolat à feu doux, en brassant occasionnellement et retirer du feu. Ajouter le reste des ingrédients, à l'exception de la crème glacée ; mélanger jusqu'à consistance lisse et homogène. Verser le mélange dans la croûte cuite.

3 Cuire 20 minutes ; couvrir le contour de la croûte avec des lanières de papier alu, pour l'empêcher de noircir. Cuire de 20 à 25 minutes ou jusqu'à ce que le dessus soit croustillant et que la garniture soit prise (ne pas trop cuire). Laisser refroidir sur une grille à gâteau. Servir tiède avec de la crème glacée. (Si la tarte a trop refroidi, réchauffer des portions individuelles au four micro-ondes, environ 15 secondes.) Couvrir et garder au réfrigérateur.

Croûte biscuit aux noix

125 ml (1/2 tasse) de beurre ou de margarine, ramolli

75 ml (1/3 tasse) de cassonade tassée

300 ml (1 1/4 tasse) de farine tout-usage

125 ml (1/2 tasse) de noix hachées

2 ml (1/2 c. à thé) de vanille

1 ml (1/4 c. à thé) de sel

Dans un grand bol, mélanger le beurre et la cassonade. Incorporer le reste des ingrédients jusqu'à consistance grumeleuse. Presser le mélange dans le fond et sur les côtés d'une assiette à tarte non graissée de 23 cm (9 po), en faisant dépasser le rebord de 1,5 cm (1/2 po) du contour. Cuire de 10 à 12 minutes ou jusqu'à ce que la croûte soit légèrement dorée.

En altitude (1066 m à 1981 m [3500 à 6500 pi]) : Cuire la croûte biscuit aux noix de 12 à 14 minutes. Cuire la tarte de 45 à 50 minutes.

1 portion : 670 calories (lipides 340) ; gras 38 g (saturés 20 g) ; cholestérol 165 mg ; sodium 370 mg ; glucides 73 g (fibres 3 g) ; protéines 9 g
Équivalents : 3 féculents, 2 autres glucides, 7 gras
Choix de glucides : 5

ASTUCE DU JOUR

Deux favorites, la tarte aux pacanes et la tarte au chocolat, rassemblées pour vous donner un dessert sensationnel. La croûte sucrée au beurre y ajoute une saveur de noix et du croquant. Vous pouvez utiliser des noisettes ou des amandes hachées, ou n'importe quel type de noix.

TARTE BROWNIE AU FUDGE

Tarte strudel aux pêches et framboises

Temps de préparation : 35 min – Du début à la fin : 3 h 5 min   **8 portions**

Croûte à tarte (ci-dessous)

600 ml (21 oz) de garniture pour tarte aux pêches

250 ml (1 tasse) de framboises congelées non sucrées

125 ml (1/2 tasse) d'avoine à cuisson rapide

125 ml (1/2 tasse) de farine tout-usage

125 ml (1/2 tasse) de cassonade tassée

50 ml (1/4 tasse) de beurre ou de margarine

50 ml (1/4 tasse) de pacanes hachées

1 Chauffer le four à 200 °C (400 °F). Préparer la croûte à tarte et cuire tel qu'indiqué.

2 Réduire la température du four à 180 °C (350 °F). Étendre la garniture pour tarte sur la croûte cuite. Garnir de framboises. Dans un bol moyen, mélanger le reste des ingrédients à l'aide d'un coupe-pâte ou d'une fourchette, jusqu'à consistance grumeleuse. Verser sur les framboises et la garniture.

3 Cuire de 20 à 25 minutes ou jusqu'à ce que le dessus soit doré et que la garniture soit chaude. Laisser refroidir complètement, environ 90 minutes.

Croûte à tarte

250 ml (1 tasse) de farine tout-usage

125 ml (1/2 tasse) de beurre ou de margarine, ramolli

30 ml (2 c. à soupe) de cassonade tassée

1 jaune d'œuf

Dans un petit bol, mélanger tous les ingrédients à la cuillère ou au batteur électrique à basse vitesse, jusqu'à la formation d'une pâte. Presser la pâte fermement dans le fond et sur les côtés d'une assiette à tarte non graissée de 23 cm (9 po) avec fond amovible. Cuire de 15 à 20 minutes ou jusqu'à ce que la croûte soit légèrement dorée. Laisser refroidir 10 minutes avant de remplir.

ASTUCE DU JOUR

Vous gagnez du temps en utilisant de la garniture pour tarte commerciale, car cela vous évite d'avoir à peler et à trancher les fruits. Le fait de combiner la garniture à des fruits frais vous permet d'ajouter une note de fraîcheur, sans perdre l'avantage de la rapidité d'exécution. Vous pouvez réaliser cette tarte mémorable en utilisant d'autres combinaisons de fruits. Essayez la garniture aux pommes ou aux cerises au lieu des pêches.

En altitude (1066 m à 1981 m [3500 à 6500 pi]) : Déconseillé.

1 portion : 415 calories (lipides 155) ; gras 17 g (saturés 4 g) ; cholestérol 60 mg ; sodium 240 mg ; glucides 60 g (fibres 1 g) ; protéines 6 g
Équivalents : 2 féculents, 1 fruit, 1 autre glucide, 3 gras
Choix de glucides : 4

TARTE STRUDEL AUX PÊCHES ET FRAMBOISES

GÂTEAU AU FROMAGE DE LINDY

Chapitre 8

Desserts primés

Gâteau au fromage de Lindy

Classique

Cette recette est aussi connue sous le nom de gâteau au fromage style New York. Les célèbres gâteaux au fromage, que nous associons aujourd'hui aux agglomérations urbaines comme la ville de New York, ont en fait vu le jour dans les cuisines des immigrants d'Europe de l'Ouest et de l'Europe centrale.

Temps de préparation : 45 min – Du début à la fin : 15 h	16 à 20 portions

250 ml (1 tasse) de farine tout-usage

125 ml (1/2 tasse) de beurre ou de margarine, ramolli

50 ml (1/4 tasse) de sucre

15 ml (1 c. à soupe) de zeste de citron râpé

1 jaune d'œuf

5 paquets de 225 g (8 oz) de fromage à la crème, ramolli

425 ml (1 3/4 tasse) de sucre

45 ml (3 c. à soupe) de farine tout-usage

15 ml (1 c. à soupe) de zeste d'orange râpé

15 ml (1 c. à soupe) de zeste de citron râpé

1 pincée de sel

5 œufs entiers

2 jaunes d'œufs

250 ml (1 tasse) de crème à fouetter (épaisse)

75 ml (1/3 tasse) d'amandes en lamelles, grillées, facultatif

1. Chauffer le four à 200 °C (400 °F). Graisser légèrement un moule à charnière de 23 cm (9 po) et enlever le fond. Dans un bol moyen, mélanger 250 ml (1 tasse) de farine, le beurre, 50 ml (1/4 tasse) de sucre, 15 ml (1 c. à soupe) de zeste de citron et 1 jaune d'œuf à la fourchette, jusqu'à formation d'une pâte ; façonner en boule. Presser le tiers de la pâte uniformément sur le fond du moule et mettre sur une plaque à biscuits. Cuire de 8 à 10 minutes ou jusqu'à coloration dorée ; laisser refroidir. Assembler le fond et les côtés du moule ; bien refermer. Presser le reste de la pâte à une hauteur de 5 cm (2 po), contre les parois du moule.

2. Chauffer le four à 240 °C (475 °F). Dans un grand bol, défaire en crème le fromage, 425 ml (1 3/4 tasse) de sucre, 45 ml (3 c. à soupe) de farine, le zeste d'orange, 15 ml de zeste (1 c. à soupe) de citron et le sel, au batteur électrique à vitesse moyenne, environ 1 minute ou jusqu'à consistance lisse. Incorporer les œufs entiers, les jaunes d'œufs et 50 ml (1/4 tasse) de crème à fouetter, à basse vitesse, ou jusqu'à consistance homogène. Verser dans la croûte.

3. Cuire 15 minutes. Réduire la température du four à 100 °C (200 °F). Cuire encore 1 heure. Il se peut que le gâteau au fromage n'ait pas l'air cuit, mais si une petite partie au centre semble molle, elle raffermira dès que le gâteau refroidira. (Ne pas insérer de couteau pour tester la cuisson, car cela risque de faire craquer le gâteau au fromage.) Éteindre le four et laisser le gâteau dans le four encore 30 minutes. Sortir du four et laisser refroidir dans son moule sur une grille à gâteau, à l'abri des courants d'air, pendant 30 minutes.

4. Sans enlever les côtés du moule, passer une spatule de métal délicatement tout autour du gâteau, pour détacher. Réfrigérer sans couvrir, environ 3 heures, ou jusqu'à ce que ce soit bien froid ; couvrir et continuer la réfrigération au moins 9 heures, sans excéder 48 heures.

5. Passer à nouveau une spatule de métal tout autour du gâteau pour le détacher. Retirer le contour du moule ; laisser le gâteau au fromage sur le fond du moule pour servir. Dans un petit bol très froid, battre le reste de la crème à fouetter (175 ml [3/4 tasse]) au batteur électrique, à grande vitesse, jusqu'à fermeté. Étendre la crème fouettée sur le gâteau au fromage. Décorer avec les amandes. Couvrir et garder au réfrigérateur.

En altitude (1066 m à 1981 m [3500 à 6500 pi]) : À l'étape 3, réduire la température du four à 110 °C (225 °F) et cuire 1 heure de plus.

1 portion : 515 calories (lipides 340) ; gras 38 g (saturés 23 g) ; cholestérol 215 mg ; sodium 310 mg ; glucides 35 g (fibres 0 g) ; protéines 9 g
Équivalents : 1 féculent, 1 fruit, 1 autre glucide, 1 viande très grasse, 6 gras
Choix de glucides : 2

ASTUCE DU JOUR

Ce somptueux gâteau au fromage, avec sa texture riche et moelleuse caractéristique, est associé au style de gâteau au fromage popularisé à New York. Offert pour la première fois au restaurant Lindy, il a très vite connu la célébrité. Vous pouvez le servir avec des fruits frais ou de la compote de fruits.

Shortcakes aux fraises
Classique

Voici un autre classique des cuisines Betty Crocker. La société Washburn Crosby a fait appel à une spécialiste de l'économie domestique pour la première fois en 1921. En l'espace d'un an, la cuisine prévue pour une seule personne a dû être agrandie pour recevoir trois autres spécialistes et un équipement culinaire plus adéquat. De nos jours, ils sont plus de vingt-cinq experts en économie domestique, à créer et à tester des recettes pour les cuisines Betty Crocker.

Temps de préparation : 60 min – Du début à la fin : 60 min   **6 portions**

1 kg (4 tasses) de fraises, tranchées

250 ml (1 tasse) de sucre

500 ml (2 tasses) de farine tout-usage

30 ml (2 c. à soupe) de sucre

15 ml (3 c. à thé) de poudre à pâte

5 ml (1 c. à thé) de sel

75 ml (1/3 tasse) de saindoux

175 ml (3/4 tasse) de lait

30 ml (2 c. à soupe) de beurre ou de margarine, ramolli

Crème fouettée sucrée (page 232)

1 Dans un grand bol, mélanger les fraises et 250 ml (1 tasse) de sucre. Laisser reposer 60 minutes.

2 Chauffer le four à 230 °C (450 °F). Dans un bol moyen, mélanger la farine, 30 ml (2 c. à soupe) de sucre, la poudre à pâte et le sel. Incorporer le saindoux à l'aide d'un coupe-pâte (ou de deux couteaux entrecroisés), jusqu'à apparence grumeleuse. Ajouter le lait et mélanger jusqu'à consistance homogène.

3 Sur une surface légèrement enfarinée, façonner la pâte en boule. Pétrir de 20 à 25 fois. Rouler à 1,5 cm (1/2 po) d'épaisseur et découper à l'emporte-pièce rond de 7,5 cm (3 po). Sur une plaque à biscuits non graissée, déposer les rondelles de pâte en les espaçant d'environ 2,5 cm (1 po).

4 Cuire de 10 à 12 minutes ou jusqu'à coloration dorée. Séparer les petits gâteaux chauds en deux, dans le sens de l'épaisseur. Napper de beurre, fourrer et garnir le dessus avec de la crème fouettée sucrée et des tranches de fraises.

ASTUCE DU JOUR

Pour faire des shortcakes directement dans un moule, graisser le fond et les côtés d'un moule rond de 20,5 cm (8 po). Après avoir ajouté le lait à l'étape 2, presser la pâte dans le moule. Cuire de 15 à 20 minutes. Découper en pointes.

En altitude (1066 m à 1981 m [3500 à 6500 pi]) : Utiliser 30 ml (2 c. à soupe) de poudre à pâte.

1 portion : 550 calories (lipides 200) ; gras 22 g (saturés 9 g) ; cholestérol 30 mg ; sodium 690 mg ; glucides 82 g (fibres 4 g) ; protéines 6 g
Équivalents : 2 féculents, 2 fruits, 1 1/2 autre glucide, 4 gras
Choix de glucides : 5 1/2

Shortcakes à la cannelle avec sauce chaude aux bleuets

500 ml (2 tasses) de farine tout-usage

20 ml (4 c. à thé) de poudre à pâte

3 ml (3/4 c. à thé) de sel

15 ml (1 c. à soupe) de sucre

2 ml (1/2 c. à thé) de cannelle moulue

30 ml (2 c. à soupe) de beurre ou
de margarine, ferme

30 ml (2 c. à soupe) de saindoux

250 ml (1 tasse) de crème moitié-moitié

30 ml (2 c. à soupe) de beurre ou de
margarine, fondu

30 ml (2 c. à soupe) de sucre cannelle
préparé

Sauce chaude aux bleuets (ci-contre)

1 l (4 tasses) de crème glacée à la vanille

1 Chauffer le four à 230 °C (450 °F). Dans un grand bol, mélanger la farine, la poudre à pâte, le sel, le sucre et la cannelle. Incorporer du beurre ferme à l'aide d'un coupe-pâte (ou de deux couteaux entrecroisés), jusqu'à consistance grumeleuse. Ajouter la crème moitié-moitié et battre juste assez pour humidifier les ingrédients secs.

2 Sur une plaque à biscuits non graissée, laisser tomber la pâte par 50 ml (1/4 tasse). Badigeonner de beurre fondu ; saupoudrer de sucre-cannelle.

3 Cuire de 10 à 15 minutes ou jusqu'à coloration dorée. Entre-temps, préparer la sauce chaude aux bleuets.

4 Pour servir, séparer les gâteaux chauds en deux et déposer dans des bols peu profonds. Fourrer et garnir le dessus de crème glacée. Verser de la sauce chaude à la cuillère sur la crème glacée.

Sauce chaude aux bleuets

125 ml (1/2 tasse) de sucre

15 ml (1 c. à soupe) de fécule de maïs

2 ml (1/2 c. à thé) de cannelle moulue

50 ml (1/4 tasse) d'eau

30 ml (2 c. à soupe) de jus de citron

500 ml (2 tasses) de bleuets frais ou de bleuets congelés non sucrés (décongelés et égouttés)

Dans une casserole de 1,5 L (6 tasses), mélanger le sucre, la fécule et la cannelle. Ajouter l'eau et le jus de citron jusqu'à consistance lisse. Incorporer 250 ml (1 tasse) de bleuets. Porter à ébullition sur feu moyen, en brassant continuellement. Laisser bouillir 2 minutes en brassant ou jusqu'à épaississement. Incorporer le reste des bleuets. Servir chaud.

En altitude (1066 m à 1981 m
[3500 à 6500 pi]) : Utiliser 10 ml
(2 c. à thé) de poudre à pâte.

ASTUCE DU JOUR

C'est la version moderne d'une icône américaine ! Essayez d'autres petits fruits à la place des bleuets : fraises, framboises, canneberges, ou une combinaison de plusieurs baies, cuites selon la même méthode, feront des substituts épatants !

1 portion : 410 calories
(lipides 160) ; gras 18 g (saturés
10 g) ; cholestérol 50 mg ; sodium
510 mg ; glucides 56 g (fibres 2 g) ;
protéines 6 g
Équivalents : 2 féculents, 2 fruits,
2 gras
Choix de glucides : 4

Dumplings aux pommes

Classique

500 ml (2 tasses) de farine tout-usage ou de farine de blé entier

5 ml (1 c. à thé) de sel

150 ml + 30 ml (2/3 tasse + 2 c. à soupe) de beurre ou de margarine, ferme

60 à 75 ml (4 à 5 c. à soupe) d'eau

6 pommes à cuire (environ 7,5 cm (3 po) de diamètre), pelées et le cœur enlevé

45 ml (3 c. à soupe) de raisins secs

45 ml (3 c. à soupe) de noix hachées

625 ml (2 1/2 tasses) de cassonade tassée

325 ml (1 1/3 tasse) d'eau

Crème fouettée sucrée (page 232), facultatif

1 Chauffer le four à 220 °C (425 °F). Dans un grand bol, mélanger la farine et le sel. Incorporer du beurre ferme à l'aide d'un coupe-pâte (ou de deux couteaux entrecroisés), jusqu'à ce que les particules aient la grosseur de petits pois. Asperger d'eau froide, 15 ml (1 c. à soupe) à la fois, en incorporant à la fourchette jusqu'à ce que la farine soit humidifiée. Faire une boule avec la pâte. Sur une surface légèrement enfarinée, rouler les deux tiers de la pâte en carré de 35 cm (14 po) et tailler quatre petits carrés. Rouler le reste de la pâte en rectangle de 35 x 17,5 cm (14 x 7 po) ; tailler 2 autres carrés. Mettre une pomme au centre de chaque carré.

2 Dans un petit bol, mélanger les raisins secs et les noix. Remplir le centre de chaque pomme avec le mélange de raisins. Humidifier les coins de chaque carré ; ramener 2 coins opposés au centre, sur le dessus de la pomme, et sceller. Ramener les 2 autres coins et presser ensemble pour bien sceller.

3 Déposer les dumplings dans un plat de 33 x 23 cm (13 x 9 po) allant au four. Dans une casserole de 2 L (8 tasses), porter à ébullition la cassonade et 325 ml (1 1/3 tasse) d'eau ; verser délicatement autour des dumplings.

4 Cuire environ 40 minutes, en arrosant les pommes de sirop 2 ou 3 fois, jusqu'à ce que la croûte soit brune et que les pommes soient tendres lorsque piquées à la fourchette. Servir chaud ou froid, avec de la crème fouettée sucrée.

Dumplings aux pêches : Remplacer les pommes par 6 pêches pelées, coupées en moitiés et dénoyautées et les raisins par 50 ml (1/4 tasse) de gelée de canneberges.

En altitude (1066 m à 1981 m [3500 à 6500 pi]) : Cuire environ 55 minutes.

1 portion : 840 calories (lipides 245) ; gras 27 g (saturés 15 g) ; cholestérol 65 mg ; sodium 590 mg ; glucides 144 g (fibres 4 g) ; protéines 5 g
Équivalents : 2 féculents, 2 fruits, 5 1/2 autres glucides, 5 gras
Choix de glucides : 9 1/2

ASTUCE DU JOUR

Vous vous demandez quelles pommes sont les plus appropriées à la cuisson ? Les meilleures pommes à cuire sont les pommes acidulées, telles les Granny Smith, les Cortland, les Spartan, les Idared et les Jaunes Délicieuses.

Croustade aux pommes
Classique

4 pommes acidulées moyennes,
   (Greening, Jaunes Délicieuses, Granny
   Smith) tranchées (4 tasses)

175 ml (3/4 tasse) de cassonade tassée

125 ml (1/2 tasse) de farine tout-usage

125 ml (1/2 tasse) d'avoine à cuisson
   rapide ou d'avoine à l'ancienne

75 ml (1/3 tasse) de beurre ou de
   margarine, ramolli

3 ml (3/4 c. à thé) de cannelle moulue

3 ml (3/4 c. à thé) de muscade moulue

Crème ou crème glacée, facultatif

1 Chauffer le four à 190 °C (375 °F). Graisser le fond et les côtés d'un moule carré de 20,5 cm (8 po). Étendre les pommes dans le moule.

2 Dans un bol moyen, mélanger le reste des ingrédients, sauf la crème, jusqu'à consistance homogène ; étendre sur les pommes.

3 Cuire environ 30 minutes, ou jusqu'à ce que le dessus soit doré et que les pommes soient tendres lorsque piquées à la fourchette. Servir chaud avec de la crème.

Croustade aux cerises : Remplacer les pommes par 1 boîte de 600 ml (21 oz) de garniture pour tarte aux cerises.

Croustade aux pêches : Remplacer les pommes par 1 boîte de 800 ml (28 oz) de pêches en tranches, égouttées.

ASTUCE DU JOUR

Pour rendre cette recette facile plus facile encore, faites-la au micro-ondes. Il suffit de mettre les pommes et la garniture dans une casserole de 2 l (8 tasses) allant au four micro-ondes, ou dans un plat en verre de 20,5 cm (8 po). Cuire à découvert environ 12 minutes, en faisant pivoter le plat à toutes les 4 minutes, jusqu'à ce que les pommes soient tendres.

En altitude (1066 m à 1981 m
[3500 à 6500 pi]) : Cuire environ
40 minutes.

1 portion : 325 calories
(lipides 100) ; gras 11 g (saturés
7 g) ; cholestérol 30 mg ; sodium
80 mg ; glucides 54 g (fibres 4 g) ;
protéines 2 g
Équivalents : 1 féculent, 1 1/2 fruits,
1 autre glucide, 2 gras
Choix de glucides : 3 1/2

Croustade aux framboises et au fudge

Temps de préparation : 15 min – Du début à la fin : 1 h 40 min **9 portions**

1 boîte de 800 ml (21 oz) de garniture pour tarte aux framboises

500 ml (2 tasses) de framboises fraîches ou congelées (décongelées et égouttées)

125 ml (1/2 tasse) de cassonade tassée

125 ml (1/2 tasse) de farine tout-usage

125 ml (1/2 tasse) d'avoine à l'ancienne

50 ml (1/4 tasse) de cacao

75 ml (1/3 tasse) de beurre ou de margarine, en petits cubes

50 ml (1/4 tasse) de pépites de chocolat mi-sucré miniatures

Crème glacée à la vanille, facultatif

1 Chauffer le four à 180 °C (350 °F). Mettre la garniture pour tarte et les framboises dans un plat carré de 20,5 cm (8 po) non graissé ; mélanger avec soin.

2 Dans un bol moyen, mélanger la cassonade, la farine, l'avoine et le cacao. Incorporer le beurre à l'aide d'un coupe-pâte (ou de deux couteaux entrecroisés), jusqu'à la formation de gros grains. Incorporer les pépites de chocolat et étendre sur le mélange de framboises.

3 Cuire de 40 à 50 minutes, ou jusqu'à ce que le mélange fasse des bulles. Refroidir 15 minutes. Servir chaud avec de la crème glacée.

ASTUCE DU JOUR

Si cela fonctionne avec des pommes et de la cassonade, pourquoi pas avec des framboises et du chocolat ? Quel risque prenez-vous en combinant des framboises fraîches avec du chocolat ? D'autres combinaisons de fruits donneront d'aussi bons résultats : essayez la garniture pour tarte aux cerises avec des framboises fraîches, ou avec des tranches de fraises.

En altitude (1066 m à 1981 m [3500 à 6500 pi]) : Chauffer le four à 190 °C (375 °F).

1 portion : 265 calories (lipides 80) ; gras 9 g (saturés 5 g) ; cholestérol 20 mg ; sodium 55 mg ; glucides 43 g (fibres 4 g) ; protéines 3 g
Équivalents : 1 féculent, 2 fruits, 1 1/2 gras
Choix de glucides : 3

Dessert meringué à la rhubarbe

Classique

Dans de nombreux coins de l'Amérique, la rhubarbe a été le premier « fruit » à pousser dans les potagers. Présenté pour la première fois dans le *Century of Success Cookbook*, en 1978, ce dessert est toujours aussi populaire aujourd'hui.

Temps de préparation : 15 min – Du début à la fin : 1 h 20 min   **9 portions**

125 ml (1/2 tasse) de beurre ou de margarine, ramolli

250 ml (1 tasse) de farine tout-usage

15 ml (1 c. à soupe) de sucre

3 jaunes d'œufs

250 ml (1 tasse) de sucre

30 ml (2 c. à soupe) de farine tout-usage

1 ml (1/4 c. à thé) de sel

125 ml (1/2 tasse) de crème moitié-moitié

625 ml (2 1/2 tasses) de rhubarbe fraîche coupée en morceaux

3 blancs d'œufs

75 ml (1/3 tasse) de sucre

5 ml (1 c. à thé) de vanille

50 ml (1/4 tasse) de flocons de noix de coco

1 Chauffer le four à 180 °C (350 °F). Dans un petit bol, mélanger le beurre, 250 ml (1 tasse) de farine et 15 ml (1 c. à soupe) de sucre. Presser la pâte uniformément dans le fond d'un moule carré de 23 cm (9 po). Cuire 10 minutes.

2 Entre-temps, dans un bol moyen, mélanger les jaunes d'œufs, 250 ml (1 tasse) de sucre, 30 ml (2 c. à soupe) de farine, le sel et la crème. Incorporer la rhubarbe. Verser dans la croûte chaude. Cuire 45 minutes.

3 Dans un bol moyen, battre les blancs d'œufs au batteur électrique, à grande vitesse, jusqu'à consistance mousseuse. Incorporer 75 ml (1/3 tasse) de sucre, 15 ml (1 c. à soupe) à la fois ; continuer de battre jusqu'à consistance ferme et luisante (ne pas trop battre). Ajouter la vanille. Étendre sur le mélange de rhubarbe chaud ; saupoudrer de noix de coco. Cuire environ 10 minutes ou jusqu'à coloration dorée.

ASTUCE DU JOUR

Étant donné sa saveur très acidulée, on combine habituellement la rhubarbe à une bonne quantité de sucre. Si vous ne trouvez pas de rhubarbe fraîche à votre supermarché, vous pouvez utiliser de la rhubarbe congelée pour réaliser ce succulent dessert.

En altitude (1066 m à 1981 m [3500 à 6500 pi]) : À l'étape 1, cuire la croûte 12 minutes.

1 portion : 335 calories (lipides 135) ; gras 15 g (saturés 9 g) ; cholestérol 105 mg ; sodium 170 mg ; glucides 45 g (fibres 1 g) ; protéines 5 g
Équivalents : 2 féculents, 1 fruit, 2 1/2 gras
Choix de glucides : 3

DESSERT MERINGUÉ À LA RHUBARBE

Pouding renversé au fudge chaud

Classique

En 1905, l'empaquetage de la farine a connu un tournant majeur. Avant cette date, la farine était gardée dans des barils, pesant 89 kg (196 lb) chacun. Puis, les meuniers se sont mis à utiliser de grands sacs en tissu cousus à la main. Ce fut ensuite le tour du sac en papier, et maintenant, vous pouvez acheter votre farine soit dans des sacs en papier, soit dans des sacs en plastique à fermeture hermétique.

Temps de préparation : 15 min – Du début à la fin : 1 h 5 min   **9 portions**

250 ml (1 tasse) de farine tout-usage

175 ml (3/4 tasse) de sucre granulé

30 ml (2 c. à soupe) de cacao

10 ml (2 c. à thé) de poudre à pâte

1 ml (1/4 c. à thé) de sel

125 ml (1/2 tasse) de lait

30 ml (2 c. à soupe) d'huile végétale

5 ml (1 c. à thé) de vanille

250 ml (1 tasse) de noix hachées, facultatif

250 ml (1 tasse) de cassonade tassée

50 ml (1/4 tasse) de cacao

400 ml (1 3/4 tasse) d'eau très chaude

Crème glacée, facultatif

1 Chauffer le four à 180 °C (350 °F). Dans un moule carré non graissé de 23 cm (9 po), mélanger la farine, le sucre granulé, 30 ml (2 c. à soupe) de cacao, la poudre à pâte et le sel. Incorporer le lait, l'huile et la vanille et battre à la fourchette jusqu'à consistance lisse. Ajouter les noix.

2 Verser le mélange dans le moule. Saupoudrer de cassonade et de 50 ml (1/4 tasse) de cacao. Verser délicatement l'eau chaude sur le mélange.

3 Cuire environ 40 minutes ou jusqu'à ce que le dessus soit sec. Laisser refroidir 10 minutes.

4 Déposer le pouding chaud à la cuillère, dans des assiettes à dessert. Garnir de crème glacée. Verser une cuillerée de sauce restée au fond du moule sur chaque portion.

Pouding renversé au fudge chaud et à la guimauve : Omettre les noix ; ajouter 250 ml (1 tasse) de guimauves miniatures.

Pouding renversé au fudge chaud et au caramel : Omettre les noix ; ajouter 250 ml (1 tasse) de pépites à saveur de caramel. Réduire la quantité de sucre à 125 ml (1/2 tasse) et le cacao à 30 ml (2 c. à soupe).

Pouding renversé au fudge chaud et aux arachides : Omettre les noix ; ajouter 125 ml (1/2 tasse) de beurre d'arachides et 125 ml (1/2 tasse) d'arachides écrasées.

En altitude (1066 m à 1981 m [3500 à 6500 pi]) : Utiliser un moule de 33 x 23 cm (13 x 9 po). Cuire 25 minutes.

1 portion : 265 calories (lipides 35) ; gras 4 g (saturés 1 g) ; cholestérol 0 mg ; sodium 190 mg ; glucides 54 g (fibres 2 g) ; protéines 3 g
Équivalents : 1 féculent, 2 1/2 autres glucides, 1 gras
Choix de glucides : 3 1/2

ASTUCE DU JOUR

Vous pouvez réaliser cette recette au four micro-ondes. Verser 400 ml (1 3/4 tasse) d'eau dans une tasse à mesurer de 500 ml (2 tasses) ; porter à ébullition au four micro-ondes à température élevée, environ 4 minutes. Préparer le mélange dans une casserole en verre non graissée de 2 l (8 tasses), plutôt que dans un moule carré ; verser l'eau bouillante sur le mélange dans la casserole. Cuire au four micro-ondes, à découvert, de 8 à 10 minutes, à haute température, en faisant pivoter le moule à toutes les 4 minutes, jusqu'à ce que le gâteau soit pris. Laisser reposer quelques minutes ; servir à la cuillère dans des coupes à dessert.

Gâteau à la citrouille fourré au strudel

Temps de préparation : 25 min – Du début à la fin : 3 h 55 min **16 portions**

Strudel

125 ml (1/2 tasse) de cassonade tassée

5 ml (1 c. à thé) de cannelle moulue

1 ml (1/4 c. à thé) d'épices pour tarte à la citrouille

10 ml (2 c. à thé) de beurre ou de margarine, ramolli

Gâteau

750 ml (3 tasses) de farine tout-usage

10 ml (2 c. à thé) de bicarbonate de soude

15 ml (1 c. à soupe) de cannelle moulue

5 ml (1 c. à thé) de sel

250 ml (1 tasse) de beurre ou de margarine, ramolli

500 ml (2 tasses) de sucre granulé

4 oeufs

250 ml (1 tasse) de chair de citrouille en conserve (pas de garniture pour tarte)

250 ml (1 tasse) de crème sure

5 ml (1 c. à thé) de vanille

Sucre glace, facultatif

1 Chauffer le four à 180 °C (350 °F). Graisser un moule tubulaire de 4 L (16 tasses) ; enfariner légèrement. Dans un petit bol, mélanger tous les ingrédients du strudel jusqu'à consistance grumeleuse ; réserver.

2 Dans un bol moyen, mélanger la farine, le bicarbonate de soude, la cannelle et le sel et réserver. Dans un grand bol, battre le beurre et le sucre granulé au batteur électrique à vitesse moyenne, en raclant le bol de temps en temps, jusqu'à consistance crémeuse. Ajouter les œufs, deux à la fois, en battant après chaque addition. Incorporer la citrouille, la crème sure et la vanille. Incorporer graduellement le mélange de farine, à basse vitesse, jusqu'à consistance homogène.

3 Étendre la moitié du mélange dans le moule. Saupoudrer le strudel par-dessus le mélange, en veillant à ce que le strudel ne touche pas les parois du moule. Recouvrir du reste du mélange, en veillant à ce que cette couche touche les parois du moule.

4 Cuire de 55 à 60 minutes ou jusqu'à ce qu'un cure-dent inséré au centre en ressorte propre. Laisser refroidir 30 minutes ; démouler et mettre sur une grille à gâteau. Refroidir complètement, environ 2 heures. Saupoudrer de sucre glace.

ASTUCE DU JOUR

Ce fantastique dessert présente le strudel d'une manière originale, en l'insérant au centre du gâteau, plutôt que sur le dessus. Servir avec du yaourt glacé ou de la crème glacée à la vanille, ou encore, pour ceux qui désirent un petit extra d'épices, avec de la crème glacée à la cannelle.

En altitude (1066 m à 1981 m [3500 à 6500 pi]) : Utiliser 7 ml (1 1/2 c. à thé) de bicarbonate de soude. Cuire de 63 à 68 minutes.

1 portion : 370 calories (lipides 150) ; gras 16 g (saturés 8 g) ; cholestérol 95 mg ; sodium 410 mg ; glucides 52 g (fibres 1 g) ; protéines 5 g
Équivalents : 1 1/2 féculent, 2 autres glucides, 3 gras
Choix de glucides : 3 1/2

Pain d'épice
Classique

575 ml (2 1/3 tasses) de farine
tout-usage

75 ml (1/3 tasse) de sucre

250 ml (1 tasse) de mélasse

175 ml (3/4 tasse) d'eau

125 ml (1/2 tasse) de beurre ou de
margarine, ramolli

1 œuf

5 ml (1 c. à thé) de bicarbonate de soude

5 ml (1 c. à thé) de gingembre moulu

5 ml (1 c. à thé) de cannelle moulue

3 ml (3/4 c. à thé) de sel

Sauce au citron à l'ancienne
(ci-contre), facultatif

1 Chauffer le four à 160 °C (325 °F). Graisser le fond et les côtés d'un moule carré de 23 cm (9 po) ; enfariner légèrement. Dans un grand bol, battre tous les ingrédients, excepté la sauce au citron, 30 secondes au batteur électrique à basse vitesse, en raclant le bol continuellement. Battre à vitesse moyenne 3 minutes de plus, en raclant le bol de temps en temps. Verser dans le moule.

2 Cuire environ 50 minutes ou jusqu'à ce qu'un cure-dent inséré au centre en ressorte propre. Servir chaud avec la sauce au citron à l'ancienne.

Sauce au citron à l'ancienne

250 ml (1 tasse) de sucre

125 ml (1/2 tasse) de beurre ou de margarine

50 ml (1/4 tasse) d'eau

1 œuf, bien battu

3 ml (3/4 c. à thé) de zeste de citron

45 ml (3 c. à soupe) de jus de citron

Dans une casserole de 1 L (4 tasses), mélanger tous les ingrédients. Porter à ébullition à feu moyen, en brassant continuellement.

Pain d'épice au blé entier : Remplacer 250 ml (1 tasse) de farine tout-usage par 250 ml (1 tasse) de farine de blé entier. Réduire la quantité de sucre à 50 ml (1/4 tasse).

En altitude (1066 m à 1981 m
[3500 à 6500 pi]) : Dans le pain
d'épice, utiliser 625 ml
(2 1/2 tasses) de farine, 175 ml
(3/4 tasse) de mélasse et 75 ml
(1/3 tasse) de beurre.

1 portion : 345 calories
(lipides 100) ; gras 11 g (saturés
7 g) ; cholestérol 50 mg ; sodium
430 mg ; glucides 58 g (fibres 1 g) ;
protéines 4 g
Équivalents : 1 1/2 féculent,
2 1/2 autres glucides, 1 1/2 gras
Choix de glucides : 4

ASTUCE DU JOUR

Le pain d'épice est tout aussi délicieux servi chaud que froid. Mettre un morceau de pain d'épice gardé à température ambiante au four micro-ondes, de 15 à 20 secondes ; deux morceaux de 25 à 30 secondes ; quatre morceaux de 80 à 85 secondes. Pour réchauffer le pain d'épice congelé, mettre un morceau au four micro-ondes de 30 à 35 secondes ; deux morceaux de 50 à 55 secondes ; quatre morceaux de 90 à 95 secondes.

PAIN D'ÉPICE

Gâteau kuchen aux pêches

Au fil des années, de concert avec les clubs féminins et certains journaux, la société Washburn Crosby a parrainé des écoles d'art culinaire. Leurs spécialistes de l'économie domestique prodiguaient aussi leurs conseils à celles qui enseignaient l'économie domestique et aux chefs de ce qu'on appelait « le club des 4-H ».

Temps de préparation : 25 min – Du début à la fin : 1 h 15 min — **9 portions**

500 ml (2 tasses) de farine tout-usage

1 ml (1/4 c. à thé) de poudre à pâte

250 ml (1 tasse) de sucre

125 ml (1/2 tasse) de beurre ou de margarine, fondu

750 ml (3 tasses) de pêches fraîches en tranches de 1,5 cm (1/2 po) ou 455 g (1 sac de 16 oz) de pêches congelées (décongelées et égouttées)

5 ml (1 c. à thé) de cannelle moulue

3 œufs

2 contenants de 170 g (2/3 tasse) chacun de yaourt

2 ml (1/2 c. à thé) de vanille

125 ml (1/2 tasse) de pacanes hachées

1 Chauffer le four à 180 °C (350 °F). Dans un grand bol, mélanger la farine, la poudre à pâte et 30 ml (2 c. à soupe) de sucre. Incorporer le beurre jusqu'à consistance grumeleuse. Presser le mélange uniformément dans le fond et sur les côtés d'un moule carré de 20,5 cm (8 po) en verre, à une hauteur de 4 cm (1 1/2 po). Garnir de pêches. Dans un petit bol, battre le reste des ingrédients et la cannelle ; saupoudrer sur les pêches. Cuire 15 minutes.

2 Entre-temps, dans un bol moyen, battre les œufs, le yaourt et la vanille à l'aide d'un fouet, jusqu'à consistance lisse. Verser sur le dessus du kuchen partiellement cuit. Saupoudrer les pacanes sur le mélange de yaourt.

3 Cuire de 40 à 50 minutes de plus, ou jusqu'à ce qu'un couteau inséré au centre en ressorte propre. Servir chaud.

ASTUCE DU JOUR

Le *kuchen*, tout droit sorti des cuisines allemandes, est un gâteau fourré aux fruits ou au fromage, que l'on sert au petit-déjeuner, mais qui fait aussi un excellent dessert. Vous pouvez varier le kuchen chaque fois que vous le préparez, en utilisant différentes saveurs de yaourts.

En altitude (1066 m à 1981 m [3500 à 6500 pi]) : Chauffer le four à 200 °C (400 °F). À l'étape 1, cuire 20 minutes. À l'étape 3, cuire de 45 à 55 minutes.

1 portion : 425 calories (lipides 160) ; gras 18 g (saturés 8 g) ; cholestérol 100 mg ; sodium 125 mg ; glucides 59 g (fibres 3 g) ; protéines 8 g
Équivalents : 2 féculents, 1 fruit, 1 autre glucide, 3 gras
Choix de glucides : 4

Tourte à la cerise

Classique

250 ml (1 tasse) de sucre

45 ml (3 c. à soupe) de fécule de maïs

1 l (4 tasses) de cerises rouges acidulées, dénoyautées

1 ml (1/4 c. à thé) d'extrait d'amande

250 ml (1 tasse) de farine tout-usage

15 ml (1 c. à soupe) de sucre

7 ml (1 1/2 c. à thé) de poudre à pâte

2 ml (1/2 c. à thé) de sel

45 ml (3 c. à soupe) de beurre ou de margarine, ramolli

125 ml (1/2 tasse) de lait

Crème fouettée sucrée (page 232), facultatif

1 Chauffer le four à 200 °C (400 °F). Dans une casserole de 2 L (8 tasses), mélanger 250 ml (1 tasse) de sucre et la fécule de maïs. Incorporer les cerises et l'extrait d'amande. Cuire à feu moyen, en brassant continuellement, jusqu'à ce que le mélange épaississe et bouillonne. Laisser bouillir 1 minute en brassant. Verser dans une casserole non graissée de 2 L (8 tasses).

2 Dans un petit bol, mélanger la farine, 15 ml (1 c. à soupe) de sucre, la poudre à pâte et le sel. Incorporer le beurre à l'aide d'un coupe-pâte (ou de deux couteaux entrecroisés), jusqu'à consistance de petits pois. Ajouter le lait.

3 Laisser tomber 8 cuillerées combles de pâte sur le mélange de cerises. Cuire de 25 à 30 minutes, ou jusqu'à ce que le dessus soit doré. Servir chaud avec de la crème fouettée sucrée.

ASTUCE DU JOUR

Pour une tourte aux trois fruits, remplacer les cerises par 375 ml (1 1/2 tasse) de bleuets frais ou congelés, 375 ml (1 1/2 tasse) de framboises fraîches ou congelées et 375 ml (1 1/2 tasse) de mûres fraîches ou congelées.

En altitude (1066 m à 1981 m [3500 à 6500 pi]) : Pas de changement.

1 portion : 275 calories (lipides 45) ; gras 5 g (saturés 3 g) ; cholestérol 15 mg ; sodium 280 mg ; glucides 54 g (fibres 2 g) ; protéines 3 g
Équivalents : 1 féculent, 1 fruit, 1 1/2 autre glucide, 1 gras
Choix de glucides : 3 1/2

Gâteau aux bleuets et aux ananas

Classique

1 boîte de 225 g (8 oz) d'ananas broyés, dans le sirop

300 ml (1 1/4 tasse) de farine tout-usage

125 ml (1/2 tasse) de sucre

50 ml (1/4 tasse) de beurre ou de margarine, ramolli

50 ml (1/4 tasse) de saindoux

125 ml (1/2 tasse) de lait

7 ml (1 1/2 c. à thé) de poudre à pâte

5 ml (1 c. à thé) de zeste de citron râpé, facultatif

2 ml (1/2 c. à thé) de vanille

1 ml (1/4 c. à thé) de sel

1 œuf

250 ml (1 tasse) de bleuets frais*

Garniture granuleuse (ci-contre)

Sauce aux ananas (ci-dessous)

* On peut remplacer les bleuets frais par 250 ml (1 tasse) de bleuets congelés, décongelés et bien égouttés.

1 Chauffer le four à 180 °C (350 °F). Égoutter les ananas et réserver le sirop pour préparer la sauce. Dans un grand bol, mélanger la farine, le sucre, le beurre, le saindoux, le lait, la poudre à pâte, le zeste de citron, la vanille, le sel et l'œuf à la cuillère. Incorporer les bleuets et les ananas.

2 Dans un moule carré non graissé de 20,5 cm (8 po), étendre le mélange. Préparer la garniture et la saupoudrer sur le mélange.

3 Cuire de 45 à 50 minutes, ou jusqu'à coloration dorée et qu'un cure-dent inséré au centre en ressorte propre. Servir chaud avec la sauce à l'ananas.

Garniture granuleuse

125 ml de sucre

75 ml (1/3 tasse) de farine tout-usage

50 ml (1/4 tasse) de beurre ou de margarine, ramolli

2 ml (1/2 c. à thé) de cannelle moulue

Dans un petit bol, mélanger tous les ingrédients à l'aide d'un coupe-pâte ou d'une fourchette, jusqu'à consistance granuleuse.

Sauce à l'ananas

30 ml (2 c. à soupe) de cassonade tassée

5 ml (1 c. à thé) de fécule de maïs

Sirop d'ananas réservé

1 ml (1/4 c. à thé) de jus de citron

Dans une casserole de 1 L (4 tasses), mélanger la cassonade et la fécule de maïs. Ajouter assez d'eau au sirop d'ananas pour obtenir 150 ml (2/3 tasse) ; verser dans le mélange de cassonade. Cuire à feu moyen, en brassant continuellement, jusqu'à ébullition. Laisser bouillir 1 minute en brassant. Retirer du feu. Ajouter le jus de citron. Servir chaud.

En altitude (1066 m à 1981 m [3500 à 6500 pi]) : Chauffer le four à 190 °C (375 °F). Utiliser 5 ml (1 c. à thé) de poudre à pâte. Cuire de 50 à 55 minutes.

1 portion : 385 calories (lipides 155) ; gras 17 g (saturés 8 g) ; cholestérol 50 mg ; sodium 230 mg ; glucides 54 g (fibres 1 g) ; protéines 4 g
Équivalents : 1 féculent, 1 1/2 fruit, 1 autre glucide, 3 1/2 gras
Choix de glucides : 3 1/2

ASTUCE DU JOUR

Ce dessert est la version américaine du gâteau simple à un étage, fait à partir de bleuets ou d'autres petits fruits. Ce mélange de bleuets et d'ananas, tant dans le gâteau que dans la garniture, lui confère une couleur riche et dorée à souhait, ainsi qu'une extraordinaire saveur fruitée.

GÂTEAU AUX BLEUETS ET AUX ANANAS

Dessert aux pommes et aux mûres

Classique

Ce dessert typiquement américain, combine les pommes et les mûres, ce qui lui confère une saveur incomparable. S'il n'est pas esthétiquement beau, son goût unique vous ravira et vous chatouillera les papilles !

Temps de préparation : 20 min – Du début à la fin : 1 h 20 min   **8 portions**

4 pommes moyennes acidulées, pelées et tranchées finement (1 litre [4 tasses])

500 ml (2 tasses) de mûres fraîches*

125 ml (1/2 tasse) de sucre

2 ml (1/2 c. à thé) de cannelle moulue

1 ml (1/4 c. à thé) de sel

1 ml (1/4 c. à thé) de muscade moulue

75 ml (1/3 tasse) de sirop d'érable ou de mélasse douce

30 ml (2 c. à soupe) de beurre ou de margarine, fondu

Pâte (ci-dessous)

45 ml (3 c. à soupe) de beurre ou de margarine, fondu

Crème à fouetter (épaisse) ou crème fouettée sucrée (page 232)

* On peut remplacer les mûres fraîches par 500 ml (2 tasses) de mûres congelées, décongelées et égouttées.

1 Chauffer le four à 180 °C (350 °F). Dans un grand bol, mélanger les pommes, les mûres, le sucre, la cannelle, le sel et la muscade. Dans une casserole de 2 L (8 tasses) non graissée, étendre le mélange de fruits. Dans un petit bol, mélanger le sirop et 30 ml (2 c. à soupe) de beurre et verser sur le mélange de fruits.

2 Préparer la pâte. Déposer l'abaisse de la grandeur de la casserole sur le mélange de fruits. Badigeonner de 45 ml (3 c. à soupe) de beurre.

3 Cuire 30 minutes et sortir du four. Découper la pâte en petits morceaux à l'aide d'un couteau bien aiguisé, et incorporer les morceaux au mélange de fruits.

4 Cuire environ 30 minutes de plus ou jusqu'à ce que les pommes soient tendres et que les morceaux de croûte soient dorés. Servir chaud avec de la crème à fouetter.

Pâte

300 ml (1 1/4 tasse) de farine tout-usage

1 ml (1/4 c. à thé) de sel

75 ml (1/3 tasse) de saindoux

45 à 60 ml (3 à 4 c. à soupe) de lait

Dans un bol moyen, mélanger la farine et le sel. Incorporer le saindoux à l'aide d'un coupe-pâte ou de deux couteaux entrecroisés, jusqu'à ce que les particules aient la grosseur de petits pois. Asperger de lait, 15 ml (1 c. à soupe) à la fois, en mélangeant à la fourchette jusqu'à ce que la farine soit humidifiée et que la pâte se détache presque des parois du bol. Façonner la pâte en boule. Sur une surface légèrement enfarinée, aplatir la boule de pâte. Rouler une abaisse aux dimensions du dessus de la casserole. Pratiquer des fentes près du centre.

En altitude (1066 m à 1981 m [3500 à 6500 pi]) : Après 60 minutes de cuisson (étapes 3 et 4), sortir du four et brasser. Cuire environ 10 minutes de plus ou jusqu'à ce que les pommes soient tendres.

1 portion : 410 calories (lipides 180) ; gras 20 g (saturés 9 g) ; cholestérol 35 mg ; sodium 220 mg ; glucides 54 g (fibres 4 g) ; protéines 3 g
Équivalents : 1 féculent, 1 1/2 fruit, 1 autre glucide, 4 gras
Choix de glucides : 3 1/2

ASTUCE DU JOUR

Les pommes et les mûres sont une merveilleuse combinaison de fruits, mais si vous préférez utiliser uniquement des pommes, vous pouvez peler et trancher 6 pommes moyennes et omettre les mûres.

Gâteau roulé au romarin et au citron

Les cuisines Betty Crocker ont leurs racines dans les cuisines expérimentales de la société Washburn Crosby. C'est en 1946 que les cuisines ont été officiellement nommées Cuisines Betty Crocker, et en 1958, elles ont été déménagées dans les locaux qu'elles occupent encore aujourd'hui.

Temps de préparation : 30 min – Du début à la fin : 1 h 25 min — **10 portions**

3 œufs

250 ml (1 tasse) de sucre granulé

75 ml (1/3 tasse) d'eau

175 ml (3/4 tasse) de farine tout-usage

5 ml (1 c. à thé) de poudre à pâte

1 ml (1/4 c. à thé) de sel

11 ml (2 1/4 c. à thé) de romarin frais haché ou 1 pincée de romarin séché

5 ml (1 c. à thé) de zeste de citron râpé

45 ml (3 c. à soupe) de sucre glace

Garniture à la crème au citron (ci-dessous)

1 Chauffer le four à 190 °C (375 °F). Couvrir un plat de 38 x 25,5 x 2,5 cm (15 x 10 x 1 po) de papier aluminium ; graisser généreusement le papier aluminium.

2 Dans un grand bol, battre les œufs au batteur électrique à grande vitesse, environ 5 minutes, ou jusqu'à consistance épaisse et couleur de citron. Incorporer graduellement le sucre. Incorporer l'eau à basse vitesse. Incorporer graduellement la farine, la poudre à pâte et le sel jusqu'à consistance lisse. Ajouter le romarin et le zeste de citron. Verser dans le plat et étendre uniformément jusque dans les coins.

3 Cuire de 12 à 15 minutes ou jusqu'à ce qu'un cure-dent inséré au centre en ressorte propre. Détacher immédiatement le gâteau des parois du moule et retourner à l'envers sur une serviette couverte de 30 ml (2 c. à soupe) de sucre glace. Retirer le papier aluminium délicatement. Couper les bords durs du gâteau si nécessaire. Pendant que le gâteau est chaud, le rouler délicatement avec la serviette. Laisser refroidir sur une grille à gâteau au moins 40 minutes. Entre-temps, préparer la garniture à la crème au citron.

4 Dérouler le gâteau et retirer la serviette. Étendre la garniture sur le gâteau ; rouler le gâteau. Saupoudrer du reste du sucre glace. Couvrir et garder au réfrigérateur.

Garniture à la crème au citron

250 ml (1 tasse) de crème à fouetter (épaisse)

30 ml (2 c. à soupe) de sucre glace

5 ml (1 c. à thé) de zeste de citron râpé

Dans un petit bol très froid, battre la crème à fouetter et le sucre glace au batteur électrique, à grande vitesse, jusqu'à fermeté. Incorporer le zeste de citron.

Roulés à la gelée à l'ancienne : Omettre le zeste de citron et le romarin. Cuire le gâteau, retirer du moule et rouler comme mentionné. Battre 150 ml (2/3 tasse) de gelée ou de confiture à l'aide d'une fourchette. Dérouler le gâteau et étendre la gelée. Rouler de nouveau et saupoudrer de sucre glace.

En altitude (1066 m à 1981 m [3500 à 6500 pi]) : Pas de changement.

1 portion : 220 calories (lipides 80) ; gras 9 g (saturés 5 g) ; cholestérol 90 mg ; sodium 135 mg ; glucides 32 g (fibres 0 g) ; protéines 3 g
Équivalents : 1 féculent, 1 autre glucide, 2 gras
Choix de glucides : 2

ASTUCE DU JOUR

Le romarin, qui est de la même famille que la menthe, avec son petit goût de citron et de pin, ajoute une note succulente à la saveur citronnée de ce gâteau.

Divin gâteau soufflé au chocolat

400 ml (1 2/3 tasse) de morceaux de chocolat mi-sucré

125 ml (1/2 tasse) de beurre ou de margarine

125 ml (1/2 tasse) de farine tout-usage

4 œufs, séparés

1 ml (1/4 c. à thé) de crème de tartre

125 ml (1/2 tasse) de sucre

Crème fouettée sucrée (ci-dessous)

Sauce au chocolat (ci-dessous)

1 Chauffer le four à 160 °C (325 °F). Graisser le fond et les côtés d'un moule à charnière de 23 cm (9 po). Dans une casserole épaisse de 2 L (8 tasses), faire fondre 250 ml (1 tasse) de chocolat et le beurre à feu moyen, en brassant de temps en temps. Laisser refroidir 5 minutes. Incorporer la farine jusqu'à consistance lisse. Incorporer les jaunes d'œufs jusqu'à consistance homogène.

2 Dans un grand bol, battre les blancs d'œufs et la crème de tartre au batteur électrique à grande vitesse, jusqu'à consistance mousseuse. Incorporer le sucre, 15 ml (1 c. à soupe) à la fois, jusqu'à la formation de pics mous. Combiner le quart environ des blancs d'œufs dans le mélange de chocolat; puis incorporer le mélange de chocolat dans les blancs d'œufs. Étendre dans le moule. Saupoudrer le reste des copeaux de chocolat (150 ml [2/3 tasse]) uniformément sur le dessus.

3 Cuire de 35 à 40 minutes ou jusqu'à ce qu'un cure-dent inséré au centre en ressorte propre (le dessus paraîtra sec et craquelé). Laisser refroidir 10 minutes. Enlever le contour du moule et laisser le gâteau sur le fond. Laisser refroidir complètement sur une grille à gâteau.

4 Déposer le gâteau sur une assiette de service. Préparer la crème fouettée sucrée. Juste avant de servir, préparer la sauce au chocolat. Garnir les pointes de gâteaux de crème fouettée et de sauce au chocolat.

Crème fouettée sucrée

250 ml (1 tasse) de crème à fouetter (épaisse)

30 ml (2 c. à soupe) de sucre glace

2 ml (1/2 c. à thé) de vanille

Dans un petit bol très froid, battre tous les ingrédients au batteur électrique, à grande vitesse, jusqu'à la formation de pics fermes.

Sauce au chocolat

75 ml (1/3 tasse) de copeaux de chocolat mi-sucré

45 ml (3 c. à soupe) de sucre

50 ml (1/4 tasse) de lait évaporé sans matière grasse

2 ml (1/2 c. à thé) de beurre ou de margarine

En altitude (1066 m à 1981 m [3500 à 6500 pi]) : Pas de changement.

Dans une casserole de 1 L (4 tasses), faire chauffer les copeaux de chocolat, le sucre et le lait à feu moyen, en brassant continuellement, jusqu'à ce que le chocolat soit fondu et que le mélange bouillonne. Retirer du feu et ajouter le beurre.

1 portion : 380 calories (lipides 215) ; gras 24 g (saturés 14 g) ; cholestérol 115 mg ; sodium 90 mg ; glucides 36 g (fibres 2 g) ; protéines 5 g
Équivalents : 1 1/2 féculent, 1 autre glucide, 4 1/2 gras
Choix de glucides : 2 1/2

ASTUCE DU JOUR

Un soufflé est un mélange léger et vaporeux qui commence avec une sauce à base de jaune d'œuf, éclaircie par des blancs d'œufs battus en neige. L'apparence craquelée de ce gâteau est tout à fait naturelle et lui donne des allures de gâteau maison. C'est le dessert parfait pour la période des vacances ; pour un petit air de fête, semer des miettes de bonbon à la menthe écrasé sur la sauce au chocolat.

DIVIN GÂTEAU SOUFFLÉ AU CHOCOLAT

Tarte au fudge

110 g (4 oz) de morceaux de chocolat mi-amer

75 ml (1/3 tasse) de beurre ou de margarine

250 ml (1 tasse) de sucre

175 ml (3/4 tasse) de farine tout-usage

3 œufs, battus

Glaçage au chocolat (ci-dessous)

Coulis au chocolat blanc (ci-dessous)

1 Chauffer le four à 180 °C (350 °F). Graisser une assiette à tarte de 23 cm (9 po), à fond amovible. Envelopper le fond extérieur et le tour de l'assiette de papier aluminium pour prévenir les débordements. Dans une casserole de 1 L (4 tasses), faire fondre le chocolat et le beurre à feu moyen, en brassant fréquemment ; laisser tiédir.

2 Dans un grand bol, battre le sucre, la farine et les œufs à la cuillère jusqu'à consistance homogène. Incorporer le mélange de chocolat. Verser dans l'assiette. Cuire de 30 à 35 minutes ou jusqu'à ce que les bords soient pris. Laisser refroidir complètement sur une grille à gâteau, environ 1 heure.

3 Préparer le glaçage au chocolat ; étendre le glaçage chaud sur la tarte. Préparer le coulis au chocolat blanc ; verser sur le glaçage chaud. Laisser reposer jusqu'à ce que le glaçage ait pris. Enlever le papier aluminium et le contour de l'assiette avant de servir.

Glaçage au chocolat

30 g (1 oz) de chocolat non sucré

5 ml (1 c. à thé) de beurre ou de margarine

250 ml (1 tasse) de sucre glace

30 à 45 ml (2 à 3 c. à soupe) d'eau bouillante

Dans une casserole de 1 L (4 tasses), faire fondre le chocolat et le beurre à feu doux, en brassant continuellement. Retirer du feu. Incorporer le sucre glace et 30 ml (2 c. à soupe) d'eau chaude jusqu'à consistance lisse. Ajouter le reste de l'eau bouillante, 5 ml (1 c. à thé) à la fois, jusqu'à l'obtention d'une consistance facile à étendre.

Coulis au chocolat blanc

30 g (1 oz) de chocolat blanc, haché

2 ml (1/2 c. à thé) d'huile végétale

Dans un petit bol allant au four micro-ondes, faire chauffer le chocolat blanc et l'huile à chaleur moyenne pendant 20 secondes ; brasser. Faire chauffer encore 10 à 20 secondes si nécessaire, pour faire fondre le chocolat.

En altitude (1066 m à 1981 m [3500 à 6500 pi]) : Pas de changement.

1 portion : 340 calories (lipides 125) ; gras 14 g (saturés 8 g) ; cholestérol 80 mg ; sodium 65 mg ; glucides 49 g (fibres 1 g) ; protéines 4 g
Équivalents : 1 féculent, 2 autres glucides, 3 gras
Choix de glucides : 3

ASTUCE DU JOUR

Amateur de chocolat, attention ! Voici une triple dose de votre gâterie préférée : chocolat mi-amer, chocolat non sucré et chocolat blanc. Cette extraordinaire petite douceur, très semblable à une recette classique, montre que rien n'est jamais vraiment nouveau, mais qu'il y a de multiples façon de revisiter une ancienne recette favorite, un nouvel ingrédient ou, et qu'il suffit parfois de lui donner un nouveau nom.

Tarte au citron
Classique

En 1955, General Mills a entrepris une recherche Betty Crocker pour trouver la cuisinière typiquement américaine de demain. Lorsque le programme a pris fin en 1977, plus de 9,5 millions de finissantes de niveau secondaire y avaient pris part, et General Mills avait octroyé des bourses d'études pour une somme dépassant les 2,1 millions de dollars. Voici une recette qui a été très populaire dans les classes d'économie domestique, car elle comporte de nombreux apprentissages, tels que la séparation des œufs, la cuisson d'une croûte et la fabrication d'une garniture.

Temps de préparation : 30 min – Du début à la fin : 2 h 30 min　　　　**8 portions**

Croûte à tarte (page 210)

125 ml (1/2 tasse) de jus de citron

150 ml (2/3 tasse) de sucre granulé

125 ml (1/2 tasse) de beurre ou de margarine

30 ml (2 c. à soupe) de lait

5 jaunes d'œufs

3 œufs entiers

15 ml (1 c. à soupe) de zeste de citron finement râpé

30 ml (2 c. à soupe) de sucre glace

1 Chauffer le four à 200 °C (400 °F). Préparer la croûte à tarte et cuire tel qu'indiqué.

2 Réduire la température du four à 180 °C (350 °F). Dans une casserole de 2 L (8 tasses), faire chauffer le jus de citron et le sucre granulé à feu moyen, en brassant de temps en temps, jusqu'à ce que le sucre soit dissout. Couper le beurre en dés et incorporer le beurre dans le mélange de sucre jusqu'à ce qu'il soit fondu. Ajouter le lait.

3 Dans un bol moyen, battre les jaunes d'œufs et les œufs entiers. Incorporer graduellement une petite quantité du mélange chaud dans les œufs, puis remettre le tout dans le mélange chaud dans la casserole. Cuire à feu moyen environ 6 minutes, en brassant de temps en temps, jusqu'à ce que le mélange ait légèrement épaissi et reste attaché à une cuillère. Incorporer le zeste de citron. Verser le mélange dans la croûte cuite et déposer la tarte sur une plaque à biscuits.

4 Cuire de 15 à 20 minutes ou jusqu'à ce que le mélange soit pris. Refroidir complètement, environ 90 minutes. Saupoudrer du sucre glace sur le pourtour de la tarte. Couvrir et garder au réfrigérateur.

En altitude (1066 m à 1981 m [3500 à 6500 pi]) : Cuire la croûte à tarte de 18 à 23 minutes. Cuire la tarte avec la garniture de 20 à 25 minutes.

ASTUCE DU JOUR

Pour une allure toute simple mais très jolie, garnir cette succulente tarte au citron avec des framboises fraîches et des lamelles de zeste de citron.

1 portion : 475 calories (lipides 325) ; gras 36 g (saturés 14 g) ; cholestérol 245 mg ; sodium 400 mg ; glucides 32 g (fibres 1 g) ; protéines 6 g
Équivalents : 2 féculents, 7 gras
Choix de glucides : 2

Barres tiramisu

Temps de préparation : 40 min – Du début à la fin : 2 h 40 min | 24 barres

175 ml (3/4 tasse) de farine tout-usage

125 ml (1/2 tasse) de beurre ou de margarine, ramolli

50 ml (1/4 tasse) de sucre glace

85 g (3 oz) de chocolat mi-sucré râpé, environ 300 ml (1 1/4 tasse)

250 ml (1 tasse) de sucre granulé

175 ml (3/4 tasse) de crème à fouetter (épaisse)

50 ml (1/4 tasse) de beurre ou de margarine, fondu

45 ml (3 c. à soupe) de farine tout-usage

15 ml (1 c. à soupe) de café instantané (sec)

2 ml (1/2 c. à thé) de vanille

2 œufs

1 paquet de 85 g (3 oz) de fromage à la crème, ramolli

50 ml (1/4 tasse) de crème à fouetter (épaisse)

1 Chauffer le four à 180 °C (350 °F). Dans un bol moyen, battre 175 ml (3/4 tasse) farine, le beurre ramolli et le sucre glace au batteur électrique, à vitesse moyenne, jusqu'à la formation d'une pâte molle. Dans le fond d'un moule carré de 20,5 cm (8 po), étendre la pâte uniformément. Cuire 10 minutes. Saupoudrer 250 ml (1 tasse) de chocolat râpé sur la croûte cuite et chaude.

2 Dans un bol moyen, battre le sucre granulé avec 175 ml (3/4 tasse) de crème à fouetter, 50 ml (1/4 tasse) de beurre fondu, 45 ml (3 c. à soupe) de farine, le café, la vanille et les œufs à l'aide d'un fouet, jusqu'à consistance lisse. Verser sur le chocolat dans le moule.

3 Cuire de 40 à 45 minutes ou jusqu'à ce que le mélange soit pris et doré. Refroidir complètement dans le moule sur une grille à gâteau, environ 75 minutes.

4 Dans un bol moyen, battre le fromage à la crème et 50 ml (1/4 tasse) de crème à fouetter à vitesse moyenne, environ 2 minutes ou jusqu'à consistance vaporeuse. Étendre sur les barres refroidies dans le moule. Saupoudrer du reste du chocolat râpé (50 ml [1/4 tasses]). Découper 6 rangs dans un sens et 4 dans l'autre. Couvrir et garder au réfrigérateur.

ASTUCE DU JOUR

Voici un dessert très tendance, servi au goût du jour. Vous pouvez aussi en faire des mini desserts ; il suffit de découper les barres de la grosseur de bouchées et de les servir dans des petits moules à bonbons en papier, pour une occasion très spéciale.

En altitude (1066 m à 1981 m [3500 à 6500 pi]) : À l'étape 1, cuire la croûte 12 minutes. À l'étape 3, cuire de 45 à 50 minutes.

1 barre : 180 calories (lipides 110) ; gras 12 g (saturés 7 g) ; cholestérol 50 mg ; sodium 60 mg ; glucides 16 g (fibres 0 g) ; protéines 2 g
Équivalents : 1 féculent, 2 gras
Choix de glucides : 1

BARRES TIRAMISU

Tarte aux framboises et mousse au chocolat blanc

Temps de préparation : 50 min – Du début à la fin : 2 h 30 min　　　　**8 portions**

Pâte pour 1 croûte de tarte de 23 cm (9 po) (page 197) ou pâte facile au babeurre (page 204)

5 ml (1 c. à thé) de gélatine sans saveur

30 ml (2 c. à soupe) de liqueur à saveur d'orange ou de jus d'orange

375 ml (1 1/2 tasse) de crème à fouetter (épaisse)

85 g (3 oz) de chocolat blanc, en copeaux

500 ml (2 tasses) de framboises fraîches

50 ml (1/4 tasse) de gelée de cassis

1 Chauffer le four à 240 °C (475 °F). Préparer la pâte. Sur une surface légèrement enfarinée, abaisser la pâte au rouleau, en un cercle dépassant de 5 cm (2 po) le fond d'une assiette à tarte ronde de 23 cm (9 po) à l'envers. Plier la pâte en quatre et la déposer sur l'assiette. Déplier et presser fermement dans l'assiette sur le fond et les côtés. Couper l'excès de pâte à 2,5 cm (1 po) du bord extérieur de l'assiette. Plier et rouler les dessous de la pâte, à égalité avec l'assiette ; presser les dents de la fourchette ou festonner si désiré. Piquer le fond et les côtés de la pâte partout avec la fourchette. Cuire de 8 à 10 minutes ou jusqu'à coloration dorée. Laisser refroidir complètement, environ 30 minutes.

2 Entre-temps, dans une casserole de 2 L (8 tasses), saupoudrer la gélatine sur la liqueur d'orange et laisser reposer 5 minutes pour ramollir. Incorporer 175 ml (3/4 tasse) de crème à fouetter. Réchauffer sur feu doux, en brassant continuellement, jusqu'à ce que la gélatine soit dissoute. Incorporer le chocolat blanc jusqu'à ce qu'il soit fondu et lisse. Transférer dans un bol moyen et réfrigérer environ 30 minutes, en brassant occasionnellement, jusqu'à ce que le mélange soit froid, mais non pris.

3 Dans un bol moyen très froid, battre 175 ml (3/4 tasse) de crème à fouetter au batteur électrique à grande vitesse, jusqu'à la formation de pics fermes. Incorporer la crème fouettée en pliant dans le mélange de chocolat blanc. Déposer le mélange à la cuillère dans la croûte cuite. Réfrigérer environ 1 heure ou jusqu'à ce que la garniture ait pris. Disposer les framboises sur le dessus.

4 Dans un petit bol allant au four micro-ondes, faire chauffer la gelée de cassis à découvert, à température élevée, environ 30 secondes, ou jusqu'à ce qu'elle soit fondue. Badigeonner la gelée sur les framboises. Réfrigérer jusqu'au moment de servir.

ASTUCE DU JOUR

Essayez cette tarte exquise avec d'autres fruits de saison, comme les bleuets, les fraises ou les mûres, ou une combinaison de vos petits fruits préférés.

En altitude (1066 m à 1981 m [3500 à 6500 pi]) : Cuire la pâte de 9 à 11 minutes.

1 portion : 390 calories (lipides 250) ; gras 28 g (saturés 13 g) ; cholestérol 52 mg ; sodium 180 mg ; glucides 31 g (fibres 3 g) ; protéines 4 g
Équivalents : 1 féculent, 1 fruit, 5 1/2 gras
Choix de glucides : 2

TARTE AUX FRAMBOISES ET MOUSSE AU CHOCOLAT BLANC

Crostata avec garniture au caramel

Croûte pour crostata (ci-dessous)

50 ml (1/4 tasse) de sucre

45 ml (3 c. à soupe) de farine tout-usage

4 pommes moyennes, pelées et tranchées (4 tasses)

15 ml (1 c. à soupe) de sucre

2 ml (1/2 c. à thé) de cannelle moulue

125 ml (1/2 tasse) de garniture au caramel

1 Préparer la coûte pour crostata.

2 Chauffer le four à 200 °C (400 °F). Dans un grand bol, mélanger 50 ml (1/4 tasse) de sucre et la farine. Incorporer les pommes. Monter le mélange de pommes au centre du cercle de pâte jusqu'à environ 5 cm (2 po) du bord. Replier le bord de la pâte sur les pommes. Friser légèrement le contour de la pâte. Dans un petit bol, mélanger 15 ml (1 c. à soupe) de sucre et la cannelle et saupoudrer sur les pommes et la pâte.

3 Cuire de 27 à 32 minutes, ou jusqu'à ce que la croûte soit dorée. Tailler en pointes. Servir chaud avec une garniture au caramel.

Croûte pour crostata

300 ml (1 1/4 tasse) de farine tout-usage

30 ml (2 c. à soupe) de sucre

1 ml (1/4 c. à thé) de sel

125 ml (1/2 tasse) de beurre ou de margarine ferme, en dés de 1,5 cm (1/2 po)

1 ml (1/4 c. à thé) de vanille

45 ml (3 c. à soupe) d'au froide

Dans un bol moyen, mélanger la farine, le sucre et le sel. Incorporer le beurre à l'aide d'un coupe-pâte (ou de deux couteaux entrecroisés), jusqu'à ce que les particules soient de la grosseur de petits pois. Mélanger la vanille et l'eau ; en asperger le mélange, 15 ml (1 c. à soupe) à la fois, en écrasant à la fourchette jusqu'à ce que toute la farine soit humidifiée et que la pâte se détache presque des parois du bol (ajouter 15 ml [1 c. à soupe] d'eau si nécessaire). Façonner la pâte en boule ; aplatir en rondelle de 12,5 cm (5 po). Envelopper dans une pellicule plastique et réfrigérer environ 30 minutes, ou jusqu'à fermeté. Sur une surface légèrement enfarinée, rouler la pâte en un cercle de 30,5 cm (12 po). Mettre sur une grande plaque à biscuits non graissée.

En altitude (1066 m à 1981 m [3500 à 6500 pi]) : Cuire de 30 à 35 minutes.

1 portion : 325 calories (lipides 110) ; gras 12 g (saturés 7 g) ; cholestérol 30 mg ; sodium 220 mg ; glucides 51 g (fibres 2 g) ; protéines 3 g
Équivalents : 1 féculent, 1 fruit, 1 1/2 autre glucide, 2 gras
Choix de glucides : 3 1/2

ASTUCE DU JOUR

Voici une version actualisée de la classique tarte aux pommes. Elle combine deux saveurs que tous adorent : le caramel et les pommes. Plutôt que de verser un filet de sauce au caramel sur la crostata, pourquoi ne pas la servir dans des assiettes nappées de sauce au caramel ?

CROSTATA AVEC GARNITURE AU CARAMEL

Informations utiles sur la nutrition et la préparation des aliments

Conseils nutritionnels

Nous fournissons des données nutritionnelles pour chacune de nos recettes : calories, gras, cholestérol, sodium, glucides, fibres et protéines. Vous pouvez donc procéder à vos choix alimentaires en vous fiant sur ces informations.

Recommandations pour une diète quotidienne de 2000 calories

Total de matières grasses	moins de 65 g
Gras saturés	moins de 20 g
Cholestérol	moins de 300 mg
Sodium	moins de 2 400 mg
Total de glucides	300 g
Fibres alimentaires	25 g

Les critères utilisés pour calculer le contenu nutritionnel

- Le premier ingrédient qui a été utilisé partout où l'on vous suggère plus d'un choix (par exemple, 75 ml (1/3 tasse) de crème sure ou de yaourt nature).

- La quantité du premier ingrédient qui a été utilisée partout où l'on vous donne un choix de quantités (par exemple, de 500 g à 900 g (3 à 3 1/2 lb) de cubes de poulet).

- Le premier chiffre indiquant le nombre de portions qui a été utilisé chaque fois que nous avons indiqué deux choix de portions (par exemple, de 4 à 6 portions).

- Les ingrédients pour lesquels nous avons indiqué « facultatif » et les variations dans les recettes ne sont pas inclus (par exemple, saupoudrer de cassonade, facultatif).

- Seules les quantités de marinade ou d'huile à frire susceptibles d'être absorbées par les aliments durant la préparation ou la cuisson ont été prises en compte.

Les ingrédients qui ont servi à tester les recettes et à faire les calculs nutritionnels

- Les ingrédients utilisés pour tester les recettes sont représentatifs des aliments utilisés par la majorité des consommateurs dans leur cuisine : gros œufs, lait à 2 % de matière grasse, bœuf haché maigre à 80 %, bouillon de poulet en conserve et huile végétale en vaporisateur (ne contenant pas moins de 65 % de matière grasse).

- Aucun produit sans gras, à faible teneur en gras ou à faible teneur en sodium n'a été utilisé, à moins d'indication contraire.

- Pour graisser les moules, nous avons utilisé, à moins d'indication contraire, un saindoux végétal solide (pas de beurre, de margarine, d'huile à vaporiser ou d'huile végétale, car ils peuvent entraîner des problèmes d'adhérence).

L'équipement qui a servi à tester les recettes

Nous utilisons toujours, pour tester nos recettes, des équipements que la majorité des consommateurs utilisent chez eux. Si une pièce d'équipement spécifique (comme un fouet) est nécessaire pour la réussite d'une recette, nous l'indiquons.

- Plats, moules, plaques et casseroles sans revêtement antiadhésif ont été utilisés, à moins d'indication contraire.

- Nous n'avons utilisé aucun plat à cuisson foncé ou noir, et aucun plat isolant.

- Lorsqu'il est question d'un moule dans une recette, nous avons utilisé un moule de métal ; lorsqu'il est question d'un plat ou d'une assiette à tarte, nous avons utilisé un plat en verre allant au four.

- Un batteur électrique a été utilisé seulement lorsque la recette indique la vitesse requise pour obtenir la consistance voulue. Si la vitesse n'est pas indiquée, c'est que nous avons mélangé le tout à l'aide d'une cuillère ou d'une fourchette.

Glossaire des termes de cuisine

BATTRE : Mélanger les ingrédients, par mouvements vifs et réguliers, à la cuillère, à la fourchette, au fouet, au batteur à main ou au batteur électrique, jusqu'à consistance lisse et homogène.

BOUILLIR : Faire chauffer un liquide jusqu'à ce qu'il bouillonne et produise de la vapeur. Pour la grande ébullition, les bulles doivent monter rapidement à la surface.

CUBES : Morceaux découpés d'environ 2,5 cm (1 po) de grosseur.

DÉCHIQUETER : Découper en longs filets minces à l'aide d'une râpe, comme pour le fromage, ou en utilisant un couteau pour trancher très finement, comme pour le chou.

DÉS : Morceaux découpés, plus petits que 2,5 cm (1 po) de grosseur.

GRAISSER : Frotter la surface d'un moule avec du saindoux, à l'aide d'un pinceau à pâtisserie, d'un morceau de papier ciré ou d'une serviette de papier, pour empêcher que les aliments ne collent durant la cuisson (même chose pour certaines casseroles).

HACHER : Découper en morceaux irréguliers, fins ou grossiers, à l'aide d'un couteau, d'un hachoir, d'un moulin ou d'un robot culinaire.

INCORPORER : Mélanger intégralement les ingrédients jusqu'à consistance homogène. Il s'agit de brasser de temps en temps ou continuellement, selon les indications de la recette.

JULIENNE : Découper en petites lanières minces comme des bâtons d'allumettes, à l'aide d'un couteau ou d'un robot culinaire (légumes, fruits, viandes).

MÉLANGER : Combiner les ingrédients de manière à les distribuer uniformément.

MIJOTER : Faire cuire sur le feu de la cuisinière, dans un liquide, juste sous le point d'ébullition ; habituellement, après avoir réduit la chaleur une fois atteint le point ébullition. Les bulles remonteront lentement et se briseront juste avant d'arriver à la surface.

RÂPER : Couper en particules minuscules à l'aide d'une râpe (différentes grosseurs).

SAUTER : Faire cuire les aliments dans l'huile ou la margarine chaude, à feu moyen vif, en brassant fréquemment.

TOUILLER : Remuer les ingrédients (comme la salade) d'un mouvement léger, normalement pour les enduire uniformément ou pour les mélanger à d'autres aliments.

Guide de conversion métrique

Volume

Unités US	Système métrique
1/4 c. à thé	1 ml
1/2 c. à thé	2 ml
1 c. à thé	5 ml
1 c. à soupe	15 ml
1/4 tasse	50 ml
1/3 tasse	75 ml
1/2 tasse	125 ml
2/3 tasse	150 ml
3/4 tasse	175 ml
1 tasse	250 ml
4 tasses	1 litre
6 tasses	1,5 litre
8 tasses	2 litres
10 tasses	2,5 litres
12 tasses	3 litres
16 tasses	4 litres

Mesures

Pouces	Centimètres
1	2,5
2	5
3	7,5
4	10
5	12,5
6	15
7	17,5
8	20,5
9	23
10	25,5
11	28
12	30,5
13	33

Poids

Unités US	Système métrique
1 oz	30 grammes
2 oz	55 grammes
3 oz	85 grammes
4 oz (1/4 lb)	115 grammes
8 oz (1/2 lb)	225 grammes
16 oz (1 lb)	455 grammes
1 lb	455 grammes

Températures

Fahrenheit	Celsius
32	0
212	100
250	120
275	140
300	150
325	160
350	180
375	190
400	200
425	220
450	230
475	240
500	260

Note : Les recettes de ce livre n'ont pas été développées ou testées avec le système métrique. La qualité des recettes risque donc d'être affectée par la conversion.

Index

Note : Les inscriptions en italique indiquent les pages où il y a des photographies.

Pour obtenir une copie de notre catalogue :

Éditions AdA Inc.
1385, boul. Lionel-Boulet, Varennes, Québec, J3X 1P7
Télécopieur : (450) 929-0220
info@ada-inc.com
www.ada-inc.com

Pour l'Europe :

France : D.G. Diffusion Tél.: 05.61.00.09.99
Belgique : D.G. Diffusion Tél.: 05.61.00.09.99
Suisse : Transat Tél.: 23.42.77.40

www.AdA-inc.com
info@AdA-inc.com